本书是太原科技大学科研启动基金项目（项目编号：W20202003）的研究成果，同时本书得到了山西省来晋工作优秀博士奖励资金项目（项目编号：W20242007）的资助

无形资源视角下

中国企业海外并购的

动因分析与整合策略研究

魏　涛◎著

经济管理出版社

ECONOMY & MANAGEMENT PUBLISHING HOUSE

图书在版编目（CIP）数据

无形资源视角下中国企业海外并购的动因分析与整合策略研究 / 魏涛著. -- 北京：经济管理出版社，2025. 6. -- ISBN 978-7-5243-0334-3

Ⅰ. F279.214

中国国家版本馆 CIP 数据核字第 20257FT996 号

组稿编辑：谢　妙
责任编辑：谢　妙
责任印制：许　艳
责任校对：蔡晓臻

出版发行：经济管理出版社
　　　　　（北京市海淀区北蜂窝 8 号中雅大厦 A 座 11 层　100038）
网　　址：www.E-mp.com.cn
电　　话：（010）51915602
印　　刷：北京市海淀区唐家岭福利印刷厂
经　　销：新华书店
开　　本：720mm×1000mm/16
印　　张：13.5
字　　数：236 千字
版　　次：2025 年 6 月第 1 版　　2025 年 6 月第 1 次印刷
书　　号：ISBN 978-7-5243-0334-3
定　　价：88.00 元

前　言

  数字经济时代的到来使知识资本等无形资源的价值创造功能日益受到人们的关注，信息化技术的广泛运用也使经济全球化成为不可阻挡的发展趋势。同时，自中国加入 WTO 后，与世界各国间的交往更加密切。在这样的国际形势下，中国实施了"走出去"的发展战略，以期通过对外直接投资的方式尽快融入世界经济，摆脱自主创新能力较弱、核心技术缺乏的困境。近年来，在"走出去"战略的推动下，中国企业海外并购的数量与质量呈现出稳中向好的发展态势。

  与发达国家相比，中国企业并购与海外并购活动不仅起步较晚，而且具有不同于发达国家的特点。西方的跨境并购理论大多以西方先进国家的企业并购为研究对象，对中国企业的海外并购实践的适应性不强。中国企业海外并购的先行者在缺乏经验的情况下，迫切需要理论研究工作及时跟进，通过理论指导来提高海外并购的成功率。在这样的背景下，本书基于无形资源的视角，对中国企业海外并购的动因及整合策略进行了研究，以期能够推动理论的创新，并对中国企业海外并购整合的实践提出了参考建议。

  本书所遵循的研究思路为：首先，以无形资源的价值创造功能、成本收益特征作为研究的切入点，提出无形资源系统的概念。其次，从无形资源系统的环境适应性、跨国并购中优势无形资源转移与扩散途径的比较以及协同效应发挥作用的机理等方面进行分析，结合中国企业海外并购的现状与特点，基于系统环境适应性的要求，提出了中国企业海外并购促进自身无形资源系统优化升级的并购动因理论。再次，分析优势无形资源在跨国转移与扩散中存在的障碍，结合中国企业在海外并购中无形资源利用与整合所面临的问题，基于系统工程的原理提出了构建中国企业海外并购无形资源整合系统工程的思路，阐述了中国企业海外并购中无形资源整合的具体策略。最后，本书对企业人力资源、企业文化与企际关系资源这三大关键无形资源子系统的整合策略进行了探讨。

本书共7章：第1章为导论。本章主要叙述研究背景、研究目的与研究意义，并对研究思路、研究内容及研究方法进行了阐述，同时指出本书的创新之处。本章所呈现的研究逻辑框架与思维模式，不仅突出了本书研究的理论价值，而且指明了书中有关无形资源系统的整合思路对中国企业海外并购活动实践的借鉴作用。

第2章和第3章为理论基础和文献综述。首先，本部分不仅对并购的概念进行了界定，对并购的类型进行了阐述，而且对跨国并购的特征及无形资源的相关概念进行了辨析；其次，对传统的对外直接投资理论进行了回顾，并对企业并购动因的理论进行了总结；最后，在进行概念界定与理论归纳的基础上，从无形资源的价值创造功能、无形资源对企业并购的影响以及并购协同效应的发挥等方面，对以往学者的研究成果进行了系统梳理，对国内外关于企业通过跨国并购寻求无形资源的动因的相关文献进行了归纳。

第4章为无形资源的特征及中国企业海外并购的动因探析。一方面，本章在对无形资源的价值创造功能与成本收益特征进行阐述的基础上，根据系统的特征和无形资源所具有的系统特性，提出了无形资源系统的概念，为下一步的理论分析做好铺垫；另一方面，本章基于跨国并购在促进优势无形资源跨国转移与扩散方面所具有的优越性，根据优势无形资源通过跨国并购发挥协同效应的机理，以及无形资源系统的环境适应性，结合中国企业海外并购的现状与特点，提出了中国企业海外并购的关键动因在于促进自身无形资源系统的优化升级这一理论观点。在以上理论分析与推导的基础上，本章进一步运用案例研究法对中国企业海外并购促进无形资源系统优化升级的动因进行了实证研究。

第5章为中国企业海外并购无形资源系统的整合。首先，本章剖析了中国企业在海外并购的过程中，在无形资源的吸收、消化与共享方面存在的困境，以及优势无形资源在跨国转移与扩散过程中存在的障碍，进而从实践与理论两个方面阐述了中国企业海外并购对无形资源进行整合的必要性；其次，基于系统理论的观点与系统工程的原理，本章提出了构建中国企业海外并购无形资源整合系统工程的设想，阐明了中国企业海外并购无形资源整合系统工程的目标与指导原则，并进一步探讨了具体的流程设计步骤与微观、宏观的组织实施策略。

第6章为中国企业海外并购三大关键无形资源子系统的整合。本章首先阐述了企业人力资源、企业文化与企际关系资源三个无形资源子系统在整个无形资源系统中的重要地位，指出了对子系统进行整合是促进整个无形资源系统优化升级的关键环节。其次分别对三个子系统的整合进行了探讨：一是分析了人力资源子系统的特征，并从人才培养、人力资源开发、人力资源危机管理等方面提出了中国企业海外并购人力资源整合的具体实施策略；二是通过对比分析企业文化差异以及跨国并购中不同文化的整合模式，提出了中国企业海外并购文化整合应采用跨文化融合创新的演进模式，进而阐述了跨文化融合创新系统工程的任务、功能、构成以及应遵循的设计原则，并探讨了跨文化融合系统工程组织实施的路径；三是基于社会网络结构的镶嵌理论，提出了中国企业海外并购企际关系资源维护与动态优化调整的具体整合思路。

第7章为研究结论与未来展望。本章主要是对全书内容进行总结，指出了书中研究的不足之处，并对未来研究进行了展望。

本书主要提出了三个方面的观点：一是企业无形资源系统的概念。企业是一个由有形资源与无形资源构成的组织体系，有形资源是企业这一组织体系运行的"硬件"；企业的无形资源以有形资源为载体并对有形资源具有驱动性，是企业组织体系运行的"软件"。从系统论的观点来看，企业的无形资源是一个开放的系统，而无形资源的各个构成元素则是企业整个无形资源系统的子系统。企业无形资源各构成元素只有彼此有机协调与默契配合，才能使整个无形资源系统从总体上达到最优化，才能充分发挥其价值创造功能，企业的核心竞争力也能得以增强。无形资源系统概念的提出对中国企业通过海外并购实现无形资源的获取、整个系统的优化升级、价值创造功能的提升，进而实现企业价值最大化的目标具有一定的参考价值。

二是中国企业海外并购的一个关键动因在于获取海外的优势无形资源进而促进自身无形资源系统的优化升级。中国企业通过海外并购来寻求与获取战略性、关键性与互补性的无形资源只是表层动因，而实质在于通过海外并购来获取海外的优势无形资源，增强对外部国际经营环境的动态适应性，实现企业无形资源系统的优化升级，并最终通过核心能力的打造来提升自身的国际竞争力。

三是中国企业通过海外并购构建无形资源整合系统工程的设计思路。企业的无形资源是一个开放的系统，且企业无形资源系统的优化升级也是一个复杂的动态过程，因此，中国企业可以运用系统工程的思维方式，融合工程学的相关理论，构建并实施中国企业海外并购无形资源整合的系统工程。本书所提出的这一思想观点，既聚焦于微观层次中国企业海外并购无形资源价值创造功能的增强和自身国际竞争力的提高，又注重宏观层次"双循环"新发展格局下构建国内循环与国际循环的有机衔接。

本书的创新之处主要体现在三个方面：首先，基于无形资源视角对中国企业海外并购的动因与整合策略进行了研究，视角独特、观点新颖。以往对企业并购的研究也涉及获取无形资源的动因，但是所涉及的只是无形资源的一些构成要素。本书则运用系统论的思维模式来审视企业的无形资源及其构成要素，并充分考虑了无形资源与环境的适应性以及各构成要素协同发挥作用的机理，其中所提出的中国企业海外并购促进无形资源系统优化升级的并购动因理论，不仅体现了研究视角的独特性，而且具有一定的新颖性。

其次，运用系统论的思维与系统工程原理对中国企业海外并购动因的理论分析及整合策略进行了探讨，增强了理论研究的体系性。本书基于无形资源价值创造功能发挥作用的特点，不仅提出了无形资源系统的概念，还运用工程化的思维方式探讨了中国企业海外并购无形资源的整合问题，使海外并购动因的理论分析与并购后整合策略的探讨前后衔接，有利于推动发展中国家企业并购动因理论的进一步完善以及无形资源系统整合研究的稳步推进。

最后，本书的分析脉络中隐含着矛盾论的辩证哲学思想。并购后的整合是企业并购取得成功的关键，而并购整合的重点和难点在于对无形资源的整合。本书将研究聚焦于对无形资源系统的整合，抓住了中国企业海外并购整合的主要矛盾。在对中国企业海外并购无形资源整合策略的探讨中，本书重点关注了人力资源、企业文化与企际关系资源三个关键子系统的整合，着眼于解决矛盾的主要方面，辩证的矛盾论观点充分体现在并购整合策略的探讨之中。

魏涛

2025 年 1 月

目　录

1　导论

1.1　研究背景

科学技术的飞速发展与先进通信技术的广泛运用，为世界各国间的经济交往提供了更加便利与快捷的条件，经济全球化发展趋势也呈现出日益加剧的趋势。为了尽快融入国际环境，世界各国也都以开放的姿态积极开展对外直接投资，以期根据自身经济状况与特点在全球范围内优化资源配置，促进本国企业国际化水平的提升与综合竞争实力的增强。在全球经济一体化趋势的推动下，近年来我国对外直接投资总体呈增长态势。2023 年，我国对外直接投资额达10418.5 亿元人民币，同比增长 5.7%①。跨国并购活动也出现了风起云涌的局面。跨国并购活动从 20 世纪 50 年代第三次并购浪潮的兴起，到 20 世纪 90 年代以后在第五次并购浪潮盛行，至今已经历了 70 余年的发展历程。对外直接投资与跨国并购活动的兴盛，一方面造就了许多大型的跨国公司，增强了各国之间经济的相互依赖性；另一方面促使大型跨国集团之间的较量更加激烈。

改革开放以来，为了突破困扰经济发展中资金与技术方面的瓶颈，我国提出了充分利用"两种资源、两个市场"的发展思路，主要通过引进外资的方式促进自身技术水平的提高，并以此来搞活国内与国外两个市场。外资的引进

---

① 中华人民共和国商务部.2023 年我国全行业对外直接投资简明统计［EB/OL］.（2024-01-29）［2025-01-08］. http：//file. mofcom. gov. cn/article/tongjiziliao/dgzz/202401/20240103469616. shtml.

虽然促进了中国经济的发展，但是跨国公司的登陆也使中国企业面临更激烈的国际竞争。在"与狼共舞"的过程中，中国企业的国际化意识不断增强，进军海外把企业做大做强的呼声日益高涨，"走出去"的发展战略在 2000 年全国人大九届三次会议上被正式提出。中国加入世界贸易组织（WTO）后，中国企业的国际化步伐明显加快，对外直接投资额与海外并购额持续增长，尤其是全球金融危机爆发后，在全球经济持续低迷时期，中国企业出海并购呈现出了逆势上扬的趋势。进入 2020 年，尽管由于受新冠病毒感染疫情的影响，中国企业海外并购进入了低迷期，但是 2023 年以来，中国企业海外并购的活跃度又开始稳步回升。

然而与中国企业高涨的海外并购热情相伴随的却是较低的并购成功率，中国企业在海外并购的过程中步履维艰，最终折戟沉沙、铩羽而归的案例屡见不鲜。相关统计数据显示，从全球范围来看，企业并购失败的概率超过了50%，中国企业并购能够取得成功的概率不足 40%，跨国并购失败的概率超过了 80%。中国企业海外并购之所以大多以失败而告终，并购的动因不够理性与并购后的整合不当是两个关键的因素①。"走出去"只是中国企业实施国际化的第一步，面对国际市场中国企业还应该能够"走进去"，只有"走进去"才能走得更远、飞得更高，才能在日益激烈的国际竞争中站稳脚跟，进而不断发展壮大。而中国企业要想"走进去"，就必须做到知己知彼，不仅要明确自己需要什么，海外目标企业有什么；还应该在并购交易完成后加强对海外目标企业的整合，根据企业的发展战略促进中外双方企业协同效应的发挥。

在全球经济一体化的发展趋势下，中国企业通过海外并购走向国际化是一种理性的选择，而如何提升中国企业海外并购的成功率也成为急需解决的一个关键问题。国际上有关并购的理论研究大多是以欧美等发达国家为研究对象，这些发达国家的企业往往利用自身所具有的技术等优势向其他国家拓展，欧美学者通过研究所形成的理论观点带有明显的西方特色。中国是一个发展中国家，其海外并购的动因与欧美发达国家的企业并不相同，西方主流的并购理论难以对中国企业海外并购的实践给予合理的解释，更难以指导中

---

① 60%的中国企业并购以失败告终，问题究竟出在哪里？［EB/OL］.（2023-07-25）［2025-01-08］. https://www.163.com/dy/article/IAFTSN0A05198LTL.html.

国企业持续活跃的海外并购实践活动。走出国门的先行者在艰难的海外并购中所进行的尝试和实践，在为我们提供理论研究样本的同时，也迫切需要理论研究工作及时跟进，从理论上为中国企业海外并购的进一步前行做出指导。

1.2 研究目的与意义

科学技术是第一生产力。随着信息化技术的广泛运用与数字经济时代的来临，科技与创新对经济发展的促进作用日益彰显。当今科技与经济之间已由过去的线与面的关系转变为面与体的关系，科技对经济增长的促进作用呈现出指数效应，促进经济实现几何式增长。可以预见的是，在未来日益激烈的国际竞争中，谁拥有先进的核心技术、自主知识产权以及自主创新能力，谁就将获得并保持竞争优势，并引领未来经济发展的潮流。核心技术、自主知识产权及自主创新能力等都属于企业无形资源的范畴，因此，有些学者指出，进入工业社会后期和软价值时代，软资源会逐渐成为主导价值创造与财富分配的稀缺要素①。这里的软资源指的就是科技、人才、网络以及商业模式等非实物资源，即无形资源。未来企业之间的竞争将会是无形资源之间的比拼。

世界上大型跨国公司的成长轨迹告诉我们，企业的迅速成长离不开并购这一行为。尽快融入国际市场在全球范围内优化资源配置，积极开展对外经济技术合作，促进对外直接投资与跨国并购的发展，已成为世界各国的共识。走出国门进行海外并购不仅是经济全球化趋势下中国企业尽快做大做强的一条有效路径，也是数字经济时代中国促进产业结构转型升级、充分利用国内外资源实施赶超战略的理性选择。

---

① 滕泰，张海冰. 软资源：抢占全球价值创造制高点［EB/OL］.（2018－03－21）［2025－01－08］. http：//finance. people. com. cn/GB/n1/2018/0321/c1004－29880054. html.

1.2.1 研究目的

通过对中国企业海外并购动因的理论分析及海外并购整合策略的探讨，本书力图达到的研究目的如下：

一是为中国企业海外并购的发展战略厘清思路。基于无形资源的视角来分析中国企业海外并购的动因，一方面从理论的高度对中国企业海外并购的发展战略目标做了一个概括性的提炼，有利于中国企业在海外并购的实践中进一步理清思路，明确下一步战略发展的方向；另一方面对知识经济时代知识资产等无形资源价值创造功能发挥作用的机理，以及其跨国转移与扩散的途径、特点及影响因素进行分析，不仅有助于中国企业充分发挥无形资源的价值创造功能，而且能促进海外并购的中国企业充分认识到整合无形资源的重要性，进而促进其经营管理理念的转变，有效地寻求海外并购整合的关键切入点。

二是提高中国企业海外并购的成功率。以往中国企业海外并购的成功率之所以较低，一个很重要的原因就是未能充分认识到无形资源的特性，未能有效整合并购后的无形资源。中国企业在实施"走出去"发展战略的过程中，能否通过海外并购这种直接投资方式达成预期的效果，不仅取决于企业的发展战略及对目标企业的选择，还取决于并购后能否对目标企业进行有效整合，尤其是无形资源的整合。本书基于无形资源的视角，融合系统论与系统工程的相关理论，对中国企业海外并购无形资源的系统整合进行研究，可以为中国企业海外并购的实践提供理论方面的指导，进而提高中国企业海外并购的成功率，使中国企业在海外并购的道路上走得更稳、走得更远。

三是有利于促进"一带一路"倡议高质量发展以及国内国际双循环的有效衔接。我国提出的"一带一路"倡议获得了广泛的国际认同并取得了阶段性的成果。中国企业海外并购的有效整合以及并购成功率的提升，有助于中国企业突破自身在国际竞争中核心技术匮乏、创新能力不强的瓶颈，进一步提升自身的无形资源优势，进而促进"一带一路"倡议实现高质量发展。与此同时，中国企业海外并购也是国内国际双循环新发展格局构建过程中的关键环节，中国企业海外并购无形资源获取目标的实现以及对目标企业的成功整合，有利于促进国际循环的顺畅运行以及与国内循环更好地衔接。

1.2.2 研究意义

本书研究的意义主要体现在以下两个方面：

一是基于无形资源视角对中国企业海外并购动因的理论探讨，以推动发展中国家对外直接投资与海外并购理论的完善与发展。发展中国家具有不同于西方发达国家的国情，尤其是在专利技术、知名品牌等无形资源方面与发达国家相比往往处于劣势地位。2008 年以来，在欧美等发达国家和地区企业受到金融危机冲击、资产市值缩水的情况下，中国的一些企业积极走出国门，频频发起了对发达国家企业的并购活动。西方传统的基于发达国家企业跨国并购活动的研究所得出的并购动因理论，已无法对这种现象给予合理的解释。本书的研究立足于中国企业海外并购的实践，所提出的促进无形资源系统优化升级的海外并购动因理论，不仅能对中国企业海外并购的区位逐步向发达国家转移的动向给予合理的解释，也可以对其他发展中国家的对外直接投资与海外并购活动起到一定的指导意义。

二是基于系统论的观点分析中国企业在海外并购过程中，无形资源系统及其关键子系统的整合问题，不仅有利于中国企业从战略和全局的高度来筹划与安排海外并购的整合，而且能够使企业充分发挥无形资源的价值创造功能，实现企业价值最大化的财务目标，进而提升中国企业海外并购的成功率。尽管无形资源的价值创造功能越来越多地被中外学者所关注，企业在海外并购过程中对人力资源、企业文化等无形资源的整合也日益成为研究的热点，但鲜有学者把企业无形资源作为一个系统来研究。本书所提出的构建海外并购无形资源整合系统工程的思路，既突出了无形资源系统中各个子系统应有机协调配合的思维方式，又强调了整体最优化的目标导向，在理论研究方面具有一定的开创性。

1.3　研究思路

随着知识经济时代的来临，技术创新已成为促进经济发展的根本动力。董必荣（2004）指出，无形资源和能力才是企业竞争优势的源泉；邓康林和向显湖（2009）认为，被称为软财务资源的人力资本与组织资本等无形资源，已日益取代有形资源成为推动企业价值创造的源泉。日本战略专家伊丹广之曾指出，无形资产是并购协同效应产生的来源①。近年来，发展中国家频频向发达国家发起的逆向跨国并购活动也呈现出旨在获取无形资源的意图。中国加入 WTO 后，尤其是 2008 年全球金融危机爆发以来，随着经济的持续稳定增长与综合国力的增强，中国企业海外并购活动也发生了战略转型，由原来的资源获取型向技术获取型转变，海外并购的区位直指拥有先进科技的欧美等西方发达国家和地区。自主创新能力不足、核心技术缺乏以及品牌知名度不高的现状，使得中国企业把国际化的发展战略定位于获取海外的优势无形资源方面。

无形资源在企业价值创造中的突出作用以及中国企业海外并购把发达国家作为目的地的发展趋势，迫切需要我们从理论上对其进行深入的探讨。基于此，本书后续章节遵循如下的研究思路展开：

第一，在对跨国并购及无形资源等相关概念进行界定的基础上，通过对企业并购动因相关文献的回顾，把研究的切入点定位于中国企业获取无形资源、优化无形资源存量及提升增量的动因方面。

第二，在对无形资源的价值创造功能及成本收益特征进行分析的基础上，阐述企业无形资源具有系统的特性且其所处的外部环境具有动态变化性等特点，从企业获取无形资源的战略价值和系统的环境适应性特征两个角度，来论述企业无形资源系统优化升级的必要性。

第三，中国企业在发展中所面临的核心技术匮乏、自主创新能力不足等困

---

① 安德鲁·坎贝尔，凯瑟琳·萨姆斯·卢克斯. 战略协同：第二版 [M]. 任通海，龙大伟，译. 北京：机械工业出版社，2000.

境，迫切需要通过海外并购的方式来实现无形资源系统的优化升级。本书不仅对无形资源跨国转移与扩散的途径进行了分析比较，指出跨国并购在获取无形资源方面所具有的优势，对跨国并购中无形资源协同发挥作用的机理进行了分析；而且在此基础上进一步根据中国企业获取优势无形资源的必要性，以及中国企业目前实施海外并购的战略动向，提出了中国企业海外并购的一个主要动因在于促进企业无形资源系统的优化升级。

第四，并购后的有效整合是确保中国企业通过海外并购促进无形资源系统优化升级动因实现的必要途径，这是连接本书并购动因分析与整合研究的一个逻辑纽带。针对目前中国企业海外并购中存在的问题及优势无形资源跨国转移与扩散中存在的障碍，本书提出了中国企业海外并购对无形资源系统进行整合的必要性。在此基础上，运用工程化的思维，基于系统工程的相关理论与方法，提出了构建中国企业海外并购无形资源整合系统工程的构想。

第五，把构想变成现实需要一定的规划设计与相应的组织实施。本书根据系统工程理论的观点，首先阐述了企业无形资源整合系统工程所应实现的目标和遵循的指导原则；其次对无形资源整合系统工程的流程设计进行了梳理，并从微观与宏观两个层面探讨了中国企业海外并购无形资源系统整合的组织实施路径。

第六，从无形资源系统内部构成来探讨中国企业促进无形资源系统优化升级的策略，进一步挖掘无形资源系统整合研究的深度。基于企业人力资源对企业无形资源系统的驱动性、企业文化的统驭性以及企际关系资源的价值决定性，本书对企业无形资源三个关键子系统的整合策略进行了分析与研究，有助于中国企业在海外并购的过程中把控促进无形资源整个系统优化升级的关键环节，有效地解决制约整个无形资源功能发挥的主要矛盾，以促使中国企业对海外目标企业的并购整合能获得事半功倍的效果。

本书研究的逻辑思路如图1-1所示。

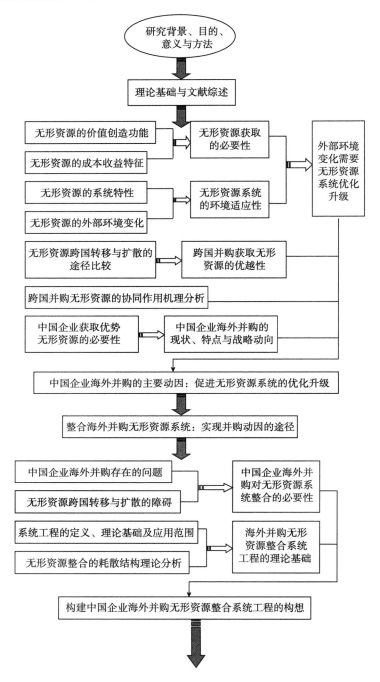

图1-1　本书研究的逻辑思路

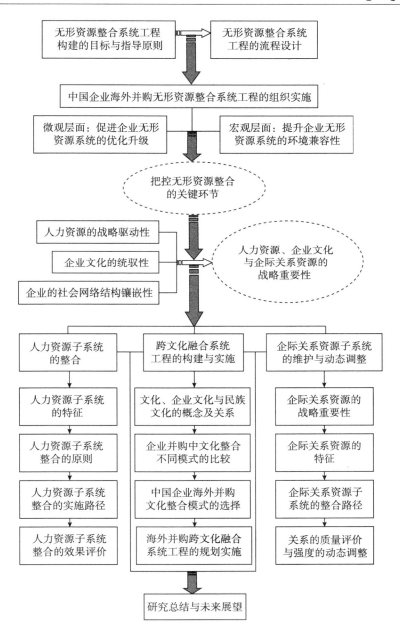

图1-1 本书研究的逻辑思路（续）

1.4 研究内容

本书的研究内容具体包括以下方面:

一是无形资源的价值及其系统特征。本书分析了无形资源的成本收益特征,以及其在企业价值创造中发挥作用的机理,同时在对系统的概念及特征进行界定的基础上,从中国企业海外并购的现状、特点、发展历程与驱动因素等方面,基于无形资源在跨国并购中协同发挥作用的机理,提出了中国企业海外并购的一个主要动因在于获取海外的优势无形资源,进而促进自身无形资源系统优化升级的理论观点。

二是中国企业海外并购无形资源整合的必要性。本书首先分析了中国企业海外并购在获取与吸收无形资源方面存在的问题,其次从理论上分析了无形资源在跨国转移与扩散过程中存在的障碍,并在此基础上对中国企业海外并购无形资源整合的必要性进行了探讨。

三是中国企业海外并购无形资源整合的系统化设计。本书基于企业无形资源具有系统化的特征,在对系统理论与工程的概念进行阐述的基础上,提出了构建中国企业海外并购无形资源整合系统工程的思路,并给出了具体的整合目标、指导原则、设计流程及组织实施方法。

四是中国企业海外并购三大关键无形资源子系统的整合。企业的无形资源种类繁多,但是人力资源、企业文化及企际关系资源是其三大关键性的无形资源子系统。对这三大关键性的无形资源子系统进行整合是促进企业优势无形资源顺利实现跨国转移与扩散,以及无形资源系统优化升级的关键。因此,本书对这三大关键性无形资源子系统的整合进行了深入探讨,以促进海外并购的中国企业在对目标企业的整合过程中达到事半功倍的效果。

1.5 研究方法

本书所采用的研究方法主要包括以下四种：

一是逻辑演绎的方法。在对中国企业海外并购动因的探讨过程中，通过对当今知识经济时代与信息化社会开放环境下无形资源的特征与作用机理进行描述，在逻辑上通过层层递进的分析方法逐步归纳出本书的理论观点。

二是系统化思维的方法。无论是对中国企业海外并购动因的总结与归纳，还是对无形资源整合策略的探讨都运用了系统论的观点，体现了系统化的思维范式。从总体着眼使各个子系统的各个要素彼此有机协调，以实现整体效用大于各个构成要素的最优化原则是贯穿本书的一条主线。

三是立足于发展中国家的视角展开理论探讨。本书的研究不仅有对相关理论与文献的大量回顾与分析，也有基于无形资源视角对中国企业海外并购现状、特点及存在问题的系统归纳与总结，理论观点的提出根植于中国这一全球最大的发展中国家的企业海外并购实践。立足于发展中国家视角的研究方法不仅有助于发展中国家企业海外并购理论体系的构建，而且所提出的整合策略对包括中国在内的广大发展中国家更具借鉴意义。

四是辩证思维的研究方法。本书的研究既聚焦于中国企业海外并购整合这一关键环节，也关注无形资源系统优化升级这一并购整合的重点与难点；同时还对关系到企业整个无形资源系统优化升级的三个关键性无形资源子系统的整合进行了深入的剖析。本书的研究既抓住了主要矛盾，又关注到了矛盾的主要方面，在研究中充分体现了矛盾论的辩证哲学思维方法。

1.6 创新之处

本书的创新之处主要体现在以下三个方面：

首先，基于无形资源视角对中国企业海外并购动因的探讨视角独特、观点新颖。以往学者对企业跨国并购的研究也涉及获取无形资源的动因，但是所涉及的只是技术、品牌与销售渠道等无形资源的一些构成要素，并未着眼于企业无形资源的整个体系。本书则根据企业无形资源隐默性、适配性的特点，把企业的无形资源视为一个由各构成要素组成的开放系统，并充分考虑了无形资源与环境的适应性以及各构成要素协同发挥作用的机理。本书所提出的中国企业海外并购促进无形资源系统优化升级的并购动因理论，不仅体现了研究视角的独特性，而且理论观点也具有一定的新颖性。

　　其次，系统化的思维方式与工程理论的运用使中国企业海外并购的动因及整合理论的探讨呈现出一定的体系性。本书的研究把企业的无形资源视为一个整体，基于无形资源发挥作用的特点不仅提出了无形资源系统的概念，还运用系统工程的思维方式探讨了无形资源的整合问题，同时立足于一定的理论基础对中国企业海外并购的动因理论及整合策略进行了剖析，这有利于促进企业并购动因理论框架体系的完善和无形资源系统整合研究的深入开展。

　　最后，本书的分析脉络中隐含着矛盾论的辩证哲学思想。并购后的整合是企业并购取得成功的关键，而并购整合的重点和难点在于对无形资源的整合。本书将研究聚焦于无形资源的整合，抓住了中国企业海外并购整合过程中的主要矛盾；同时，在对中国企业海外并购无形资源整合的研究中，本书又重点关注了人力资源、企业文化与企际关系资源这三个关键子系统的整合。本书对中国企业海外并购整合策略的探讨既关注了主要矛盾，又重点剖析了矛盾的主要方面，辩证的矛盾论观点充分体现在并购整合策略的研究之中。

2　理论基础

2.1　并购的概念及分类

2.1.1　并购的概念

并购是企业兼并与收购的简称，是企业为了获得其他企业的控制权而进行的产权交易行为。兼并是指一个公司购买另一家公司的产权，主并企业获得目标企业的资产与负债而继续经营，而目标企业的法人资格则不复存在；收购是指企业通过购买其他企业的部分或全部资产或股权，以获得其控制权。从本质上来说，并购是一种控制权交易，是主并企业的一种战略性对外投资行为。

2.1.2　并购的分类

并购可以按不同标准进行分类，常见的分类方法主要有以下几种：第一，按照并购双方所处的行业不同，并购可以分为横向并购、纵向并购和混合并购。其中，横向并购是并购双方属于同一行业的并购，并购双方的产品或服务具有竞争关系；纵向并购是上下游企业之间的并购，并购双方处于产业链的不同生产经营环节；而混合并购的并购双方既不属于同一个行业，也不是上下游关系。第二，按照目标企业的管理层是否合作，企业并购可以分为善意并购与敌意（恶意）并购，其中，善意并购是目标企业管理层同意被主并企业并购，并购是双方自愿合作的结果；而敌意并购则是在目标企业管理层不愿意被并购的情况下主并企业展开的并购。第三，按照并购实现方式的不同，并购可以分为要约收购、协议收购、委托书收购、证券交易所集中竞价收购、无偿划拨、间接收购、司法裁定强制划转、拍卖、其他非集中竞价交易、联合收购。另外，企业并购可以按并购双方是否属于同一个国家或地区、出资方式、并购的动机，以及是否向目标企业全体股东提出并购意向等进行分类，具体分类方法如表 2-1 所示。

表 2-1　企业并购的分类

分类标准	类别
按并购双方所处的行业划分	横向并购、纵向并购、混合并购
按目标企业的管理层是否合作划分	善意并购、敌意并购（恶意并购）
按并购双方所属的国家或地区划分	国内并购、跨国并购
按并购实现的方式划分	要约收购、协议收购、委托书收购、证券交易所集中竞价收购、无偿划拨、间接收购、司法裁定强制划转、拍卖、其他非集中竞价交易、联合收购
按出资方式划分	现金并购、股票并购、资产置换并购、债务承担式并购、综合证券支付并购
按并购动机划分	战略并购、财务并购
按是否向目标公司全体股东提出并购意向划分	公开并购、非公开并购
按是否利用目标公司自身资产支付购买资金划分	杠杆收购、非杠杆收购
按是否通过中介机构划分	直接并购、间接并购
按是否受法律法规强制划分	强制并购、自由并购
按资产转移方式或并购结果划分	购买式并购、吸收股份式并购、控股式并购、抵押式并购

资料来源：①刘大卫. 企业并购中的人力资源整合研究 ［M］. 北京：中国经济出版社，2007. ②崔永梅，张秋生，袁欣. 企业并购与重组 ［M］. 大连：大连出版社，2013.

2.2　跨国并购的概念与特点

2.2.1　跨国并购的概念

按照参与并购的双方所属国家或地区的不同，企业并购可以分为跨国并购与国内并购。跨国并购中参与并购的双方分别属于不同的国家或地区。国内并购则是指在同一个国家的并购双方所进行的并购。中国企业的跨国并购是中国企业与海外企业之间所进行的并购行为。中国企业所进行的跨国并购分为两种情况：一种是中国企业被海外企业所兼并或收购，即中国企业作为被并购的目标企业；另一种是中国企业作为主并企业走出国门，到海外收购目标企业。本书将中国企业"走出去"对海外目标企业所进行的并购称为中国企业海外并购。

2.2.2　跨国并购的特点

与国内并购相比，跨国并购具有以下特点：一是兼具对外直接投资与企业并购的双重属性。跨国并购既是企业的一种扩张方式，也是企业的一种对外直接投资活动，因此，理论界经常从对外直接投资学与并购学两个角度对其进行解读，实业界大多基于国际交往的经验与并购的操作实务来探讨跨国并购过程中存在的问题。二是面临较大的文化差异与较高的并购整合风险。由于并购双方属于不同的国家、民族或者地区，跨国并购过程中并购双方必然存在民族文化与企业文化的双重差异。价值观念的相悖、风俗习惯的差异以及宗教信仰的不同等都会使并购后的整合受到不同程度的影响，因此，跨国并购面临比国内并购更高的整合风险。三是并购会涉及较高的政治交易成本。跨国并购不同于本地企业之间微观层面的控制权变更，其必然触及不同国家或者地区的民族利益，使经济领域内的活动最终反映到宏观的国家层面上，引起不同国家或地区政府之间的协商与对话。不同国家或地区之间的这种协调也必然会使跨国并购面临比国内并购更加高昂的政治交易成本。四是跨国并购是一种在全球范围内优化资源配置的活动，企业开展对外并购活动的一个重要目的就是获取战略性无形资源，进而通过资源的优化配置提升自身的核心竞争力。

2.3 无形资源概念辨析及分类

2.3.1 无形资源概念的界定

对于无形资源概念的界定，目前有以下几种观点：一是从资源的耗用特点出发，认为无形资源是企业转移和消耗的不具备实物形态，且能为其所有者提供特定权益的资源（江若尘，1995）；二是从资源有用性的本质内涵出发，认为一切能对企业运营带来影响且不具备实物形态的经济要素都可称为无形资源（张庆龙、孟慧，2005）；三是有的学者在对其概念进行界定时则着重于人的视觉和触觉方面，认为无形资源是企业在向社会提供产品的过程中拥有的看不见、摸不着且能够实现企业战略目标的各种要素的集合（侯建辉，2003）；四是从企业竞争优势的角度，认为无形资源是企业可利用的，没有具体实物形态和稳定存在形式，需要依附有形资源而存在的一类特殊资源（周智颖，2010）；五是认为企业的无形资源是相对于有形资源而言的，是一种能为企业带来未来收益的、没有实物形态的非货币资源（钟安石、里昂惕夫·利迪雅·谢尔盖耶夫娜，2015）。

无形资源首先是一种资源，资源属于经济学的术语，强调的是财富的来源。综合以上几种观点，本书认为，无形资源是企业可资利用的、不具有实物形态但最终要依附于实物形态，且能给企业带来未来收益的各种经济要素。

2.3.2 无形资源相关概念的辨析

与无形资源相似的概念是无形资产。无形资产有狭义和广义之分，狭义的无形资产是基于财务会计和统计学的角度，指那些能够进行计量其价值损耗、具有可确认性的无形资产；而广义的无形资产除了包括狭义的无形资产，还包括那些能给企业或组织带来竞争优势的综合性、基础性和条件性的资源要素（王维平、刘旭，2005）。

与无形资产和无形资源相关的概念还有无形资本。作为一个企业，从出资者的角度来说，资本是出资者所拥有的财产，而从性质上来说，资本则是出资者为了实现价值增值而进行的投入。蔡吉祥（2007）将无形资本定义为：所有者以无形资产出资而形成的资本性权益。但并非所有的无形资产都可以进行资本化处理。也就是说，无形资本是无形资产价值资本化的那一部分，无形资产的价值往往要大于无形资本的价值。

可见，无形资源的范畴涵盖了狭义的无形资产，而与广义的无形资产从其包含的内容来说基本上与无形资源具有相同的内涵与外延，只不过无形资源更加强调资源有用性的本质和来源，而无形资产则更着重于对其未来经济利益方面的考量，无形资本则把关注的重点投向了其价值的增值性方面。基于以上的分析，本书认为，无形资本是企业中无形资产的价值化形态，是以追求盈利和价值增值为目的的无形资产表现形式；无形资源概念的内涵与外延大于无形资产和无形资本，而无形资产概念的内涵与外延也比无形资本更为宽泛。

2.3.3 无形资源的分类

关于无形资源的构成，金建国（2001）根据其存在于企业内部还是外部，将其分为两大类：一类是可被企业垄断和控制的企业内部无形资源；另一类是可被企业利用或共享的企业外部无形资源，并进而将企业的无形资源细分为企业能力资源、企际关系资源、企业技术资源、企业文化资源、企业制度资源和企业信息资源及其他无形资源。企业内部的无形资源有的是员工个人所拥有的，有的则是企业或组织所拥有的，根据无形资源载体的不同，可以将企业内部的无形资源分为员工个人拥有的无形资源和组织拥有的无形资源两大类，而员工个人拥有的无形资源又可进一步细分为企业家人力资源、关键岗位员工人力资源和普通员工人力资源；组织拥有的无形资源具体包括知识类资源、文化类资源、声誉类资源和关系类资源（周智颖，2010）。

王维平和刘旭（2005）从保护、经营和积累无形资产的角度出发，提出企业或组织应打破仅从会计学角度来理解无形资产概念的狭隘思想，从更为宽泛的广义视野来界定无形资产的概念。他们认为企业的无形资产不仅包括财务、统计报表上可以确认和计量的狭义无形资产，还应包括狭义无形资产以外能够提高企业或组织竞争力的一些综合性、基础性和条件性的资源。并进一步将狭义无形资产细分为商标权、专利权、非专利技术、商业秘密、特许经营权和企业版权；将广义的无形资产细分为商誉或组织形象、企业或组织的营销关系网络、企业或组织的信息技术系统、企业或组织文化、企业或组织战略规划与政策、企业或组织的人力资源等。可见，王维平和刘旭所说的广义的无形资产就是本书所定义的无形资源。

美国学者罗伯特·卡普兰（Robert S. Kaplan）和大卫·诺顿（David P. Norton）将企业的无形资产分为三类：人力资本、信息资本和组织资本[①]。人力资本就是员工拥有的技能、才干和知识；信息资本包括数据库、信息系统、网络和技术基础设施；组织资本则是指企业的组织文化、领导力、员工的协调一致、团队工作和知识管理等。从他们对无形资产的分类来看，这两位学者也是从广义的角度来定义无形资产的。

综合以上学者的观点，本书根据企业并购中无形资源转移与扩散的难易程度以及是否易于量化处理，将企业的无形资源分为可以资本化的表内资本化无形资源与难以资本化的表外非资本化无形资源两大类。表内资本化无形资源是从财务与统计角度分析的易于量化处理，反映在企业资产负债表中的且易于被并购后的整个企业所共享的无形资源，一般包括知识产权（包括商标权、专利权、版权）、特许经营权（包括由政府授予的特许经营权和企业授予的特许经营权）和商誉；而表外非资本化无形资源则是一些难以计量或具体确指、无法予以资本化处理且也不易被并购另一方所共享的无形资源，一般包括企业文化资源（包括企业的价值取向、精神风貌和行为规范等）、企业制度资源（指企业战略规划与政策）、企业能力资源（包括员工个人拥有的人力资源及团队或组织拥有的协作能力和组织资本）、企际关系资源（主要指企业的营销关系网络以及与外界的其他关系），以及企业的信息技术系统（包括数据库、信息系统、网络和技术基础设施）。企业无形资源的分类如表2-2所示。

---

① 罗伯特·卡普兰，大卫·诺顿. 战略地图——化无形资产为有形成果［M］. 刘俊勇，孙薇，译. 广州：广东省出版集团，广东经济出版社，2005.

表 2-2 企业无形资源的分类

一级分类	二级分类	具体内容	
表内资本化 无形资源	知识产权	商标权、专利权、版权	
	特许经营权	政府与其他企业授予的特许经营权	
	商誉		
表外非资本化 无形资源	企业文化资源	价值取向、行为规范、精神风貌	
	企业制度资源	战略规划、规章措施、运作模式、经营理念	
	企业能力资源	个人拥有的人力资源、组织资本	
	企际关系资源	内部关系资源	管理层与内部员工的关系
			企业与投资者的关系
			股东与管理者的关系
		外部关系资源	与政府的关系
			与供应商的关系（供应渠道）
			与销售商的关系（销售渠道）
			与消费者的关系
			与金融部门的关系
			与债权人的关系
			与债务人的关系
	企业信息技术系统	数据库、信息系统、网络和技术基础设施	

资料来源：根据相关资料整理而得。

2.4 欧美主流学派的对外直接投资动因理论

跨国并购和新建投资是企业对外直接投资的两种方式，所谓新建投资（又称绿地投资），是一种在国外设立新企业或对原来的企业进行扩建的对外直接投资方式。由于跨国并购属于对外直接投资的一种方式，因此，本书认为有必要对企业对外直接投资的动因理论进行梳理。关于对外直接投资的理论研究始于 20 世纪 60 年代美国学者海默（Hymer）和金德尔伯格（Kindleberger）创立的垄断优势理论。随后，巴克莱（Buckley）、卡森（Casson）和拉格曼

（Rugman）创立了内部化理论，弗农（Vernon）提出了产品生命周期理论，日本学者小岛清（Kiyoshi Kojima）着眼于宏观经济因素从国际分工原则的角度，提出了国际产业扩张理论，邓宁（Dunning）则基于前期学者对外直接投资理论的观点，提出了国际生产折衷理论。

2.4.1 垄断优势理论

海默—金德尔伯格模型，即垄断优势理论，是立足于企业之间的不完全竞争与不完全竞争市场来进行分析的。不完全竞争市场指的是市场的运行及其体系在功能或结构上失效。导致市场不完全竞争的因素主要有三个方面：一是在产品与生产要素市场上，少数卖主与买主可以通过控制商品供应量与采购量，或结成价格联盟、利用信息不对称等手段来操控市场价格；二是某些行业由于规模经济，一些规模较小的企业因生产成本过高而被迫从行业中退出；三是世界各国均对本国经济实行不同程度的干预政策，不仅颁布了各种宏观调控政策与法规，还通过汇率与关税等财政税收制度对国际贸易进行管制。

垄断优势理论认为跨国公司拥有先进的组织管理能力、雄厚的资金实力以及技术优势与规模经济优势，同时掌握着全面且灵通的信息和全球化的销售网络，这使得跨国公司在市场上具有一定的垄断优势，也就是说市场是不完全竞争的市场。同时在进行海外直接投资时，相对于东道国企业而言，跨国公司在环境的适应性、运输成本、语言文化、获得当地政府的支持等方面也存在一些劣势，这些劣势会增加其在东道国进行经营的成本，或降低其在东道国所能获得的收益。当跨国公司所拥有的垄断优势所带来的收益增加或成本降低，超过其劣势所造成的成本增加或收益减少的幅度时，跨国公司就会利用自身的垄断优势进行对外直接投资。对外直接投资是市场不完全竞争的产物，是跨国公司利用垄断优势为追求利润最大化将生产与经营推向国际化的一种形式。

随后其他一些学者对该理论进行了发展与完善。例如，以 Caves 为代表的学者提出了"产品差异能力论"，认为跨国公司所具有的垄断优势还来自能够提供差异化产品和特色产品，这些产品能够满足不同层次和不同地区消费者的需要，进而能够使跨国公司获得较高的垄断利润。美国学者约翰逊（Johnson）指出，由于知识资产具有专有性、垄断性和独特性，其内部流动和转移是促进对外直接投资的重要动因（汤湘希等，2014）。美国学者尼克博克

（Knickerbocker）指出，具有垄断优势的跨国公司在国外竞争对手的地盘上建立公司以强化自身在国际竞争中的地位，是导致美国跨国公司对外直接投资大量出现的一个重要原因。

垄断优势理论提出的跨国公司利用垄断优势进行对外直接投资，通过走国际化的道路以获取高额垄断利润的观点，具有一定的合理性，能够解释对外横向直接投资与纵向直接投资的动因，但是该理论主要以美国技术实力雄厚的跨国公司为研究对象，无法对技术实力并不雄厚的一些新兴发展中国家企业的对外直接投资或海外并购行为给予科学合理的解释，因而该理论缺乏普遍的指导意义。

2.4.2　内部化理论

内部化理论基于科斯（Coase）的交易费用理论，以市场机制存在内在缺陷为假设前提，认为中间产品市场是不完全竞争的，这些中间产品不仅包括零部件、半成品等有形产品，也包括知识、信息、专利、非专利技术等无形产品。一些中间产品尤其是知识产品在进行外部市场交易时，不仅难以准确定价，而且容易发生外溢与扩散，因此中间产品的出让者便无法保证自身的合法权益，市场不能合理地对其进行资源配置，这就是外部市场机制的失效。外部市场机制的失效会增加企业中间产品的交易成本。所谓外部市场的内部化就是公司为了解决外部市场失效所造成的交易成本增加问题，在公司内部建立一个市场来取代外部市场，通过内部调拨价格对中间产品进行交易，以达到节约交易成本的目的。企业之所以要建立内部市场，主要是由于其拥有的知识产品的特殊性。知识产品的取得不仅需要经过较长时间的积累，而且需要较多的耗费，同时在交易过程中不仅难以准确确定价格，还会因知识产品具有公共产品属性而发生外溢与扩散，从而导致发生额外的交易成本[①]。

通过建立内部市场，跨国企业可以获得以下四个方面的好处：一是可以使内部的生产经营活动彼此更好地衔接起来，降低企业谈判签约的成本；二是可以减少政府的干预，避开东道国的税收管制，有效地化解政治风险与外汇风险；三是可以消除外部市场上买方不确定性所带来的风险，在公司内部通过长

①　奥利弗·E.威廉姆森，西德尼·G.温特.企业的性质：起源、演变与发展［M］.姚海鑫，邢源源，译.北京：商务印书馆，2010.

期且稳定的合作为企业经济效益的提高提供保证；四是企业可以长期保持所拥有的技术优势，从而通过在市场上占据垄断地位而获得更高的经济收益。与此同时，企业建立内部市场也会使其成本相应增加。这些增加的成本主要包括：一是资源成本，即将外部完整的市场分割为若干个独立的较小的内部市场，从全社会的范围来看所造成的资源浪费成本；二是通信联络成本，即为了保持对知识产品的独占，防止发生知识外溢与扩散而在企业内部建立独立的通信系统所耗费的成本；三是国家风险成本，即跨国公司通过内部化利用垄断优势在东道国进行经营时，东道国政府为防止其对本国经济造成不利影响，会对其采取各种干预与限制措施，从而使跨国公司面临一定的政治风险；四是管理成本，即随着内部市场的建立，跨国公司为了对遍布海外的子公司进行有效管理，不仅要建立完善的监督管理体系，还需要投入大量的人力、物力与财力，从而使跨国公司加大管理成本的支出。当内部化所带来的收益大于为此而支付的成本时，跨国公司就会通过内部化的方式寻求对外直接投资，通过降低交易成本来实现自身利润的最大化。

内部化理论把交易费用理论运用到对外直接投资的研究领域，从中间产品尤其是知识产品市场不完善的角度分析了跨国公司对外直接投资的动因，从成本与收益的对比这一微观经济学的视角来探讨对外直接投资的驱动因素，无论是对发达国家与发展中国家对外直接投资行为的解释，还是对横向跨国并购抑或纵向跨国并购的剖析均具有一定的说服力。但是该理论也存在着一些不足，主要表现在：一方面，该理论对那些不具有知识资源优势与垄断优势企业的出口导向型、资源开发型对外直接投资行为以及小规模企业的对外直接投资行为，无法给予有说服力的解释；另一方面，该理论未能涉及企业对外直接投资的资金流向与区位选择问题，在分析中也未充分考虑到西方大型跨国公司的垄断特征。

2.4.3 产品生命周期理论

产品生命周期理论仍然以不完全竞争与不完全竞争市场为假设前提。大型跨国公司由于具有技术优势可以不断地开发出新产品，但是任何新产品都是有生命周期的，从研制到最后淘汰依次要经历导入期、成长期、成熟期与衰退期。同时世界上的国家也可以大致分为三种类型：最发达的新产品创新国家、新型工业化较发达国家和发展中国家。

当产品处于导入与成长期时，由于其昂贵的价格和只有新产品创新国家具有的较强购买力，因此其生产与销售主要集中在新产品创新国家，较发达国家只有一小部分消费群体。当产品进入成熟期以后，随着市场竞争加剧，当新产品创新企业在本国的边际生产成本和边际运输成本超过在国外直接投资进行生产所需的成本时，其便会在较发达国家设立企业就近生产以满足当地市场的需求。同时，当产品进入标准化阶段后，新产品创新国家的企业便会将目光转向劳动力成本较低且具有一定资源优势的发展中国家，通过向发展中国家进行投资以实现成本的节约。进入产品衰退期以后，由于生产技术已经落伍，在市场中各个企业主要依靠降低成本来竞争，这时创新企业已没有优势可言，产品的生产主要集中在发展中国家，而新产品创新国家就会变成该产品的进口国。新产品从导入期到衰退期的生产会依次在三种不同类型的国家间进行转移，正是由于产品生命周期的更迭才最终导致对外直接投资的发生。

该理论从动态的角度把跨国公司拥有的技术优势与东道国的区位优势结合起来研究对外直接投资行为，较好地解释了"二战"后美国对其他国家进行大量直接投资的原因。但是该理论不能对某些跨国公司一开始就在国外原材料产地所进行的直接投资行为，以及发展中国家的对外直接投资行为给予科学合理的解释；弗农（Vernon）的产品生命周期理论以美国企业为研究样本，其结论也缺乏普适性。

2.4.4 边际产业扩张理论

边际产业扩张理论又称边际比较优势理论、日本"小岛清"模式。该理论所说的边际产业是一个比较宽泛的概念，它包括对投资国来说处于或即将处于劣势的边际产业、边际企业和边际部门，比如，随着劳动力成本的提高，一些劳动密集型产业与发展中国家的相应产业相比已经失去优势，便沦为边际产业；在边际产业中一些中小企业由于达不到规模经济的要求，而逐步处于劣势，沦为边际企业；在边际企业中，一些部门可能还具有比较优势，而另一些部门可能由于已处于劣势地位而成为企业的边际部门。一国对外进行直接投资是从该国已处于比较劣势的边际产业顺序开始的，而这些投资国的边际产业对东道国来说却是具有比较优势或潜在优势的产业。通过边际产业转移，投资国与东道国的贸易量得到了增加，国际分工的格局得以合理化。

该理论从宏观的视角着眼于国际分工原则，以比较成本作为分析的基础，提出了对外直接投资能够促进投资国与东道国实现"双赢"的观点，对发达国家和发展中国家的对外直接投资行为以及中小企业对外直接投资的动因能够给予很好的解释，其提出的不同于美国的日本式 FDI 观点具有一定的创新之处。但是该理论却无法对 20 世纪 80 年代以后日本向欧美发达国家的投资行为，以及发展中国家对发达国家的投资行为给予科学合理的解释。

2.4.5　国际生产折衷理论

国际生产折衷理论又称国际生产综合理论，其创立者英国瑞丁大学教授邓宁（Dunning）集成了以前各主流学派的观点，着重分析了跨国公司对外直接投资所具有的三种优势：所有权优势（Ownership Advantage）、内部化优势（Internalization Advantage）和区位优势（Location Advantage），提出了对外直接投资的 OIL 模式。如果一国企业在技术、管理、规模与资本方面存在优势，而这些优势又是其他国家企业所不具备的，那么拥有这些优势的企业就具有了所有权优势或者称为厂商优势。所有权优势的大小决定着跨国公司对外直接投资的能力。当企业将其所拥有的所有权优势通过建立内部市场予以内部化后，企业就可以避免外部市场不完全带来的不利影响，进而保持和利用其所有权优势，这样企业就获得了内部化优势。内部化优势越大，企业就越倾向于向国外进行直接投资。区位优势指的是跨国公司在选择投资区位方面所具有的优势。区位优势的概念也比较宽泛，不仅指东道国所拥有的自然资源禀赋，如自然资源、基础设施、市场容量和地理位置等"硬件"资源，还包括政治体制、政策法规与社会文化等"软件"因素。区位优势不仅是跨国公司对外直接投资决策的决定因素，而且对对外直接投资的流向与流量、投资的行业与部门也具有决定性作用。

该理论认为各国由于要素资源分布的不均衡，且国际市场也存在一定的缺陷，再加上东道国有关对外投资政策的影响，进而使一些跨国公司拥有了 OIL 优势。企业的对外直接投资是由以上三种优势所共同决定的，跨国公司只有同时具备了 OIL 优势，才可以进行对外直接投资。如果只具有所有权优势与内部化优势，那么可以从事出口贸易；如果只具有所有权优势，那么企业只能开展许可证贸易；如果企业以上三种优势均不具备，则不宜进行对外直接投资。

国际生产折衷理论对影响对外直接投资活动的各种因素进行了综合考察，不仅分析了对外直接投资的充分必要条件，而且基于企业所具有的微观优势，立足于宏观的区位分析来解释对外直接投资的动因，因而对各种类型的对外直接投资行为具有更普遍的适用性。但是该理论由于其实证研究是立足于私人跨国公司的，并以企业追求利润最大化为前提假设，因此在解释国有跨国公司的对外直接投资方面显然缺乏说服力。

2.5 发展中国家的对外直接投资动因理论

欧美主流学派在研究对外直接投资行为时主要考察的是欧美与日本等发达国家的企业，其理论对发展中国家的对外直接投资行为缺乏普遍的指导意义。随着 20 世纪 80 年代发展中国家企业对外直接投资的兴起，一些学者便把关注的目光投向了发展中国家的跨国公司，对其海外并购等对外直接投资活动进行了研究，立足于发展中国家的视角对企业的对外直接投资行为进行了理论探讨。发展中国家的对外直接投资动因理论主要有后发优势理论、小规模技术理论、技术当地化理论、技术创新与产业升级理论以及动态比较优势理论等。

2.5.1 后发优势理论

后发优势理论是由美国经济史学家格申克龙（Gerchenkron）创立的。所谓后发优势指的是后发国家在实行工业化的过程中所拥有的而发达国家所不具备的优势。后发优势包括以下三个方面：一是后发国家可以灵活选择多种发展模式来实现工业化，并且可以对先进的技术进行模仿，实现高起点大跨度发展；二是后发国家具有强烈的赶超意识，不仅善于学习与借鉴先进国家的成功经验，还可以通过设备与技术引进等方式，较快地推动工业化进程；三是后发国家在发展高精尖技术方面可以不必经过发达国家所经历的某些阶段，实现跳跃式的发展。

后发国家在发展工业化的过程中，为了尽快缩短与发达国家的差距，也往往以对外直接投资为纽带，通过向技术实力雄厚的国家进行直接投资来引进先进的技术，学习成熟的经验。这些后发优势是欠发达国家的企业走出国门进行对外直接投资的推动力量。

2.5.2 小规模技术理论

美国哈佛大学教授威尔斯（Wells）认为，发展中国家的一些企业拥有小规模生产技术，这些生产技术一方面与经济不发达国家某些产品的有限市场需求量相匹配，另一方面能够就地取材，且生产成本较低可以采取低价促销战略，因此这些发展中国家企业拥有的并不先进的小规模生产技术也具有一定的优势，在多元化与多层次的国际市场上也具有一定的竞争力。小规模技术理论从动因和条件两个方面对发展中国家中小企业的对外直接投资行为提供了理论支撑（郁晓耕、魏浩，2006）。

2.5.3 技术当地化理论

英国经济学家拉奥（Lall）以印度的跨国公司为研究对象，提出了技术当地化理论。拉奥认为发展中国家的企业在生产经营中所使用的技术大多是规模小的劳动密集型标准化技术，但是这些技术是经过当地化处理后的技术，也具有以下几个方面的竞争优势：一是发展中国家可以根据本国与邻国市场的需求情况，对引进的先进技术加以改造，使其生产的产品更能适销对路，通过在原来技术的基础上创新来增强自身的竞争优势；二是发展中国家所使用的技术是与当地的要素成本、供需条件、资源禀赋紧密结合在一起的，其中包含着发展中国家企业的创新活动，这些技术往往更适合小规模的生产条件，比大规模生产技术更具有优势；三是其所生产的产品在东道国市场上通过实行与名牌产品不同的市场定位，也能够找到合适的消费群体，通过强化自身产品的特征仍能保持一定的竞争力。发展中国家企业通过技术当地化创新后，在国际市场上就具有了一定的竞争优势，进而可以通过对外直接投资在国际市场上实现利润的最大化（林康、林在志，2021）。

2.5.4 技术创新与产业升级理论

英国里丁大学教授坎特维尔（Cantwell）认为，对于各国来说尽管技术创新是推动经济发展的根本动力，但是发达国家与发展中国家企业技术积累的特点是不同的，发达国家通过大量的研发投入来推动科技的创新，而发展中国家则是依靠特有的学习和组织能力，主要通过实践经验的积累来开发先进的技术。在此基础上，Cantwell 和 Tolentino（1990）提出了技术创新与产业升级理论，他们认为发展中国家这种特有的技术积累方式直接影响到其对外直接投资的产业与地区分布。在产业分布上发展中国家首先以获取自然资源为主进行跨国纵向投资，其次发展进口替代产品并开始横向对外直接投资；在地区分布上则遵循"先近后远"的原则，其对外直接投资的移动路径是：周边国家—发展中国家—发达国家。通过合理布局对外直接投资的产业与区位结构，以实现产业结构的优化升级。该理论对发展中国家的对外直接投资行为提供了较为全面的解释，具有普遍的指导意义（吉敏，2013）。

2.5.5 动态比较优势理论

动态比较优势理论是由日本的小泽辉智（Tereutomo Ozawa）提出的。小泽辉智认为，在国际竞争中发展中国家为了使本国的比较优势得到不断增强，会经历一个从纯粹的外资引进国到对外投资国的演变过程。这一演变过程既是发展中国家对外直接投资模式与工业化发展道路相结合的过程，也是经济结构调整与资本的有序流动相协调的过程。这一过程大致可以分为三个阶段：当发展中国家经济发展处于要素驱动阶段时，一般会吸引外资流入用于促进本国的资源导向型企业与劳动力导向型企业的发展。当其经济发展处于由劳动驱动阶段向投资驱动阶段过渡时期时，一般会在资本品和中间品环节引进外资；同时也会向一些劳动力成本较低的国家进行投资，利用当地优势发展劳动密集型产业。当其经济发展从投资驱动阶段向创新驱动阶段过渡时，不仅会通过引进外资的方式促进技术密集型产业的发展，还会通过对外直接投资的方式在国外从事中间产品的生产。该理论从宏观的世界经济结构着眼，立足于实践对发展中国家对外直接投资的动机、条件与演进路径进行分析，把国际投资的流动与发展中国家产业结构的调整、经济结构的转型有机地结合了起来，使对外直接投资理论呈现出动态化与阶段化的特点。

2.6 并购动因理论

企业进行并购的根本目的是追求利益的最大化，但是具体来讲，企业并购的动机又可以归纳为以下几种：

（1）谋求国际化的发展方向

寻求自身的发展是企业进行并购的最基本动机之一。只有寻求自身的不断发展，企业的市场地位才能得到巩固与提高，可以说，在企业的整个生命周期中发展是永恒的主题。要么不断扩大生产规模以最大限度地实现规模经济，要么进入新的市场不断扩大自身的市场份额，要么进入新的行业开拓新的业务领域，而实现这些目标的手段之一就是并购，并购是企业进行外部扩张的一种手段，它通常比内部积累速度要快、风险要低。另外，随着世界各国经济交往的日益频繁与国际分工体系的逐步建立，在商品价值链形成的各个环节中努力实现价值增值的最大化，是各国企业的一项明智与理性的选择。全球经济一体化步伐的加快，既是一种发展趋势，也是一种外部压力，督促企业到海外开拓新的国际市场。

（2）追求协同效应

所谓协同效应是指通过并购使并购后企业的获利能力大于并购前原来企业盈利能力之和，也就是通过并购寻求所谓的"1+1＞2"的效果。企业并购追求的协同效应一般包括三个方面：一是经营协同效应，主要是由于成本的降低和收入的增加所带来的效应；二是管理协同效应，当并购公司有较强的管理能力，而目标公司管理不善时，并购公司可以通过并购促进目标公司经营管理水平的提高，并进而提升目标公司的经营业绩，这主要是得益于并购企业管理的溢出效应所带来的目标企业成本的节约与效率的提升；三是财务协同效应，是指当并购的一方能够获得充足的现金流，但是缺少良好的投资机会，而另一方有有利可图的投资机会，但是资金短缺时，通过并购可以促进并购双方在财务资源上实现互补，将投资与融资活动内部化，把并购双方的资金与投资机会融合在一起，从而达到降低财务风险、资金成本并提高盈利能力的目的。

（3）获得规模优势

出于实现规模经济、范围经济与增加市场势力的目的，企业可通过并购来扩大经营规模，进而促进企业竞争实力的提升。企业进行生产经营活动要投入一定的不变成本与可变成本，而随着投入可变成本的增多和产量的增加，单位产品分摊的不变成本就会降低，从而实现成本的节约和效益的增加。在一定的生产条件下，任何企业都有一个适度的规模，当不变成本超过一定的数量时，可能会由于生产效率的下降进而导致单位产品成本的上升，会出现所谓的规模不经济现象，在未达到这一临界点之前，企业可以通过并购来追求规模经济。范围经济是指企业可以利用一组投入要素生产出多种产品或提供多样化的服务。企业并购之后可以通过共享多种投入要素，进而实现成本的节约与效益的递增。所谓市场势力是指企业在同行业中所占的市场份额和对市场的控制力。企业可以通过并购来提高行业的集中度，增强在销售市场的地位，获得竞争优势和一定程度的垄断权，进而可以通过自身的市场地位而获取相应的垄断利润。

（4）解决代理问题

现代公司制企业由于经营权与所有权的分离，企业的管理者作为委托人股东的代理人经营企业，他们有可能为了追逐自身利益而背离股东财富最大化的目标，从而使企业在经营过程中面临较高的代理成本。并购能够作为一种外部强有力的约束机制，可以通过争夺目标公司控制权，从而对目标公司管理层形成约束，使其减少代理成本，更好地服务于股东利益最大化的经营目标。同时，并购企业对目标企业的要约收购，也会向目标公司管理层传递这样一个信号，即目标公司的经营业绩尚有进一步提升的空间，从而对目标公司管理层形成一种督促与鞭策，在减少代理成本的同时，更好地实现股东财富最大化的目标。

（5）管理者追求自身利益

穆勒（Mueller，1969）通过研究提出代理人的报酬是公司规模的函数。由于现代公司制企业存在委托代理关系，企业的经营管理者总是有追求自身利益最大化的动机，他们有通过并购将企业的生产经营规模扩大到最优规模以上的欲望，这样既可以提高自身的报酬，也能增加公司股东对现有管理层的依赖程度，进而增强职业经理人自身职业生涯的稳定性。从这个动机来说，并购恰恰是现代公司制企业代理问题的一种表现形式（李有根、赵锡斌，2003）。

（6）管理者过度自信

Roll（1986）认为，企业的并购活动源于并购公司管理者的过度自信，他们骄傲的情绪使他们相信自己的估价优于市场的估价，他们对目标公司价值的评估往往过于乐观，从而试图通过兼并收购来提升并购企业的利润与价值。

（7）利益再分配

并购会引起并购双方企业利益相关者之间利益的重新分配，当并购会使企业利益的重新分配向公司股东倾斜时，公司的股东就会积极支持这种并购活动。比如并购可能会产生的税收效应，杠杆并购所导致的企业资产负债率上升，会使企业债权人的利益受损而股东的收益相对增加等。

（8）追求投机收益

当目标企业的价值被低估时，并购公司可以通过收购其股份来实现对该公司的控制，要么以较低的成本实现企业的扩张，要么在将来目标公司股票价格出现回升时再将其卖出以赚取价差收益。

（9）提高并购企业的核心能力

所谓企业的核心能力是指企业在长期发展中形成的具有竞争对手不能或不易复制与模仿的，能使企业保持持续竞争优势的能力，如企业所拥有的商标、品牌与专利技术等无形资产。当目标公司拥有并购企业不能或不易复制与模仿的这种核心竞争优势时，通过并购目标企业，并购企业可以较低的成本获得目标企业的这些核心能力，从而达到快速提升自身核心竞争力的目的。

（10）降低交易成本

从新制度经济学的观点来看，市场与企业都是协调经济活动的组织形式，企业为进行生产经营活动必然要与内部和外部进行各种交易，而进行这些交易所产生的费用就是交易成本。同时，企业作为一种组织形式也存在一定的行政管理费用，当企业内部的行政管理费用低于企业进行外部交易的成本时，企业就趋于通过并购来把要与外部进行交易的成本内部化为管理费用，从而达到降低总成本的目的。企业从事国际贸易由于要涉及关税及不同国家的贸易壁垒，因此，跨越国界的商品流动的交易成本往往要高于国内贸易，因此企业可以通过跨国并购这种方法组建跨国企业，用跨国企业这种组织形式来替代国际市场进行运营，以有效地降低交易成本。

（11）谋求稳定的资源来源

能源等资源短缺是世界各国所面临的一个共同问题，资源的短缺性及不可再生性会使人们对其产生增值的预期。从一定程度上来说，并购海外的资源类企业，实际上就等于购买了一种看涨期权。谁能获得稳定的资源来源，谁就能在未来的经济发展中掌握主动权。因此，通过并购海外的资源矿产等资源类企业，企业不仅可以解决资源供应紧张和短缺的后顾之忧，而且可以在下一步的发展中抢占先机。

2.7　本章小结

基于数字经济时代无形资源的价值创造功能日益彰显，以及近年来我国企业进行海外并购日益活跃的趋势，本书从无形资源的视角探讨了中国企业海外并购的动因，并对其并购整合问题进行了研究。

首先，对相关概念的界定与分类是研究的逻辑起点。本部分阐述了企业并购的不同分类，并对跨国并购的特点进行了归纳总结，界定了无形资源、无形资产及无形资本的概念，不仅使理论研究的对象、内容更加明确与清晰，而且为展示本书的研究脉络做好了铺垫。

其次，拓宽了回顾与归纳对外直接投资动因理论的研究视野。中国企业海外并购既是一种企业跨越国家或地区的并购活动，也是一种对外直接投资行为。本部分对发达国家与发展中国家对外直接投资理论的回顾，是为了将中国企业海外并购的研究置于对外直接投资这一更宽阔的视野中，以期通过对相关理论的借鉴与吸收，基于中国企业海外并购的实践来推动发展中国家对外直接投资理论取得新的进展。

最后，对以往并购动因理论的总结是本书理论创新的根基。本书理论研究的重点在于推动跨国并购动因理论的创新，探究数字经济时代企业尤其是发展中国家的企业跨国并购的真实动机，进而基于这些并购动机研究中国企业海外并购整合的策略。一个企业进行海外并购可能存在多种动因，单一的并购动因理论很难对这种具有复合动因的海外并购行为做出令人信服的解读。本部分对以往并购动因理论的归纳总结，既有利于本书基于无形资源视角借鉴西方发达国家的研究成果，对中国企业海外并购动因进行理论分析，也有助于对并购后的整合进行系统研究。

3　文献综述

3.1　基于无形资源价值的研究

3.1.1　国外研究

科学技术的飞速发展使人们的生活发生了翻天覆地的变化。理论界越来越多的研究者把关注的目光投向了企业的无形资源。许多学者认为知识、能力等无形资源在价值创造方面的能力已超过了有形的物质与资本等生产要素，并日益成为企业的根本经济资源与核心能力（Richardson，1972；Prahalad and Hamel，1990；Leonard-Barton，1992；Drucker，1993）。同时，有学者把企业与个人所拥有的知识按是否易于编码与表达，进一步划分为隐性知识与显性知识（Polanyi and Prusak，1998；Rosenberg，1982；Nonaka，1991；Cowan，2000），隐性知识具有内隐性、难以模仿性等特征（Ambrosini and Boman，2001），与显性知识相比其价值创造功能更强，更能促进企业竞争力的提升（Dorothy，1998）。Nonaka（1991）对知识的转化做了开创性研究，认为显性知识与隐性知识的相互转化具有四种基本模式，并提出了社会化、外在化、组合化与内隐化的 SECI 模型。组织内知识持续不断地转化可以促进知识的传播与交流，并促进核心能力的培育（Nonaka et al.，2000）。Galbreath（2002）认为，无形资源尤其是企业的关系网络将是 21 世纪企业价值创造的主要成分，并指出企业关系网络中的顾客、员工、供应商及合作伙伴在企业价值创造中具有极其重要的地位。Diefenbach（2006）则根据无形资源的存储状况将其系统地分为六类：人力资本、社会资本、文化资本、法定资本、信息与法律资本及嵌入资本。Dodd（2016）指出企业的无形资源是一系列没有物理实体但具有价值的资源，无形资源是企业在市场上获得成功的主要驱动力（Kor and Mesko，2013）。还有一些学者将无形资源称为软创新资源，并进一步指出软创新资源与互联网的高度相关性，列举了现实中这种软创新资源的表现形式，如消费者的信任、观念的转变等（Tou et al.，2018）。

3.1.2 国内研究

我国学者也对无形资源的价值创造功能进行了研究。刘志彪和姜付秀（2003）认为能力也是企业的一种无形资源，能力指的是公司比其他公司做得特别突出的一系列活动，它是联结以资源为基础的竞争优势观与以活动为基础的竞争优势观的桥梁，来自无形资源的竞争力可以分为三个层面：一是企业家能力的竞争力，二是签订合约能力的竞争力，三是经营能力的竞争力。企业家能力的竞争力表现为在技术创新和制定全新的解决方案时的能力。签订合约能力的竞争力表现为企业充分利用不完全可交易的资源优势，发现尚未开发的潜在市场，并通过商业组织将新想法、新构想予以商业化。经营能力的竞争力表现为企业充分利用所拥有的各种资源进行生产经营管理，提高产品与服务的质量，进而提高市场占有率。在这三个层次的竞争力的演进过程中，随着时间的推移，关键性资源的流动性会越来越强。

周智颖（2010）通过调查问卷的方式，并建立结构方程模型，对无形资源与企业竞争优势之间的关系进行了实证研究，得出了企业的关键岗位人力资源，企业家人力资源，企业的文化类、知识类、关系类和声誉类无形资源与企业的竞争优势之间存在显著的正相关关系；同时发现企业家人力资源与关键岗位人力资源同企业的文化类、知识类、关系类和声誉类无形资源之间存在显著的正相关关系，关键岗位人力资源是通过对文化类、知识类、关系类和声誉类无形资源的影响，来间接影响企业的竞争优势的。

邓康林和向显湖（2009）基于价值创造功能的视角强调了泛财务资源的概念，认为泛财务资源不仅应包括自然资源以及传统的财务资源等硬财务资源，还应该包括市场资源、知识产权以及组织资本与人力资本等无形的软财务资源。他们还指出在知识经济时代，软财务资源等无形资本正逐步取代有形资本，成为推动企业价值创造能力提升的关键因素。

李晓翔和张树含（2023）指出，中小企业不同维度的无形资源边界创新效应存在差异，资源权力和效率边界的拓展分别有助于推动探索式和开发式创新，资源能力边界的拓展对两者均有促进作用。政府补助会降低资源权力边界对探索式创新的影响效应，但会增强资源能力、效率边界对开发式创新的促进效应。

3.2　企业并购与无形资源的关系研究

3.2.1　无形资源对企业并购的影响

国外的学者很早就开始关注企业并购中无形资源的作用。Malekzadeh 和 Nahavandi（1990）指出，并购双方企业文化整合是影响企业并购战略实施与长期绩效的关键因素。管理大师彼得·德鲁克（Drucker，1981）总结了并购取得成功的五要素，认为公司高层管理人员的任免对并购成败起着至关重要的作用。在参加并购谈判的部门中，如果没有人事部门的参与，并购成功的可能性将降低（Tetenbaum，1999）。Kogut 和 Singh（1988）认为在对外投资方面，母国与东道国的文化差异越大，则跨国公司选择跨国并购的可能性就越小，而选择合资经营或绿地投资的可能性就会越大。文化差异容易导致并购失败或使双方潜能无法发挥（韦弗、威斯通，2003），文化差异是导致跨国并购失败的主要原因，提高并购成功率的关键在于并购后双方文化的整合（Belcher and Nail，2000）。还有的学者通过研究发现民族文化的差异会影响到并购双方企业文化的整合（Buchanan，1989；Larsson，1993），并进而影响到公司股东的回报率。Froese 等（2008）对东南亚金融危机背景下外资企业对韩国公司的并购进行了研究，发现组织文化与民族文化的冲突给并购整合带来了负面影响。

我国的学者对无形资源对企业并购影响的研究相对较晚一些。郑海航（1999）提出企业并购应高度重视人力资源与企业文化等无形资源的整合，其中人力资源整合的关键在于培训。廖泉文和李鸿波（2003）指出了企业并购中文化整合的三个动因，一是失当的文化整合是并购绩效下降或并购失败的一个重要起因；二是企业文化的可融合性为并购后企业文化的整合提供了可能性；三是寻求文化的协同效应是企业并购进行文化整合的驱动力。所谓文化的协同效应指的是在企业并购中通过积极的企业文化元素对消极的企业文化成分的辐射、渗透与同化，从而使企业在并购活动中提高整体效率，产生企业文化的规模效应。单宝（2008）认为跨国并购中的文化差异有民族文化差异与企业文化差异两种，文化差异会产生文化冲突，文化的差异是导致中国企业跨国并购失败的一个重要原因。张玉柯和邓沛然（2009）认为，中国企业跨国并购中的文化冲突可能导致对目标企业整合难度的加大，造成目标企业人才的流失，使目标企业的效率难以得到提高。中国企业应从协调不同背景的员工行为，重塑目标企业发展愿景，运用激励机制促使员工与企业共同发展，增强文化软约束力的持久性，使企业走上可持续性发展的道路等方面入手，来化解文化冲突，提高中国企业海外并购的成功率。

3.2.2　无形资源与企业并购协同效应关系研究

不少学者认为企业的无形资源是并购协同效应产生的内部源泉，国内外比较典型的研究如下：

Tetenbaum（1999）曾形象地把并购后整合战略中文化整合和人员整合过程喻为新组织的 DNA，指出了对其进行整合的极端重要性。日本战略专家伊丹广之（2000）把通常所说的并购协同概念分解为互补效应与协同效应，认为互补效应和协同效应经常同时发生，但是协同效应并非来源于互补效应，而是来源于公司使用它的无形资产，这种协同效应对于竞争对手而言具有难以模仿性，因而可以给公司带来更为持久的竞争优势。

郭俊华（2005）通过建立并购后知识资本演化的数学模型，对并购双方的创造能力、知识资本的相似度及替代率、冲突程度及损失率的敏感性进行了分析，得出了这样的一些结论：一是并购双方的创造能力与并购后知识资本的增加潜能呈正相关关系；在其他条件相同的情况下，创造能力增加比创造能力减少对知识资本存量的变化更敏感。二是并购双方交互作用的知识资本相似程度越低，发生替代的可能性越小；并购双方知识资本因替代而发生损失率与知识资本减少的幅度存在正相关关系。三是因并购引起的知识资本的冲突程度与知识资本的损失程度及并购后知识资本的减少幅度呈正相关关系。

胥朝阳（2009）认为，在企业并购中，知识增长具有学习经济效应，这种效应源于内部学习的效率高于外部学习，学习效应是知识增长的源泉。并购过程是企业内部新知识的创造过程，可以促进并购双方知识链的叠加、融合与延展，使知识点得到扩充，知识链变长变粗。

魏建（1999）认为企业并购的本质是企业控制权的交易。企业并购的效应分为两种：一种是增值效应，即通过并购为社会创造了新的财富；另一种是转移效应，即由并购引起社会财富在不同所有者之间的转移。从经济学上来说，前者是一种帕累托改进，而后者则是一种社会财富的再分配。从整个社会的角度来说，如果转移的社会财富能被新的拥有者用于边际生产率更高的项目，创造出更多的社会财富，那么这种财富转移效应也是具有效率的，因此，不能简单地认为财富转移是非效率的。

3.2.3　无形资源对并购的驱动

国外有的学者把跨国并购的动因归结为寻求无形资源。Madhok（1997）、Vermeulen 和 Barkema（2001）认为，企业之所以进行跨国并购，主要是因为企业通过并购可以获得新能力并学习掌握新知识。Shimizu 等（2004）从新制度经济学的视角来考察跨国并购的动因，提出实施跨国并购动因之一是收购公司欲通过内部化的方式获得无形资产，以此来节约或避免通过市场进行交易的成本。还有学者把企业并购看作新兴和现在行业通过获取和利用资源来开发新知识的一种途径和方法（Goudfrooij et al.，2001）。

我国一些学者也基于无形资源视角对并购的动因进行了探讨：

何新宇和陈宏民（2000）的研究结论表明，存在技术差距的企业之间更倾向于进行合并。

马传兵（2004）根据马克思的资本扩张理论，指出经济全球化的实质是资本的扩张。历史上经历了三次全球化的浪潮，前两次是有形资本的扩张，而第三次则是无形资本主导的跨国并购，并把发达国家跨国并购的动因归结为实现无形资本的价值最大化。

孙洪庆等（2010）通过建立跨国并购的净利润模型，对跨国并购中无形资产的协同效应进行了研究。他们得出了这样的结论：被并购企业无形资产价值的高低与并购企业的利润之间不存在必然的相关关系，跨国公司进行跨国并购的主要原因在于追求无形资产协同的正效应。

刘文纲等（2007）则对并购中无形资源的转移与扩散、企业核心能力的培育以及协同效应的发挥进行了较为全面系统的研究。他们认为，并购战略的制定应着眼于企业核心能力的培育，最大限度地发挥其核心潜能，定位于竞争优势的形成，这样才能确保企业的持续发展。他们将并购的绩效定义为并购中所产生的协同效应的大小，用公式表示为：$U=f(E)$，U 为并购中绩效的大小，f 表示函数关系，E 代表协同效应的大小。无形资产是产生协同效应的基础，通过并购实现无形资产优势的转移与扩散，可以更好地产生协同效应，提高并购的绩效。并购中无形资产的协同效应主要包括品牌扩张效应、人力资本协同效应、技术扩散效应与文化协同效应，并可用公式表示为：$U=f(E_b、E_{hc}、E_t、E_c\cdots)$，$E_b$、$E_{hc}$、$E_t$、$E_c$ 分别代表上述四种效应。而品牌扩张效应则受并购方品牌价值、被并购方对品牌的支撑能力、并购双方产品的关联度等因素的影响，与这些因素呈现出正相关的关系。人力资本协同效应则受企业基础结构性资产与市场资产的配合与支持程度、激励机制的有效性与并购双方人力资本存量对比状况等因素的影响。技术扩散效应的发挥受被并购企业的消化吸收能力、并购双方核心技术的关联度以及欲转移技术的先进程度等因素的影响。

向显湖和胡少华（2009）认为，企业在长期的经营过程中会形成不依赖于个体而存在的，内嵌于组织并被组织所共享的不可辨认的无形资源或资产，这种资源或资产就是企业的组织资本。组织资本不仅具有价值创造功能，还难以被其他企业所复制，因而能使企业拥有竞争优势。企业产生与并购的动因之一就是充分合理地利用企业已形成的组织资本，避免企业因破产清算而使企业的组织资本遭到破坏发生流失。还有学者对无形资源对创新的促进效应进行了探讨。例如，魏晨等（2024）基于资源观和双元创新理论，从企业的软资源也就是无形资源的四个维度出发，对软资源与平台双元创新能力的关系进行研究。他们指出，平台战略、平台双边市场和平台知识等无形资源通过资源整合促进平台双元创新能力的提升。知识势差会负向调节软资源对平台双元创新能力之间的关系。

理论界的研究表明，企业文化、人力资源等无形资源对企业并购后的整合具有一定的影响；对这些无形资源进行有效整合是企业并购取得成功的必要条件，同时并购中协同效应的产生也主要来自企业的无形资源。另外，正是由于无形资源具有较高的价值创造功能且是并购后企业协同效应产生的源泉，所以许多企业并购活动尤其是跨国并购活动也是出于寻求目标企业的无形资源或在更大的范围内发挥自身无形资源优势的动机，以实现自身价值最大化的财务目标。但是以往的研究大多着眼于无形资源对并购绩效的影响，关注的重点在于对优势无形资源的获取等方面，而对无形资源自身各要素的构成以及并购中其协同作用发挥的机理所进行的研究却比较少。

3.3 中国企业海外并购动因及影响因素的研究

3.3.1 中国企业海外并购的动因

有的学者从外部因素分析了中国企业海外并购的动因，并指出受产业政策支持的企业在国家战略的驱动下，更倾向于实施海外并购（钟宁桦等，2019）。余娟娟和魏霄鹏（2022）基于环境不确定性及交易成本的视角通过研究发现，中国企业海外并购对东道国的营商环境较为看重，且这种偏好呈现出明显上升的趋势。刘娟和杨勃（2022）对中国企业通过海外子公司并购目标国企业的"进阶版"海外并购动因进行了研究，发现"合法性寻求"和"效率驱动"的联动效应是中国企业海外并购的一个重要动因。以发达国家的目标企业作为跳板将跨国并购转换为国内并购，有助于规避"外来者劣势"（Cuervocazurra and Ramamurti，2015）。

有的学者还基于资源寻求的视角来剖析中国企业海外并购的动因。王弘书等（2021）指出，地方国有企业与中国跨国公司海外并购具有战略性资产寻求动机，国际移动性较强的专利资产与移动性较弱的商标资产均会受到地方国有企业的青睐。吴先明和张玉梅（2020）指出，国有企业海外并购具有明显的市场寻求型动因。唐晓华和高鹏（2019）基于全球价值链的视角把中国企业海外并购的动因分为：实现产业产能转移、积累技术与储备以及获得资本利得等。王馗等（2022）认为，中国企业海外并购主要表现为对市场、资源和战略资产的寻求，且与美国企业相比，中国企业对目标企业的专利更为关注。Luo等（2017）也指出，与目标国的政治风险、市场导向相比，中国企业海外并购更看重的是东道国的自然资源因素。

3.3.2 中国企业海外并购的影响因素

（1）宏观层面的影响因素

有的学者基于"一带一路"倡议的提出，对中国企业海外并购的影响因素进行了分析。韦东明等（2021）认为，"一带一路"倡议可以显著降低中国企业海外并购的溢价，提升了中国企业海外并购的完成率；"一带一路"倡议能够提升企业融资的可获得性，改善双边的政治关系并促进中外双方文化交流，进而对中国企业海外并购产生了促进效应。东道国的交通基础设施越完善，对中国企业海外并购的吸引力就越大（周丽萍、张毓卿，2019）。葛璐澜和金洪飞（2020）对共建"一带一路"国家和地区的制度环境进行研究后发现，东道国综合制度环境的改善会促进中国企业在该地区进行海外并购投资，其中监管质量与政府效率的提升对中国企业海外并购的促进效应最为明显。

有的学者基于制度、文化等无形资源的视角对影响中国企业海外并购的因素进行了分析。发现制度距离和文化距离所提供的多样性与差异性优势，有利于中国企业迅速完成海外并购；并购经验会强化制度距离对海外并购时间的促进作用，而中国企业海外上市则会弱化这种促进效应（刘飖、孟勇，2019）。东道国金融生态及周边国家的金融生态溢出都会对中国企业海外并购的意愿及成功率产生影响（韦东明等，2023）。曹清峰等（2019）认为，关税壁垒通过减少中国企业海外并购的预期收益显著降低了中国企业海外并购的成功率；同时关税壁垒的提高会显著提升中国企业海外并购成功企业的生产率。韩永辉等（2022a）指出，国际教育交流能推动中国企业海外并购，与非共建"一带一路"国家和地区相比，共建"一带一路"国家和地区的来华留学生对中国企业海外并购的促进作用更强。高水平的国际教育交流有助于发挥留学生网络的信息优势，进而有利于提升投资并购的便利化水平（Giovannetti and Lanati，2017）。

还有学者基于中外双方国际友好往来的视角对影响中国企业海外并购的因素进行剖析。韩永辉等（2023）研究发现，国际友城对中国企业海外并购事件的数量与交易规模具有显著的促进效应，国际友城通过促进中外双方民间互访、经贸与文化交流等，进而对中国企业海外并购产生促进效应。陈奉先等（2022）指出，中外双边政治关系的拉近有利于提升中国企业海外并购的成功率，双边政治关系通过双边贸易为中国企业提供了良好的外部贸易环境，并消除贸易壁垒进而提升了中国企业海外并购成功率。良好的双边政治关系还会提升对中高收入经济体以及制造行业企业并购的成功率。范红忠等（2023）指出，外交访问对中国企业海外并购具有促进作用，能够拓展中国企业海外并购的广度与深度。中外双方企业商务信息交流与社会网络构建，以及对东道国投资不确定性程度的下降，都会促进中国企业海外并购的实施。韩永辉等（2022b）认为，中外双边外交关系都会对中国企业海外并购的意愿与成功率产生正向影响，并且这种影响效应会随着时间的推移而增强。另外，外访签订联合声明公报对中国企业海外并购的促进效应要大于来访签订联合声明公报的效应。与联合声明、联合新闻公报相比，联合公报对中国企业海外并购的促进效应更明显。

另外，一些学者基于经济与政府效率等层面进行了研究。贾宪军和胡海峰（2018）指出，我国 GDP 增长率的下降可能会导致市场对经济增长的悲观预期，进而使中国企业海外并购的意愿增强；整个社会的资金供给越充裕，中国企业就越倾向于实施海外并购；另外，人民币贬值预期的增强和我国境内的低利率，会激发中国企业实施海外并购的动力。王贤彬等（2023）认为，东道国对腐败程度的控制对中国企业海外并购具有促进作用，政府效率和公民权利的提升能够强化这种促进作用。跨国并购中如果两国腐败程度差距较大，则会对海外并购起到阻碍作用（Qian and Sandoval-Hernandez，2016）。

（2）微观层面的影响因素

逄嘉宁（2020）基于国家文化差异的视角探讨了中国企业海外并购的持股策略，通过研究发现，董事会成员皆无海外经历的上市公司在海外并购中倾向于采用高控制持股的策略，而董事会成员中有海外经历的上市公司则倾向于采用低控制持股的策略。田宇涵（2020）认为，中国国有企业的资产负债率对其海外投资呈正向影响；中国国有企业的总资产规模越大就越倾向于进行海外并购。胡彦宇和吴之雄（2011）指出，正式制度约束与非正式制度约束均会对中国企业海外并购产生影响；中国企业的国有性质对中国企业海外并购产生负面影响；东道国产业保护对中国企业海外并购具有负面影响，随着制度质量的提升，这种负面影响会降低；但中国企业的国有产权性质将对这种负面影响产生强化作用。东道国与中国的距离越近，华裔人口所占的比重越高，越有利于中国企业实施海外并购。

3.4 中国企业海外并购绩效的研究

3.4.1 中国企业海外并购绩效的影响因素

一是从制度、文化等宏观层面对影响中国企业海外并购绩效的因素进行了研究，比如吴小节和马美婷（2022）基于制度理论与资源基础观，通过研究指出，正式与非正式制度距离均对中国企业海外并购的绩效产生了负面影响，中国企业海外并购的经验与政治关联均会弱化制度距离对海外并购绩效的负效应。东道国的 GDP 增速、中外双方国家的清廉程度都会对中国企业海外并购的短期绩效产生正向影响，而双方的文化差异会对中国企业海外并购的短期绩效产生负向影响（冯梅、郑紫夫，2016）。

二是基于并购企业的视角对影响中国企业海外并购的绩效进行探讨。赵君丽和童非（2020）通过研究发现，中国企业在东道国的"外来者劣势"会对其海外并购绩效产生负面影响；而中国企业海外并购的经验会弱化这种负面效应。杨娜等（2019）认为，中国企业 CEO 和 CFO 的海外经历可以缩短其后续海外并购的等待时间；在早期的后续海外并购阶段，CEO 的海外经历的影响效应较为显著，而在多次后续海外并购的后期阶段，CFO 的海外经历的影响效应则会更为显著。冯钰钰等（2020）指出，在海外并购中管理层中高龄成员越少，博士、高级工程师以及拥有海外背景的人员比重越高，则中国企业海外并购的绩效越高。

三是基于财务与研发的视角对影响中国企业海外并购绩效的因素进行了剖

析。胡微娜（2016）运用结构方程模型从企业战略、整合以及财务三个维度，对影响中国企业海外并购绩效的因素进行了研究，发现中国企业对海外目标企业的错误选择、整合不力以及过高溢价的支付，会导致并购的失败。史本叶和赵铮（2019）指出，在中国企业海外并购的过程中，与股权融资相比，债务融资无论是短期还是中长期都会促进股东财富的增加，但是债务融资对股东财富的促进效应在中长期更为显著。负债融资所带来的还本付息压力，能够对并购企业的管理层产生激励效应，进而促进并购企业经营绩效的提升。关慧明和刘力钢（2020）基于财务能力的四个维度对我国 A 股 15 家上市公司海外并购的案例进行研究后发现，短期内中国企业的盈利能力、营运能力呈下降趋势，但是发展能力则呈现上升的态势。并购企业对目标企业的控股程度越高，并购企业的长期发展能力就越强。肖慧敏和周红霞（2018）指出，在海外并购前与利用式研发相比，探索式研发更能促进企业并购绩效的提升；而在海外并购之后，利用式研发对并购绩效的促进效应则更为明显；并购双方的关系嵌入强度则会强化并购后研发对并购绩效的促进效应，且这种正向的强化效应对探索式研发与并购绩效之间的关系更为明显。

3.4.2　中国企业海外并购技术创新绩效研究

尹亚红（2019）研究发现，中国企业海外并购促进了技术创新水平的提升，而且海外并购还通过研发经费与人力资本两条途径将逆向技术溢出效应转化为现实生产能力，进而促进了企业技术创新效率的提升。如果跨国并购双方存在技术上的互补性，那么海外并购的有效产业链整合则能提升技术整合的绩效（Narasimhan et al.，2010）。

张雨（2019）认为，中国企业海外并购能够促进并购方 R&D 投入的增加，R&D 投入的增加则会促进并购企业创新绩效的提升。并购交易的规模越大、收购目标方股权的比例越高，并购方企业越倾向于进行国际化 R&D。

李飞和陈岩（2018）以中国企业技术型海外并购作为研究对象通过研究发现，中国企业海外并购中双方的资源互补性会促进并购方技术创新水平的提升，而海外子公司的经营自主权会对这种促进作用起到正向调节效应。同时中国市场规模优势会对海外子公司经营自主权的这种调节作用再次进行强化。

胡潇婷等（2020）认为，海外并购总体上来说促进了中国企业的技术创新绩效,但是这种促进效应主要体现在利用式创新方面。企业技术多样性以及运营和市场能力均会对中国企业的技术创新绩效这种促进效应产生正向的影响。

庞磊(2018)研究发现,海外并购与绿地投资这两种对外直接投资方式均能促进母国的技术进步;与绿地投资相比,企业海外并购技术转移度相对来说较低。

胡冬红(2018)认为,跨国并购有利于我国企业技术进步和技术效率的提升,但这种提升效应一般发生在并购三年之后才呈现;横向并购与中国企业海外上市均能促进技术效率的提升;并购富有知识与技术资源国家的企业,并购方更能促进自身的技术进步;东道国的经济自由度、文化距离等宏观因素,均会对并购方的技术进步产生较大的影响。

赵红(2019)通过研究指出,在中国"轻触"整合模式比"重触"整合模式更能促进主并企业创新绩效的提升;跨国并购技术整合通过促进并购企业探索式与利用式创新能力的提升,进而对创新绩效起到了促进作用。"轻触"整合模式更有利于提升并购企业的探索式创新能力,而"重触"整合模式则更能有效地促进并购企业利用式创新能力的增强。

Puranam等(2009)指出,如果并购后不对目标企业进行并购整合,并购方无法真正接触目标方的核心技术,这将影响到并购双方资源互补性对并购方技术创新的促进效应。

Smith(1990)和Ornaghi(2009)指出,企业海外并购所面临的文化距离、不同的制度背景等,会分散管理者对研发活动的注意力,造成研发人才的流失以及研究效率的下降,进而对企业的创新绩效产生负面影响(Szücs,2014)。

3.5 关于中国企业海外并购效应的研究

吴先明和张玉梅(2019)认为,我国国有企业通过海外并购提升了企业的综合价值,但是这种效应存在至少五年的滞后期。在并购后五年的存续期内，国有企业的融资能力提升并不明显，盈利能力呈现出逐步提升的态势，并购对国有企业增长能力的负向影响逐步消失。

任曙明等（2019）通过研究发现，海外并购导致中国企业投资效率下降，这种效应主要体现在中国企业的过度投资方面。短期来看，海外并购均导致了国有和非国有企业投资效率的下降；但是长期来看，尽管国有企业的投资效率仍呈下降趋势，但是海外并购却使非国有企业的投资效率得到了提升。从东道国的视角来看，以发达国家为目的地的并购导致了中国企业投资效率的下降，但是对非发达国家所实施的海外并购对中国企业投资效率的影响却不明显。

李宏等（2018）指出，中国企业海外并购促进了我国产业结构的合理化与高度化。与东部地区相比，海外并购对我国中西部地区产业结构优化升级的促进效应更为突出。从城市等级来看，海外并购对我国一线、二线城市的产业结构高度化的促进效应要强于三线城市。

安磊和沈悦（2020）认为，中国企业海外并购这种对外直接投资行为，能够抑制我国经济的"脱实向虚"问题，且这种抑制效应具有一定的滞后性和持续性。这种抑制作用在非国有企业和有着多次海外并购投资经历的企业表现得更为突出。中国企业实施海外并购增加对外直接投资，通过对实体经济"脱实向虚"产生抑制效应，进而提升了实体企业的经营业绩。

余官胜和王灿玺（2020）指出，中国企业海外并购能够持续性地提升高管理的薪酬，且与非国有企业相比，这种对高管薪酬的提升效应在国有企业更为突出。他们还发现，中国企业的规模在海外并购与高管薪酬之间起到中介作用。

周雪峰和王卫（2021）指出，企业自主创新能力包括外延创新能力、集成创新能力和内生创新能力，企业海外并购是集成创新能力发挥过渡作用进而推动外延创新能力向内生创新能力转化的中介路径。

3.6 文献述评

许多企业的市场价值远远超出了其账面价值，两家实物资产规模难分伯仲的企业，其盈利能力可能相差悬殊。这些现象的出现使得国内外学者把研究的视角从企业的有形资源转向了无形资源。企业的无形资源日益成为学者们关注的一个研究领域。许多学者认为，随着知识经济时代的来临，企业无形资源的价值创造功能已远远超过有形资源，无形资源将逐步取代有形资源成为促进企业价值提升的主要驱动因素，21 世纪全球将会进入无形资源的时代。

目前，中外学者对无形资源价值创造功能的研究主要着眼于不同类型无形资源之间的转化以及无形资源之间的相关性，理论分析基本上是沿着这样的逻辑演绎路径：无形资源优势—核心能力的培育—企业竞争能力的增强—企业价值的提升。学者们虽然对不同类型无形资源协同发挥作用有了一定的研究，但是大多局限于研究无形资源各构成要素之间的相关性。

在企业并购中，无形资源的重要性也日益被越来越多的学者所关注。无形资源不仅是企业并购后整合的一个重要方面，而且其整合状况也是影响企业并购后协同效应发挥的一个至关重要的因素。目前已有的研究文献对企业文化、人力资源这两项无形资源关注得比较多，而对其他类型的无形资源研究得比较少，从总体上对无形资源进行全面系统研究的文献更是少见。

对中国企业国内并购与海外并购效果进行研究所采用的方法主要有两种：一是事件研究法。以资本市场有效性假设为前提，以并购交易公告日为中心选择事件窗口期，来测算企业股票市场价格的累积超额收益，这种方法主要以并购企业的股票价格为基础来衡量市场对并购交易的认可度。二是会计研究法。以企业的净资产收益率、资产收益率等财务指标的变化来判断并购企业的并购绩效。由于我国资本市场还不太完善，资本市场是否有效还存在一定的争议，且事件研究法一般考察的事件期比较短，难以对并购的绩效尤其是无形资源整合的长期绩效做出有价值的判断，因此，事件研究法在研究企业并购无形资源的整合效果方面存在一定的局限性。虽然企业并购无形资源的整合效果最终会通过财务指标反映出来，但是从长期来看，可能还存在其他对企业财务指标影响的因素，利用会计研究法很难剔除这些"杂项"的干扰而得到"净"的无形资源整合效果。

企业并购的动因实际上就是并购的具体意图。随着我国自主创新能力在促进企业价值提升方面的重要性日益突出，外资与国外先进设备等有形资源对中国企业的吸引力日益下降，而核心技术、品牌、研发能力等无形资源则越来越受到中国企业的青睐。然而这些无形资源价值创造功能的有效发挥却是需要彼此配合与有机协调的，如品牌的维护需要先进的科技作为支撑；研发能力的提升不仅需要研究成员之间的分工协作，还需要有良好的工作氛围和促进优秀人才脱颖而出的环境。也就是说，这些无形资源具有系统的特性。因此本书在以前研究的基础上，基于无形资源的视角，运用系统化的思维来探究中国企业海外并购的动因。

不管企业并购动机的具体内容是什么，最终还是会达到"1+1>2"的效果，也就是说，并购归根结底还是要取得协同效应，否则并购就没有必要进行或者不会发生。而优势无形资源的转移与扩散尤其是通过跨国并购的途径进行转移与扩散，不仅存在一定的障碍，而且其价值创造功能的发挥也受到各种条件的制约。中国企业海外并购所追求的协同效应不会自然而然产生，必须通过有效的整合才能达到。从这个意义上来说，协同效应是进行并购的最终目的，并购的动因是实现协同效应的具体环节与中间步骤，而进行有效的整合则是实现并购动因进而取得协同效应的必要手段。一般来说，并购交易完成后的整合尤其是无形资源的整合具有长期性、复杂性、动态性的特点，本书则将工程化的理念引入中国企业海外并购无形资源整合路径的探讨之中，以期打开研究中国企业海外并购的思路，推动中国企业海外并购动因理论以及发展中国家对外直接投资理论取得新的发展，同时促进出海并购的中国企业进一步提高整合效率，积极稳妥地推进与实施"走出去"的发展战略。

4 无形资源的特征及中国企业海外并购的动因探析

4.1 企业无形资源的战略价值分析

前文已对无形资源概念的内涵与外延进行了界定。表内资本化无形资源由于其价格容易计量且能够反映在企业的资产负债表内，因此比较容易通过市场交易的方式进行转移与扩散；表外非资本化无形资源由于其价格难以确定而无法通过市场进行配置，但这类无形资源不仅是确保企业无形资源系统价值创造功能发挥的必不可少的构成要素，也是形成企业核心竞争力的关键。本章对无形资源价值创造作用与特征的分析所关注的重点正是这类表外非资本化无形资源。

4.1.1 无形资源的价值创造功能

虽然无形资源的取得与形成需要耗费一定的成本，但是无形资源一旦形成，其所带来的收益会远远超出企业的有形资源。无形资源在企业价值中的创造作用主要表现在以下几个方面：一是创新活动促进企业价值的提升。例如，研发投入可使企业拥有自主创新知识产权，获得专利权、非专利技术或技术秘密，从而使企业在同行业中表现出一定的竞争优势，能够以较低的成本或者更优质的产品与服务赢得市场，实现更多的盈利；同时在企业融资活动中，法律规定，专利权、商标权和版权可以作为质押物进行融资，从而为企业的发展提供了良好的空间。二是良好的组织设计所赢得的超额回报。企业的商誉或良好的组织形象，可以增强顾客的忠诚度，不仅能有效地降低企业的销售成本，还能为企业赢得更大的市场份额奠定良好的基础；企业内部良好的价值取向、团结向上的精神风貌能够增强企业的凝聚力与向心力，激发出员工积极性与主观能动性，进而达到提高企业生产效率的目的。三是人力资源是其他无形资源价值创造的驱动因素。通过在职培训，可以提高员工的专业技术水平，促进劳动生产率的提高；设计合理的薪酬体系和有效的激励机制，不仅能够留住优秀的员工，还可以最大限度地激发员工的创新潜能，并在企业内部形成良好的文化氛围，进而对企业其他无形资源更好地进行整合，使各种无形资源能够互相协调一致共同配合，从而提升了无形资源的价值创造功能。

4.1.2 无形资源的成本收益特征

作为企业的一项特殊资源，无形资源不同于有形资源的特性主要表现在收益与成本两个方面：

收益方面：一是具有网络效应。即连接到网络的成员越多，各个成员从网络中得到的收益就越多，同时消费者或用户对网络的评价与网络的规模成正比。网络效应属于一种正的反馈效应，这种反馈效应会进一步强化无形资源投资的规模效应，推动企业创造出更高的价值。所以企业间可以通过并购来扩大连接到企业无形资源的网络，进而使并购双方均增加相应的收益。

二是具有非排他性。有形资源一旦作为某种用途，也就意味着排除了再用于其他方面的可能性，这种资源在使用上的排他性就使得资源具有了竞争性。而绝大多数无形资源却是非排他性的，不仅可以重复使用，而且可同时配置于不同的场合，因其不易磨损，所以使用效果也不会受到影响。由于无形资源具有非排他性和不易磨损性，故大多数无形资源基本上不存在机会成本。因此，无形资源投资往往具有不同于有形资源投资的边际报酬递增的特征。为了增加企业的价值，企业可以用具有非排他性的无形资源代替有形资源，以节约成本，提升企业的竞争力。

三是长期性与间接性。企业的无形资源对企业经济效益的影响不能达到立竿见影的效果，而是在以后较长的时期内，通过作用于有形资源而间接地使企业获得收益。

成本方面：一是积累性。无形资源的开发需要长时间的持续投入，而且随着时间的推移与环境的变化会不断更新其内容。例如，随着科学技术的发展，一个软件系统需要不断进行升级换代；与企业客户关系需要不断地进行维护，营销渠道的建立需要供需双方长期的合作才能趋于形成。

二是内在风险性。投资无形资源大多属于一类创新活动，创新意味着高投入性与高度不确定性，进而使无形资源与有形资源相比具有较高的内在风险性。以新产品的研发为例，初始阶段投入较多，不确定性较大，因而风险也较高，而随着创新成果逐步进入商业阶段，其不确定性就会逐步减少，实现未来收益的确定性就会相应增加，这种较高的内在风险又会随着研发的推进呈现出递减的趋势。无形资产的这种内在风险性会使企业承受较大的沉没成本，但同时也有可能会使企业获得长期持久的超额收益。

三是市场交易的困难性。由于大多数无形资源没有实物形态且产权不够明晰，人们很难为无形资源提供有组织的竞争性市场，无形资源难以通过竞争性的市场确定价格并有效地进行交易，市场机制在配置无形资源时会失灵。在市场机制失灵的情况下，企业为了增强自身的核心竞争力，就必须通过其他途径，如战略联盟、专利许可等方式，来实现优势无形资源转移与扩散，而这无疑会使企业发生一定的耗费，增加企业的成本开支。

四是准公共性。由于大多数无形资源的产权不像有形资源那样明晰，所以由某一企业投资形成的无形资源有时无法排除他人分享收益，从而使无形资源的使用出现"搭便车"和效应外溢的现象。无形资源的这种准公共性使得无形资源开发成本的分摊与收益分享在主体上存在一定的不匹配性，这在一定程度上会影响投资者开发无形资源的积极性。

五是隐默性。企业中的无形资源有显性的资源，如库存管理技术、会计知识、运作模式和物流信息系统等；也有隐性的资源，如技术秘密、企业文化、营销渠道及客户关系等。显性的资源便于通过规范性和系统性的方法，在组织内不同的成员之间以及不同的组织之间进行交流与传递，而隐性的资源则难以通过这些系统性与规范性的手段进行传播，在企业成员之间以及企业之间转移存在一定的困难与障碍，因为这些知识深深地嵌入在特定企业的组织团队成员甚至情景氛围之中。因此，这些无形资源的转移与扩散就会存在较高的成本。

六是适配性。在一个企业或组织中，无形资源虽可以单独发挥作用，但是更多的时候是与其他无形资源协同发挥作用，通过互相支撑和协调配合，使企业或组织获得长期的未来收益，这种特性就是无形资源的适配性。如管理模式、运作机制和经营理念往往根植于企业文化甚至民族文化的土壤中，它们均属于企业的综合无形资源。无形资源的这种特性使得其在不同企业之间转移的难度加大，进而扩大了无形资源的转移成本。

4.2　无形资源系统的特性

4.2.1　系统的概念及特征

"系统"一词对我们每一个人来说并不陌生。然而其概念与内涵却是随着时代的发展而不断发展的。Weberster 词典将其解释为组织或被组织的整体，它既指组成整体的各种原理和概念的综合，也指以有规则的相互作用与相互信赖的各种要素的综合。我国著名科学家钱学森指出，系统是一个复杂的研究对象，一个系统不仅本身包含着许多小的系统，而且它还是一个更大系统的一个组成部分，它是由一系列相互作用与相互依赖的要素组成的有机整体。所谓系统，就是由若干相互作用、相互依存的元素，按照一定的目的组成的具有一定功能的有机整体。系统具有整体性、有序性、集合性、关联性、目的性、环境适应性等特征。所谓整体性就是系统作为一个整体要求实现的整体上的最优化，我们应该从总体上来把握系统；有序性是指系统是有一定结构的，各个组成部分按照一定的层次在系统中进行组合，这种层次组合决定了系统的功能；集合性是指系统是由一个或两个以上可识别的子系统组成的，每个子系统都是总体不可缺少的组成部分；关联性是指系统的各个要素之间相互联系、相互作用、相互依赖、相互制约的关系；目的性是指系统的各个组成部分是按照统一目标而组合在一起的；环境适应性是指系统总是处在特定的环境中，并且与外界环境进行着能量、信息与物质的交流，系统不能脱离特定的环境，并且要随着环境的变化而变化。

4.2.2 无形资源系统的特性

企业的无形资源是企业内部的一个资源系统。本书在此提出无形资源系统的概念，因为企业的无形资源具有系统的六个特征：

一是整体性。我们应该从整体上来进行把握企业的无形资源，不能将其各构成要素割除开来，着眼于提高企业的核心竞争能力来培育、积累企业的无形资源，使无形资源各个组成要素实现最优化的组合与匹配，这样才能充分发挥无形资源的优势，进而使其为企业创造出更多的价值。

二是有序性。在企业的无形资源中，企业文化对人力资源、品牌、商誉和客户关系等其他无形资源具有统驭作用，优秀的企业文化不仅有利于激发员工的潜能，还可以对外树立良好的企业形象，赢得客户的信赖，构建融洽的企际关系，因此企业文化在企业无形资源中居于基础地位；而人力资源是企业技术创新的主体，是良好运营机制的倡导者，良好的客户关系等企际关系的构建者，因此，人力资源在企业无形资源整体中居于核心地位；而由无形资源所打造出的企业核心竞争力，最终要体现在产品市场上，所推出的产品与提供的服务要赢得客户的认可，从这个意义上来说，销售渠道的建立与客户关系的培育是企业价值实现的归宿。因此可以说，企际关系具有衡量企业其他无形资源价值的功能，是其他无形资源要素存量与水平的一个综合评价器。通过以上分析我们不难看出，无形资源具有有序性的特征。

三是集合性。尽管无形资源在组成上具有一定的层次性，然而我们识别无形资源的各个构成要素并不存在困难，我们可以依据它们在企业价值创造中的作用，对其中的每一个子系统进行分析。尽管各项无形资源在企业价值创造中的作用不尽相同，但是它们都是不可或缺的，缺少了其中的任一个成分，无形资源的整体功能都将会受到影响。

四是关联性。它的各个要素都是相互作用与相互依存的，如专利与非专利技术的获得在很大程度上依赖于人力资源作用的发挥，而企业良好的价值取向、团结进取的精神风貌等优秀的组织文化因素又能激发组织中个人的积极性和主观能动性，使企业的人力资源潜能得到最大限度的发挥；同时组织中的人又是文化传承与融合的载体，离开了人力资源这个因素，组织文化也就成了无源之水与无本之木。因此，无形资源的各个组成要素也是相互联系、相互作用与相互依存的，无形资源的各个组成部分具有关联性的特征。

五是目的性。各个企业的金融资产、实物资产等有形资源没有实质性的差别，也容易通过内部积累、联合经营、收购兼并等方式在短期内获得，而各个企业的无形资源却具有异质性，正是由于企业拥有这种不同于其他企业的异质性资源，才使具有优势无形资源的企业能够获得竞争优势，进而使企业呈现出较高的价值创造功能。

六是环境适应性。无形资源处于特定的企业环境之中，无形资源一方面依附于有形资源，需要有形资源提供动力支持；另一方面能够驱动有形资源提高价值创造能力。同时，企业无形资源的各个要素又处于整个社会的大环境之中，如企业文化根植于特定国家民族文化的氛围之中，带有民族文化的特色，是民族文化的一个微观粒子，而民族文化是企业文化的总括与凝结，企业文化的发展演变从长期来看又会推动民族文化的发展。企业的品牌又会被整个行业的其他品牌所包围，人力资本状况又会受到国内及国际人才市场的影响。企业发展战略的调整和外界整个无形资源大环境的变化，都将要求企业的无形资源对其做出相应的调整，否则企业就会在激烈的市场竞争中被淘汰出局，企业的无形资源也将不复存在。

4.3　环境适应性：无形资源系统优化升级的驱动因素

4.3.1　无形资源系统协同作用发挥的环境

郭俊华（2005）将知识资本协同所面临的内部环境分为源发场、互动场、网络场和训练场，源发场是企业员工直接接触的环境，互动场是企业内群体直接相互作用的场所，网络场是集体之间通过虚拟的网络进行相互作用的环境，而训练场是员工之间进行虚拟作用而进行协同的环境。将知识资本协同的外部环境分为产品市场环境、要素市场环境、制度法律环境和社会文化环境等；然而，就无形资源系统发挥协同作用的内部环境来说，这种知识资本协同的内部环境片面地聚集于人的因素，强调员工个人、群体和集体面对面或通过虚拟网络的互动。无形资源系统协同作用的发挥离不开人的因素，也最终由人来主导并完成，但是这种员工、群体或集体的互动归根结底还是人力资源这种无形资源在发挥作用，没有跳出无形资源自身的范畴。企业的无形资源依附于企业的有形资源，无形资源协同作用的发挥需要有形资源提供资金与各种所需的物质要素等动力支持，因此，在界定无形资源系统发挥作用的内部环境时，应该将目光聚集于企业的有形资源系统。从无形资源系统协同发挥作用的外部环境来看，产品市场环境与要素市场环境虽然关注的是有形的实体物质——产品与生产要素，但是实质上其关注的内容是企业与合作者、互补者、竞争对手之间水平的市场关系，与外部金融市场及外部利益相关者的关系，以及整个国家或地区甚至更大范围内的人力资源市场和技术市场。从这个角度来分析，这种无形资源的外部环境其实就是跳出企业这个系统，从更大的范围来关注无形资源的各个子系统相应所隶属的无形资源大系统。

基于以上分析，本书认为，企业的无形资源系统是整个企业大系统的一个子系统，与此同时，企业的无形资源的各个子系统又同时是整个社会无形资源环境大系统的一个子系统，如无形资源系统中的企业文化子系统又是整个民族文化的一个子系统，企际关系子系统既属于企业的无形资源系统，又隶属于整个社会关系系统的一个子系统。这些无形资源系统及其各个子系统所隶属的不同大系统或者说是超系统就是企业无形资源所面临的外部环境。

4.3.2　无形资源系统与环境之间的互动关系

一是无形资源系统与企业内部有形资源环境的关系。首先，无形资源与企业有形资源之间是一种相互依存关系。一方面，无形资源依附于有形资源，离开了企业的有形资源，无形资源就失去了归属，就会成为"无源之水，无本之木"；另一方面，有形资源也离不开无形资源，它依靠无形资源来驱动，正是由于所内嵌的无形资源存量与质量的不同，才使在有形资源方面相同的两个企业或组织表现出不同的价值创造能力，最终通过股票市场或企业的盈利能力反映出来。从这个意义上来说，无形资源系统相当于企业运行所需的"软件"，而有形资源系统则相当于企业运行所需的硬件，两者相辅相成，共同构成了整个企业运行的基础。其次，有形资源是无形资源的基础，无形资源系统作用的发挥受到企业有形资源系统的制约。无形资源系统协同作用的发挥需要有形资源系统提供物质能量，如果无形资源系统不能及时提供无形资源正常运行所必需的动力，那么无形资源系统协同作用的发挥就会受到影响。例如，企业不能为关键岗位的员工提供具有竞争力的薪酬，则势必会导致企业人才的流失，进而影响到企业人力资源作用的发挥。也正是由于有形资源的基础地位，才决定了某些行业专属能力存在跨行业转移的困难。最后，无形资源系统的价值创造能力在有形资源系统上表现为运转效率的提升。企业的有形资源很容易在较短的时间内被其他企业所复制与模仿，而企业的无形资源是经过长期积累形成的，竞争对手模仿存在较高的时间成本；同时，由于具有优势无形资源的企业优先获得了企业发展所必需的配套资源，从而相对于竞争对手来说就具有一种成本优势，这就使得竞争对手的模仿在经济上处于劣势地位。正是由于竞争对手难以模仿成功，才使得企业的无形资源系统成为企业核心能力的源泉，企业得以保持持续的竞争力；同时也正是企业的这种核心能力与持续竞争力，使企业与同行业其他企业相比具备创造超额利润的能力，而这种超额利润的创造能力在一定程度上就表现为企业有形资源系统的运行效率提升。

二是无形资源系统与企业外部环境——社会无形资源系统的关系。企业的无形资源系统与企业有形资源系统一起构成了大的企业系统，本书认为，企业系统所面临的外部环境中无形资源部分就是企业无形资源系统所面临的外部环境。有的学者将企业边界外的一切因素统称为企业的外部环境，这种过于笼统的分类不利于分析企业外部环境对企业内部不同构成要素的影响；有的学者将企业的外部环境进行了简单的分类，如赵锡斌（2004）将企业的外部环境分为自然环境、社会环境和市场环境；杨忠直和陈炳富（2003）将企业的外部环境简单地分为自然环境、社会环境与经济环境。这种对企业外部环境简单的分类仍然不能适应对企业系统内部各子系统分析的需要，尤其是不能适应对无形资源系统影响的需要。席酉民（2001）将企业的外部环境细分为硬环境与软环境，硬环境指自然环境与基础设施，软环境指政治环境、经济环境、技术环境、政府环境、市场环境、人文环境和企业网络环境等。企业内部的有形资源系统对应着企业外部的硬环境，而企业的无形资源系统对应着企业外部的软环境，这种分类方法更有利于分析企业外部环境对企业系统各子系统尤其是无形资源系统的影响，但是对企业外部软环境的分类还值得商榷，如政治环境与政府环境的界限有些交叉重叠，本书认为对企业外部软环境的分类仍可进一步予以系统化与规范化。

李晓明（2006）运用生态学理论，将企业的外部环境分为企业的活动域与广义的生存域两个层次，企业的活动域指的是企业外部利益相关者既竞争又合作，以合作为主进而形成的一种对企业产生直接影响的准市场组织关系网络；广义生存域是企业活动域以外的间接影响企业的因素，这些因素分属于自然环境、社会环境和经济环境三大子系统中。广义的生存域通过影响企业的活动域从而间接地对企业产生影响。将企业的外部环境划分为企业的活动域与广义的生存域，并根据它们对企业影响的直接性或间接性，划分为不同的层次结构，体现了企业外部环境系统的层次性和整体性的统一。本书认为，企业的活动域实际上是企业的企际关系资源，仍然属于企业的无形资源的范畴，而企业广义的生存域才属于企业所真正面临的外部环境。这种从生态学的角度对企业外部环境所做的划分，虽然在一定程度上有其合理性，但是并没有体现企业无形资源的真正内涵，也没有真实地反映出无形资源的外延。

根据以上分析，本书认为，企业的无形资源系统与企业外部环境的关系为：一方面，企业的无形资源系统是整个社会无形资源系统的子系统，企业的无形资源系统根植于整个社会的无形资源系统之中，众多企业无形资源子系统的发展演变是整个社会无形资源系统发展演变的基础，也就是说，微观层次的企业无形资源系统质量与档次的提升，最终会导致整个社会无形资源系统的升级；另一方面，整个社会的无形资源系统是对众多企业的无形资源子系统的概括、提炼与总结，通过这种概括、提炼与总结，各个企业的无形资源系统在具有个性的同时，不可避免地带有整个社会无形资源大系统的共性；整个社会无形资源系统为个别企业的无形资源系统的运行提供了基本的框架，在众多个别企业的无形资源系统的发展演化未引起整个社会无形资源系统发生质变的情况下，企业的无形资源系统遵循整个社会的无形资源系统的规则运行，而整个社会的无形资源系统会通过对企业无形资源系统的影响而间接地对企业的生产经营活动产生影响。

4.3.3 无形资源系统与环境之间的相互适应

企业的无形资源系统是一个开放性系统，它只有不断地与企业内部的有形资源系统以及企业以外的整个社会系统中的无形资源系统进行物质、能量与信息的交换，才能够使自身的持续发展拥有持久的动力，不断增加无形资源的存量、提高自身的质量，促进企业无形资源系统的优化升级。这种交换一方面表现为企业的无形资源系统要与企业内部的有形资源系统相匹配，与企业外部的整个社会无形资源系统大环境相适应；另一方面表明企业的无形资源系统能动地作用于企业内的有形资源系统，并从企业微观个体的角度来促进企业外部无形资源系统环境的变化。从这个角度来说，无形资源系统与企业外部的社会无形资源系统大环境之间是一种合作关系；同时，我们还应该看到，企业的无形资源系统与企业的外部环境之间在合作中还存在竞争，这主要表现在两个方面：一是从静态的角度来讲，鉴于资源稀缺性，在一定的时期内整个社会的无形资源的数量是一定的，企业之间存在对无形资源尤其是优势无形资源的争夺，谁拥有更多和质量更高的无形资源，谁就能够在竞争中拥有核心能力，进而保持持续的竞争优势；二是从动态的角度来说，每个企业为了应对内外环境的变化，总力图促进自身无形资源系统的优化升级，使自身无形资源系统的子系统在整个社会无形资源系统中处于优势地位，进而使企业在同行业中保持绝对竞争优势。正是在这种与内外环境相适应以及促进内外部环境的变化中，无形资源系统与环境之间保持着一种共同演化的动态关系。

经济全球化的发展趋势和信息网络技术的普及，加速了企业无形资源系统所处的内外环境的变化，知识经济时代的来临要求中国企业必须具备国际化的战略眼光，通过跨国并购这种快速低成本的方式尽快提升无形资源的存量与质量，实现无形资源系统的优化升级，只有这样，我国企业才能够在开放的环境中不断地提升综合竞争实力，在日益激烈的国际竞争中立于不败之地。

4.4 跨国并购在获取无形资源方面的优势分析

4.4.1 无形资源的特性对转移与扩散的影响

无形资源按其规范性、系统性与机械性的强弱，可以分为显性无形资源和隐性无形资源，显性无形资源由于可以用比较规范的语言、文字或图表进行描述，因此，可以比较容易地通过跨国并购进行转移与扩散；而那些隐性无形资源由于依赖于特定的情境，或者内嵌于特定的群体、组织，因此不易通过跨国并购进行转移与扩散。另外，我们还可以根据无形资源发挥作用是否需要其他无形资源的协调与配合，将企业的无形资源分为独立性无形资源和综合性无形资源，独立性无形资源由于受其他资源的制约较少，因此在跨国并购中比较容易在不同企业之间进行转移与扩散，其所需要的时间也较短；而综合性无形资源作用的发挥需要其他无形资源的支撑或有赖于特定的群体或情境，因此，这类无形资源通过跨国并购转移的难度就较大，且其转移所需要的时间也会比较长。

4.4.2 无形资源跨国转移与扩散的区域模型

根据无形资源的隐性程度及发挥作用的独立性强弱，我们可以借助刘文纲等（2007）构建的跨国并购无形资源优势转移区域模型来进行分析（见图4-1）。我们可以将模型划分为三个区域，区域Ⅰ中的无形资源可以独立发挥作用，且具有显性特征，因此其优势转移与扩散比较容易，通过市场交易或战略联盟形式进行转移与扩散可能比采用跨国并购方式更能节省成本与费用。

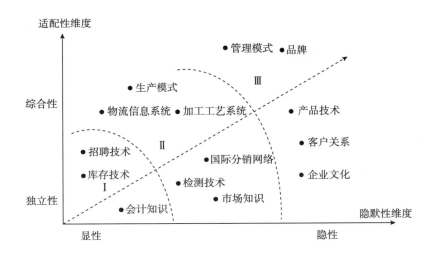

图4-1 跨国并购无形资源优势转移的区域模型

资料来源：刘文纲，汪林生，孙永波. 跨国并购中的无形资源优势转移分析——以 TCL 集团和万向集团跨国并购实践为例 [J]. 中国工业经济，2007（3）：120-128.

区域Ⅱ中的无形资源具有中等程度的独立性和中等程度的隐默性，由于这些区域内的无形资源作用的发挥在一定程度上难以与其他无形资源相分离，且在一定程度上不容易被识别，所以以区域Ⅱ中的无形资源不适合采取市场交易的转移与扩散方式。在实际操作中，往往采用跨国并购或建立跨国联盟方式进行优势转移与扩散，具体采取什么方式则取决于经理人员的偏好及对具体情况的分析。

区域Ⅲ中的无形资源的隐默性最高且综合性最强，它们往往内嵌于特定的组织或情境中，因此，其优势的转移或扩散难度较大，不易通过市场交易或建立跨国联盟的方式进行，采用跨国并购的方式往往能够通过复制相关的情境模式或建立相应的运行机制，为这类无形资源的转移与扩散搭建良好的平台，取得比较理想的效果。它们也是企业培育核心能力和获得持续竞争力的源泉，其优势的转移与扩散往往是企业无形资源系统优化的重点与难点。

4.4.3 跨国并购：低成本获取优势无形资源的重要途径

优势无形资源跨国转移与扩散的四种途径也各有优缺点。市场购买可以快速获得国外的专利技术，且操作程序也比较简单，但是其交易范围会受到一定的影响且会存在逆向选择问题。这是因为：一方面，一些无形资源是内嵌于特定的组织或情景中的，无法单独分离出来在市场上进行交易，如企际关系资源与企业文化等；另一方面，一些国家为了保持在某些技术领域的长期垄断地位，或者出于国家安全的考虑，一般不会出售高精尖专利技术。通过对外直接投资，在国外投资办厂企业可以零距离地感受到国外民族文化的影响，进而可以获得某些不易通过市场交易方式获取的隐性无形资源，如企业文化、经营理念与运行机制等，同时由于对国外企业有完全的掌控，所以对优势无形资源具有完全的控制能力；但是这种积累无形资源的方式一般比较缓慢，可能跟不上知识经济时代和信息化社会无形资源更新换代的步伐。跨国联合经营与国外企业结成战略联盟虽然可以在较短的时间内获得所需要的战略无形资源，但是由于对国外联营企业只有部分控制权，所以很难完全自由支配所控制的无形资源，而且一旦联营期满或由于文化冲突导致联盟解体，一些积累起来共享的无形资源将无法被移植到国内企业。跨国并购由于将海外目标企业纳入统一的组织体系框架之中，因此这种方式比另外三种途径更具有优势：与跨国联合经营相比，它对目标企业以及无形资源具有完全的控制能力，更有利于无形资源跨越国界进行转移与扩散；与市场交易方式相比，它不仅可以获得显性的无形资源，还可以获得隐性的无形资源，如运作经验、技术诀窍和优秀的企业文化等；与其他对外直接投资方式相比，它能降低获取无形资源的时间成本，捕捉到有利于企业发展壮大的最佳市场机会。而且与其他途径相比，跨国并购是中外双方的一种深度合作，这种深度合作更有利于双方文化的交流，进而通过中外双方优秀文化的借鉴吸收，在企业内部融合生长出更具生命力的新的优秀组织文化，为其他无形资源的转移与扩散奠定良好的基础。

4.5　跨国并购无形资源系统实现协同效应的机理

4.5.1　无形资源的共享

并购后两个企业被纳入同一个组织框架中，包括无形资源在内的各种资源将被统一调配使用。一般来说，由于无形资源具有非竞争性的特征，并购后一些优势的无形资源要素可以无偿或以相对较低的成本被另一方所使用，这样通过并购就可以扩大优势无形资源的作用范围，而且无形资源的总量不会因此而降低，无形资源的价值创造功能反而会因此得到增强。例如，一方可以利用另一方的知名商标和品牌，为自己的产品打开销路，争取更大的市场份额；专利与非专利技术拥有的一方可以无偿地提供给另一方，通过技术水平的提高以达到降低成本，提高产品质量的目的；一个企业积极向上的文化氛围也会对另一方产生潜移默化的影响，从而促进两个企业组织文化进行扬弃式的演化变迁，进而通过融合创新重塑出优秀的组织文化；统一的信息技术系统由于同时覆盖两个企业，也会使其充分显示出网络效应；对于研发出来的新技术成果，并购后两个企业可以实现共享，在所耗费成本总额既定的情况下，可以在更大的范围内推广应用，从而实现成本的节约；对员工的培训可以统一组织，节约员工的培训经费。

当然，无形资源的共享也是需要耗费一定成本的。比如，两个企业需要对信息技术系统进行重新改造，对整合过程中双方企业文化冲突进行协调也需要投入一定的人力、物力与财力，质量低劣的产品使用优良的品牌和知名商标也会使原来优质的产品在顾客心目中大打折扣。因此问题的关键是，我们要力争使共享的收益大于因此而耗费的成本，只有这样，并购中无形资源的协同效应才能充分发挥出来。

4.5.2 学习机制的作用及学习平台的扩展

不同的无形资源具有不同程度的隐默性，一些无形资源是内嵌于企业中成员、群体、组织或特定的情境中的，具有只可意会、不可言传的特点，我们称之为隐性无形资源，比如管理风格、经营理念和运作经验；而一些无形资源则具有规范的操作方法和明确详细的运作流程，我们则称之为显性无形资源，如库存管理技术、组织机构设置模式和产品设计等。一般来说，隐性无形资源与显性无形资源在一定的条件下可以相互转化，如成熟的运营经验经过长期的实践后可以被进一步提炼概括和总结为具体规范的运作流程，这种隐性无形资源向显性无形资源的转化我们称之为无形资源的显性化；另外，管理人员、一般员工甚至群体或组织在执行或运作某项操作规范或战略规划的过程中，也会不断地根据自身的切身实践积累出管理和运作经验，逐步形成自身独有的管理和经营作风或经营哲理，这种显性无形资源向隐性无形资源的转化，我们称之为无形资源的隐性化。

组织中的学习机制涉及个体、群体、组织以及它们之间共享与转化。根据郭俊华（2005）的学习机制二维分析图（见图4-2），学习机制有五种不同的模式：一是内化，即显性无形资源向隐性无形资源的转化；二是外化，即隐性无形资源向显性无形资源的转化；三是思考，即两类无形资源的相互转化；四是扩展，即隐性或显性无形资源从个体层次逐步向群体、组织层次，甚至于在组织之间转移；五是灌输，即两类无形资源从组织之间、组织的层面向个体层面方向的转移。通过并购，组织的学习机制作用范围得到了拓展，个体、群体、组织以及它们之间交流与互动更加密切与频繁，组织学习机制的功能得到了进一步的强化。无形资源的内化、外化与思考过程也就是从理论到实践和从实践到理论的不断交替过程，无形资源的扩展与灌输过程也就是无形资源不断扩大覆盖范围与在实践中发挥作用的过程。而正是这种不断循环往复的交替过程和提炼升华，推动了企业无形资源存量的不断增加和质量的不断提升，进而也进一步增强了无形资源的价值创造功能。

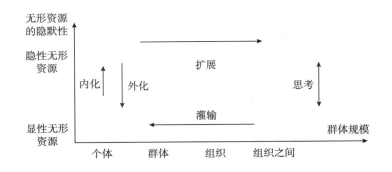

图 4-2　组织学习机制的二维分析

资料来源：郭俊华．并购企业知识资本协同理论研究［M］．上海：华东师范大学出版社，2005.

4.5.3　优势资源对劣势资源的替代

当相同种类的无形资源或两类不同的无形资源在实现企业目标、促进企业价值创造方面具有同样的功效时，就有一个对并购双方的无形资源进行选择取舍的问题。从理论上讲，这时总有一类无形资源相对另一类来说处于优势地位，这时就会出现无形资源的相互替代问题，在成本与效益方面处于劣势的无形资源将成为并购后冗余的无形资源。例如，国际上先进的经营理念的引入就是对原来落后陈旧经营思想的替代，专利技术的推广使用就意味着对原有生产技术的淘汰。优势无形资源之所以会对劣势无形资源进行替代，一方面是因为同时获得或拥有对企业价值创造具有同等功能的这些无形资源在成本方面是不经济的；另一方面是因为获取或拥有任何一类无形资源在成本方面不存在交互效应，在功能发挥方面不存在互补效应。通过无形资源的这种替代，并购后企业就能进一步削减成本支出，提高运营效率，进而发挥出无形资源的协同效应。

4.5.4　并购双方优势无形资源的互补

企业在成长过程中由于受到资源等各方面的限制，一般会集中强化某一个核心领域，以形成自身的比较优势。然而在激烈的市场竞争中，一个企业仅靠自己单一的具有优势的无形资源往往难以取得令人满意的效果，并购为企业互相借力赢得更多的市场份额创造了条件，并购双方可以通过无形资源的优势互补在较短的时间内增强竞争实力。而无形资源的独特性、异质性以及竞争对手的难以模仿性构成了并购双方无形资源优势互补的基础。通过无形资源的优势互补，并购后两个企业可以充分发挥出组合优势，达到相得益彰的效果。比如思科系统公司（Cisco Systems，Inc.）对斯特拉库姆公司（Stratacom，Inc.）的并购案件，思科系统公司具有领先的网络技术，但是在客户关系维护上却有待进一步提高；而斯特拉库姆公司拥有良好的客户关系与完善的销售网络，双方并购后形成了新的合力。通过互相利用对方无形资源的优势，技术领先的企业可以顺利地将产品推向市场，而拥有完善销售渠道的企业也比较迅速地增强了自身的技术实力、提升了产品的科技含量。

4.5.5　无形资源的融合与创新

并购后无形资源的创新是建立在无形资源共享与替代基础之上，并通过学习的过程实现的，共享、替代与互补机制为无形资源的创造提供了条件，而学习机制则是无形资源创造的催化剂。本书借鉴日本学者野中郁次朗和竹内弘高的"群体知识创造理论"以及该理论所提出的"螺旋形创新模型"，来阐述无形资源的创造机制。

无形资源分为显性无形资源与隐性无形资源，正是基于这两类无形资源的相互转化以及与实践的具体结合，新的无形资源才得以被创造出来。隐性无形资源与显性无形资源在相互作用、相互转化以及在实践中不断运用的过程中，随着时间的推移，它们会从个体层次不断螺旋式地向组织层次以及组织之间的层次上升，通过长时间地在个体、群体、组织以及并购双方组织之间的相互作用，逐步推动无形资源存量的增加和水平的提升。根据 Nonaka 等（2000）提出的知识资本创新螺旋图（见图 4-3），我们可以从以下维度来分析无形资源螺旋创新的内容：

一方面，从纵向按隐默性维度进行分析。显性无形资源与隐性无形资源之间的相互作用主要有以下四种模式：

（1）社会化模式

并购双方的个体、群体、组织以及组织之间通过共享双方的隐性无形资

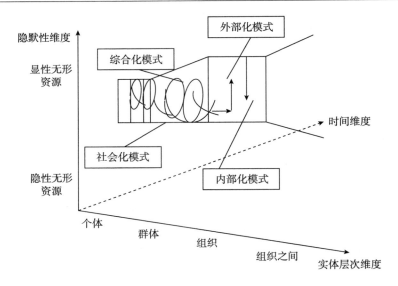

图 4-3　知识资本创新螺旋

资料来源：Nonaka I，Toyama R，Konno N. SECI，Ba and Leadship：A unified model of dynamic Knowledge creation ［J］. Long range planning，2000，33（1）：5-34.

源，进而创造出新的隐性无形资源，这种创造灵感不仅来自并购双方组织内部，还可能来自企业外部的利益相关者。

（2）内部化模式

也就是从显性无形资源中派生出隐性化的无形资源。我们认为内化的学习模式是显性无形资源向隐性无形资源的转化，而内部化的无形资源创造模式则是从显性无形资源中创造性派生出的一些隐性知识或经验。比如说岗位操作规程是显性的无形资源，内化模式的学习是各个实体层次对它的运用和掌握，是一种"依葫芦画瓢"式的模仿过程；而内部化的创造则是根据在实际操作中通过对具体操作规程反复多次实践，摸索出的技术窍门，内部化的无形资源创造过程我们可以将其概括为"源于显性无形资源，而又高于显性无形资源"的创新过程。

（3）外部化模式

也就是将组织所积累的各种隐性无形资源系统地进行梳理，然后概括提炼出可以明示的显性无形资源。当各个实体层次积累的隐性无形资源达到一定数量或比较成熟时，由有关人员对组织的隐性无形资源进行系统整理与汇总，然后予以编码，使之成为易于被他人所共享或在组织内外易于被转移与扩散的显性无形资源。

（4）综合化模式

并购后各个实体层次基于共享的显性无形资源，通过对原有的显性无形资源的组合、调配以及更进一步的加工和改造，推动显性无形资源的升级换代。无形资源的替代是能够发挥同样功效的相同种类无形资源或不同种类无形资源的择优过程，而综合化的创造模式则是通过并购在原有显性无形资源的基础上，创造出更加系统化或质量更高的显性无形资源，它是对原有显性无形资源的捕捉整合、转移传递和编辑加工的过程。

另一方面，从横向按实体层次维度同时按隐含的时间维度进行分析（隐含的时间维度在图4-3中用虚线来表示）：根据实体的数量特征，可以将并购后的整个企业系统分为个体、群体、组织以及组织之间四个实体层次，显性和隐性无形资源的相互作用、相互转化随着时间的推移，会从个体层次向组织以及组织之间的层次进行螺旋式的动态上升，这种上升使无形资源的创造能力更强、作用范围更广。

4.6 无形资源视角下中国企业海外并购的实践

4.6.1 中国企业获得无形资源的必要性

有关资料显示，欧盟、美国和日本等发达国家工业部门，在欧洲申请的专利数量占全部申请数量的比例，1995年末分别为43.1%、33.9%和14.7%，而广大发展中国家申请的数量占比则为8.3%；这些发达国家在美国申请的专利数量占全部申请数量的比例，1995年末分别为17.8%、49.0%和24.4%，广大发展中国家所占的比例则为8.8%。① 国家知识产权局原局长王景川

---

① 马传兵. 经济全球化与无形资本扩张［D］. 北京：中共中央党校，2004.

2002 年在全国企事业专利试点工作会议上称，截至 1997 年底，欧盟、美国和日本等发达国家和地区在生物工程、药物生产以及 DNA 排序等领域的专利数，占全球同类专利数量的比例分别为 95%、96% 和 97%，发展中国家在这些领域的专利数量则不超过 5%。[①] 2006 年 2 月 15 日，国家知识产权局原局长田力普在做客中国政府网时也坦言，我国目前自主知识产权数量较少、质量偏低，我国的知名品牌尤其是知名国际品牌数量也为数不多[②]。截至 2024 年 11 月底，我国专利总量为 2033.3 万件，其中有效专利发明量达 564.6 万件，实用新型专利有效量为 1163.2 万件，外观设计专利有效量为 305.5 万件。我国专利总量中实用新型专利与外观设计专利占比高达 72.23%，有效发明专利占比仅为 27.77%[③]。我国属于发展中国家，与西方发达国家相比，我国在无形资源数量与质量上还处于追赶欧美发达国家阶段。由于自主知识产权的匮乏，我国目前在国际分工体系中还处于从产业链的低端向高端迈进阶段。

要想尽快在国际分工体系中由"打工者"的角色向"老板"的角色转变，我国必须拥有一定数量在国际上领先的自主知识产权，也就是说，必须不断提高无形资源的存量与质量，拥有一定数量的优势无形资源。优势无形资源的获得有两种方法：一是自我积累，如加大科研投入，通过自主创新来提高无形资源的规模与档次，二是吸收国外具有优势的无形资源。对国外优势无形资源的利用途径通常包括四种：市场购买、对外直接投资、跨国联合经营、跨国并购。自我积累也就是自主创新，然而自主创新并不是说要闭门造车，也应该借鉴国外已有的成果，只有站在巨人的肩膀上，才能尽快缩小与先进发达国家的差距。因此，本书认为，要想尽快打造出我国企业的无形资源优势，我们必须把目光聚焦于国外优势无形资源对我国的辐射、向我国的转移与扩散。

4.6.2　中国企业海外并购的现状与特点

（1）现状

早在 2000 年 3 月的第九届全国人大三次会议上，我国就正式提出了实施

---

　　①　王景川. 在全国企事业专利试点工作会议上的讲话（摘要）［J］. 中药研究与信息，2002（7）：5-6.

　　②　参见中国政府网，https：//www. gov. cn/zwhd/ft/zscq/wzzx. htm。

　　③　国家知识产权局公布 2024 年 1-11 月知识产权主要统计数据［EB/OL］.（2024-12-12）［2025-01-08］. https：www. ccpit. org/a/20241212/20241212bg3q. html.

"走出去"的发展战略。然而，此后我国企业海外并购的实践仍然处于探索阶段，2000 年中国企业海外并购金额不到 10 亿美元，2004 年我国企业海外并购金额也不过 70 亿美元，而到 2007 年我国企业海外并购的金额也仅为 186.69 亿美元①。2008 年之后，我国企业"走出去"的步伐明显加快，海外并购也全面提速。《2023 年度中国对外直接投资统计公报》显示，2023 年，我国对外直接投资流量为 1772.9 亿美元，较 2022 年增长 8.7%，占全球份额的 11.4%，我国对外直接投资流量连续十二年位居全球前三②。我国企业海外并购的大手笔也引起了国际上的广泛关注，2008～2010 年三年的海外并购金额分别为 302 亿美元、192 亿美元和 297 亿美元，分别占当年对外直接投资净流量的 54%、34% 和 43.2%。2008 年我国企业海外并购额比 2007 年增长了 379%③。2023 年我国企业海外并购共计 83 起，同比增长了 3.8%，交易规模 446.9 亿元。中国企业海外并购的对象为新加坡、美国和德国等地的生物技术/医疗健康、半导体、汽车、IT 等先进技术以及能源矿产等资源类企业；近年来，中国企业海外并购涉及的标的主要集中在半导体、生物医药、汽车等高新技术领域④。

　　从并购的动机和目的来看，我国企业海外并购的类型主要有自然资源寻求型、国际市场开拓型和战略资产吸收型三种。中国经济的发展需要能源作为支撑，世界上一些发达国家因对自然资源享有垄断权而获得了资源的相应定价权。在国内自然资源不足的情况下，为了确保我国经济的持续快速发展，我国企业尤其是国有企业纷纷走出国门，对国外的一些传统能源与矿产资源企业实施了跨国并购。这些资源寻求型跨国并购，从有形资源角度来看是为了获取实物性的资源，然而如果从我国企业总体的发展战略来看，我们也可以认为是为了获取无形资源——自然资源与能源的供应渠道，即这种类型的并购的实质是为了确保我国企业拥有稳定的原料来源。国际市场开拓型海外并购从表面来看

　　① 巴曙松.中国：国际并购中的新来者 ［M］//周明剑，王震.中国大收购：中国企业崛起的海外艰难征战.北京：石油工业出版社，2009.
　　② 王勇.建立企业海外并购的国家战略 ［EB/OL］.（2009-07-01）［2025-01-08］.https：//finance.eastmoney.com/news/1373，2009070150941074.html.
　　③ 中国对外直接投资连续十二年全球前三近八成投向四大领域 ［EB/OL］.（2024-09-25）［2025-01-08］.https：//www.gov.cn/lianbo/bumen/202409/content_ 6976282.htm? slb=true.
　　④ 2023 年中企参与跨境并购稳步回升 ［EB/OL］.（2024-04-08）［2025-01-08］.https：//baijiahao.baidu.com/s? id=1795753283538041178&wfr=spider&for=pc.

是为了绕开东道国的贸易与非贸易壁垒，努力使产品在国外市场打开销路，而打开销路就要打造良好的客户关系，其实质也是通过海外并购来获得一种无形资源——稳定的销售渠道。战略资源吸收型并购是为了获取国外的知名品牌、研发队伍，这些战略资源均为企业的无形资源。通过以上的分析我们不难看出，我国企业海外并购的实质主要是为了获得国外具有优势的无形资源。

（2）发展历程

全球范围内的企业并购活动始于 19 世纪末 20 世纪初，至今已经历了五次并购浪潮：第一次并购浪潮的高峰期出现于 1898~1903 年。这一时期的并购以横向并购为主，并购不仅导致了垄断局面的出现，而且促进了西方国家现代工业结构的形成。第二次并购浪潮出现于 20 世纪 20 年代。并购方式以纵向并购为主，并购的数量与规模均较第一次并购浪潮有了较大程度的提高，通过并购，市场的垄断程度进一步提高，但也在一定程度上对消费与需求、生产与供给进行了相应的调整。第三次并购浪潮出现于 1954~1969 年。在这次以混合并购为主要方式的并购中，一些企业开始走出国门进行跨国并购，使跨国并购这种对外直接投资形式得以发展起来，且在对外直接投资中所占的比重不断增加。这次并购不仅造就了许多大型的多元化经营的公司，还推动了资本的跨国流动。第四次并购浪潮出现于 20 世纪 70 年代中期至 90 年代初。这次并购的方式虽然多种多样，但是纵向并购仍占多数，同时债权换股权的并购方式和杠杆收购开始盛行。在这一阶段西方国家开始了大规模的跨国并购活动，跨国并购金额逐步超出了国内并购的资产价值。从 1994 年开始至今仍然盛行的第五次并购浪潮以跨国并购为主要特征，2000 年以来全球的跨国并购活动出现了急剧增长的态势。自 2012 年以来，中国对外投资的流量和存量均稳居世界第三。在全球经济增长乏力，跨国直接投资下降的情况下，2023 年我国对外直接投资流量仍高达 1772.9 亿美元。2024 年 1~10 月，中国对外投资流量同比增长 9.7%，达到 1358.7 亿美元，呈现良好的发展势头①。

中国企业海外并购起步较晚，在全球的第五次跨国并购浪潮中，中国企业基本上属于一个旁观者。纵观中国企业海外并购的发展演变轨迹，从 20 世纪

---

① 强信心 促发展 贯彻落实中央经济工作会议精神：大国外交彰显风范对外开放前景广阔［EB/OL］.（2024－12－30）［2025－01－08］. https：//baijiahao.baidu.com/s? id = 1819848270721967509&wfr = spider&for = pc.

80 年代起步至今，业界与学术界一般可将并购历程划分为以下六个发展阶段：

第一阶段：萌芽阶段（20 世纪 80 年代至 1996 年）。在此阶段，缺乏相关配套法律政策支持的情况下，中国一些大型国有企业如中信集团、中国中化集团、首钢集团等，开始了海外并购的尝试，但这一阶段中国企业进行海外并购的数量屈指可数。1992 年首钢集团投资约 1.2 亿美元收购秘鲁马尔科纳铁矿 98.4% 股权的案例具有一定的代表性，从控股数量上来说符合海外并购的特征。此阶段的海外并购不仅规模较小、次数较少，而且并购区位也局限于美国、加拿大和印度等；在行业分布上也仅涉及少数主要垄断行业，如石油化工与航空等领域。

第二阶段：起步阶段（1997~2001 年）。在此阶段，民营企业、乡镇企业也加入了海外并购的行列。浙江万象集团发起的对美国纳斯达克上市公司 UAI 公司的并购，拉开了中国民营企业海外并购的序幕。中国企业的并购能力得到了明显增强，并购的次数与规模也呈现出增多增大的趋势，2001 年出现的 6 起跨国并购案件一般金额都在 10 亿~20 亿元人民币[①]。并购的行业也逐步向石油、电信、饮水、网络等领域延伸，并购的区域也开始向欧美地区拓展。2001 年 6 月，海尔集团收购意大利一家工厂则开创了中国企业进军欧洲市场的先河。

第三阶段：活跃阶段（2002~2007 年）。中国企业海外并购活跃局面的出现始于被称为"中国并购元年"的 2002 年。为了尽快融入国际市场参与全球竞争，中国企业以加入 WTO 为契机，纷纷走出国门实施海外并购，海外并购的规模与数量逐年增加。在 2003 年中国的十大并购案例中，主动出海进行并购的企业仅有中国海油、TCL 与京东方三家企业，而到了 2007 年在中国十大并购案例中中国主动出海并购的企业已达到了七家。海外并购金额占对外直接投资的比重逐年上升。2007 年尽管中国的对外直接投资额有所下降，但中国企业海外并购仍然活跃。在行业选择上主要集中在电信、汽车、矿产、能源等领域。从宏观层面来看，中国"走出去"的发展战略在此阶段开始步入实施阶段，中国经济实力的增强以及外汇储备的增加为中国企业海外并购打下了良好的基础；从微观角度来说，竞争实力的增强和国际化的战略思维也使中国企

① 黎平海，李瑶，闻拓莉. 我国企业海外并购的特点、动因及影响因素分析 [J]. 经济问题探索，2009（2）：74-79.

业更多地把目光投向了海外市场，通过海外并购以在全球范围内实现资源的优化配置。

第四阶段：逆势抄底阶段（2008~2012年）。在此阶段，虽然全球跨国并购呈现出下降趋势，但中国企业的海外并购活动依然热情不减。2009年中国企业海外并购金额居全球第二位，仅次于德国。2010年上半年从海外并购交易额来看，中国成为仅次于美国的全球第二大国。在这一阶段虽然国有大型企业仍是海外并购的主力军，但民营企业也表现得相当活跃。2008年初至2009年7月底，在中国企业完成的71起海外并购案件中，民营企业共发起33起，占全部海外并购数量的46%①。2009年以来，中国企业更多地将目光投向了发达国家的品牌、技术等无形资源。如吉利汽车于2010年以18亿美元收购了沃尔沃汽车公司100%的股权。在这一阶段，我国国有企业与民营企业对海外并购领域的选择各有侧重点：国有企业主要集中在矿产能源与传统能源领域，而民营企业所涉及的领域主要是IT与半导体、传统制造、生物医药与互联网等行业。

第五阶段：高潮阶段（2013~2017年）。在这一阶段，中国企业海外并购日益活跃，2016年中国海外并购达到了高潮。我国的民营企业也逐渐成为海外并购的一支不可忽视的中坚力量。2013年双汇国际以71亿美元的总价收购了美国肉制品企业史密斯菲尔德；中国华工集团、海尔集团分别发起了对意大利轮胎企业倍耐力和美国通用电气公司的电器业务的并购。这一时期，中国企业海外并购更加趋于多元化，涉及的领域日益增多；中国国有企业海外并购关注的是东道国的工业和能源行业，而民营企业关注的是食品、软件与物流等领域②。

第六阶段：理性回归阶段（2018年至今）。在这一阶段，我国企业海外并购更加趋于理性，"蛇吞象"式的海外并购已不多见。2020年中国企业海外并购交易额跌至420亿美元，为2010年以来的最低水平③。中国企业海外并购在经历了前一阶段的高歌猛进之后，"走出去"的步伐开始有所放缓，对实施海

① 张文魁. 中国企业海外并购的基本情况、总体评估和政策讨论 [J]. 经济界, 2010 (1)：18-26.
② 梅新育. 谁是双汇收购史密斯菲尔德的真正推手 [EB/OL]. (2013-09-30) [2025-01-08]. https://finance. huanqiu. com/article/9CaKrnJCvpn.
③ 2020年中国企业海外并购交易额跌至10年低点民营企业仍是最活跃买家 [EB/OL]. (2021-01-27) [2025-01-08]. https://baijiahao. baidu. com/s? id=1690010528376814842&wfr=spider&for=pc.

外并购的态度更加谨慎。在对海外目标企业的选择上，中国企业也大多围绕主业进行产业链的拓展，较少选择跨界的混合并购模式。与此同时，我国提出的共建"一带一路"倡议得到了国际上的广泛支持，世界上许多国家和地区纷纷加入了共建"一带一路"的行列。截至 2023 年 6 月，已有 150 多个国家和30 多个国际组织与我国签署了 200 余份共建"一带一路"合作文件①。这一时期，中国企业也纷纷将共建"一带一路"国家和地区作为海外并购的目的地。相关资料显示，中国约有 71.8% 有投资意向的企业将共建"一带一路"国家和地区作为对外直接投资的首选区域②，中国企业海外并购呈现出与国家发展战略高度契合的倾向。

（3）中国企业海外并购的战略驱动因素分析

第一，全球经济一体化的进程使企业的无形资源系统环境发生了变化。我国于 2001 年 12 月 11 日正式加入了世界贸易组织，这意味着我国将以更加开放的姿态，按照国际通行的规则和惯例，通过与其他国家开展国际交往与经济合作，全面融入国际分工格局当中。在信息化的推动下，世界各国的经济交往将日益频繁，相互依赖程度将不断加深，战略资源将在全球范围内实现优化配置。在这种趋势下，我国企业面临的外部环境也发生了明显的变化，这种变化更多地表现在企业无形资源系统所处外部无形资源大环境方面。一是各国经济的交往必然伴随文化的交流，具有不同文化背景的人们之间的互动必然涉及跨文化问题。企业的组织文化不再局限于本国民族文化的氛围中，企业在经营管理中不可避免地会面对跨文化协调与管理的问题。二是人才的跨国流动使得企业在对人力资源系统进行优化时，不仅要考虑国内人力资源市场，更要放眼全球与国际人才市场对接。三是企业在构建企际关系时除了要考虑本国的政治体制、金融市场等因素外，还要注重加强与国际组织的沟通与交流，熟悉并遵守国际法规与惯例。企业无形资源系统所处外部环境的变化，使得企业必须对自身的无形资源系统进行重新整合，只有这样才能实现无形资源系统的优化升级，保持其环境的适应性。

---

① "一带一路"朋友圈丨亚洲篇［EB/OL］.（2022-10-12）［2025-01-08］. https：//www. thepa-per. cn/newsDetail_ forward_ 24910322.

② 中国企业境外投资呈现的特点及面临的风险和挑战［EB/OL］.（2024-08-19）［2025-01-08］. https：//www. sohu. com/a/801996536_ 120535395.

第二，我国经济的持续稳定增长为企业海外并购提供了动力基础。改革开放以来，我国经济实现了高速发展，经济实力不断增强。2021 年我国人均GDP 达 80976 元，2013～2021 年 GDP 年均增长率为 6.6%，高于同期世界2.6% 和发展中经济体 3.7% 的平均增长水平。2021 年末我国的经济总量占世界经济的比重为 18.5%，已成为仅次于美国的世界第二大经济体①。截至 2024 年11 月末我国外汇储备已超过 3 万亿美元②，综合国力的增强为我国企业进行海外并购创造了条件。20 世纪 80 年代初，英国学者 Dunning（1981）通过实证提出了投资发展周期理论，该理论提出，一国的对外直接投资与其 GNP 之间存在正相关关系，并依据两者之间的关系，可以把一国的投资周期分为四个阶段：第一个阶段：当人均 GNP 低于 400 美元时，很少吸引外资，对外直接投资几乎处于空白状态，净对外直接投资为零或负数；第二个阶段：人均 GNP 在400～2500 美元，这时引进外资有所增长，同时也开始对外进行直接投资，净对外直接投资额仍为负数；第三个阶段：人均 GNP 在 2500～4750 美元，尽管此阶段对外净投资额仍为负数，但是对外直接投资额的增长速度要快于外资流入的速度；第四个阶段：人均 GNP 超过 4750 美元，此时对外净投资额为正数，且数额会越来越大③。按人均 GNP 计算目前我国正处于投资发展周期的第二个阶段④。我国综合国力的提升和外汇储备的增加，为企业走出国门进行海外并购奠定了坚实的经济基础，为企业无形资源系统在全球范围内的重新整合和优化升级提供了强大的动力支持。

第三，我国实现技术跨越式创新提升国际竞争力的需要。与发达国家的企业相比，我国企业普遍存在自主知识产权匮乏和品牌影响力不强等问题，而这些正是提高产品附加值的关键所在。自主知识产权匮乏主要表现在我国企业不掌握产品生产的核心技术，世界上有影响力的知名品牌也更多地依赖于高精尖技术的支撑，因此技术上的劣势地位是导致我国企业国际竞争力不强的主要原

① 中国政府网，报告显示：近十年我国 GDP 年均增长 6.6% 对世界经济增长平均贡献率超 30%［EB/OL］.（2022-09-18）［2025-01-08］. https：//www.gov.cn/xinwen/2022-09/18/content_5710523.htm.

② 国家外汇管理局浙江省分局，国家外汇管理局公布 2024 年 11 月末外汇储备规模数据［EB/OL］.（2024-12-30）［2025-01-08］. http：//www.safe.gov.cn/zhejiang/2024/1230/2127.html.

③ Dunning J H. International Production and the Multinational Enterprise［M］. London：George Allen and Unwin LTD，1981.

④ 谢皓. 跨国并购与中国企业的战略选择［M］. 北京：人民出版社，2009.

因之一。我国过去曾经尝试过"以市场换技术"的办法，寄希望于通过向国际上先进企业开放国内市场来引进世界一流的生产技术，但是效果并不尽如人意，核心技术的匮乏仍然是制约我国企业发展的一大瓶颈。单靠自主研发以实现技术创新，不仅需要大量的投资，而且时间周期较长，面临很大的不确定性风险，并不是我国企业快速提升技术水平、拥有和掌握核心技术的理想的路径选择。为了更好地应对国际市场日益激烈的竞争，我国企业必须加快技术提升的步伐，走出一条技术创新跨越式发展的路子。而通过"走出去"对国外拥有一流先进技术的企业进行并购，我们不仅可以快速地获得互补性技术，而且可以通过对这些技术的消化吸收和利用，以国外先进技术和我国原有的技术为基础，站在"巨人的肩膀上"，在更高的层次上进行技术创新，以尽快改变我国企业在核心技术方面存在短板的现状。

第四，稳定原料来源渠道，保证经济稳定发展。自然资源短缺是世界各国经济发展中所面临的共同问题。我国战略性矿产资源累积消费量全球最高，而且需求呈持续增长的态势，但我国约 2/3 的战略性矿产资源储量在全球处于劣势，需要依赖进口，其中石油、铁矿石、铬铁矿及铜、铝、镍、钴、锆等对外依存度超过 70%①。为了减轻矿产、能源等自然资源的对外依存度，我国一些企业尤其是大型国有企业纷纷走出国门，去并购海外的油气田等矿产资源类企业，通过获得上游自然资源类企业的生产经营权，构建畅通的原材料来源供应渠道，以保障我国经济步入持续快速发展的轨道。

（4）中国企业海外并购的资源寻求动向

纵观近年来我国企业海外并购的发展轨迹，不难看出，我国企业海外并购的战略资源寻求动向为：

第一，获取战略性资源。2008 年初至 2009 年 7 月，我国企业完成海外并购 71 起，完成海外并购金额共计 221.7 亿美元。其中国有企业发起的海外并购 38 起，占海外并购数量的 54%，国有企业完成海外并购金额达 188.5 亿美元，占全部海外并购金额的 85%。从行业分布来看，国有企业海外并购主要集中在矿产能源与传统能源类行业，国有企业对海外矿产能源类企业发起并购 22 起，占比 57.9%，并购金额达 50.15 亿美元，占比 27%，对传统能源类企

① 中国民主同盟网，关于保障我国战略性矿产资源安全的提案［EB/OL］.（2024-03-04）［2025-01-08］. https：//www.mmzy.org.cn/mobile/NPC2024/Content.aspx？ColumnId=2637&ArticleId=144963.

无形资源视角下中国企业海外并购的动因分析与整合策略研究

业发起并购 9 起，占比 23.7%，并购金额达 124.7 亿美元，占比达 66%①。由此可见，我国国有企业更多地站在宏观全局的高度，力图通过海外并购来解决制约我国经济发展的能源短缺问题。2014 年五矿资源有限公司、国新国际投资有限公司和中信金属有限公司组成的联合体，斥资 58.5 亿美元收购了位于秘鲁的邦巴斯铜矿在建铜矿项目②。

第二，尽快掌握先进技术。2008 年初至 2009 年 7 月，我国民营企业共发起海外并购 33 起，并购主要分布在 IT 和半导体行业、互联网、生物医药和清洁能源行业，其中 IT 和半导体行业 11 起，占比 33.3%，互联网 4 起，占比 12.1%，生物医药和清洁能源各 2 起，占比均为 6.1%。民营企业在这些高科技领域的并购次数合计达 19 起，占总数 33 起的 57.6%。从以上分析我们不难看出，我国民营企业海外并购的主要动机在于获取海外的先进技术③。2016 年中国化工集团以 430 亿美元的对价收购了瑞士农业化学巨头先正达（Syngenta），其目的之一就是要获取目标企业在植物保护、种子培育等方面的先进科技与研发能力④。

第三，开拓海外市场。近年来，在某些产品国内市场出现饱和的情况下，我国一些企业开始注重通过海外并购去开拓国际市场，在 2005～2009 年我国企业的海外并购中，有三年超过 40% 的企业是以国际市场开拓为导向的，我国企业对海外市场的重视程度明显提高，"走出去"的呼声日益高涨。同时，面对国外的贸易壁垒，一些企业为了使自己的产品打入国际市场也采取海外并购的方式。有关资料显示，2009 年我国仅有色金属行业就遭受了来自世界上其他国家的十余起贸易保护案件，反倾销调查、征收保护性关税等国际上的贸易壁垒使我国商品的出口贸易受到了不小的影响。⑤ 而通过海外并购，我国企业可以很好地绕开这些限制，使我国的产品在国际市场上占有更大的市场份额。

---

①③ 张文魁. 中国企业海外并购的基本情况、总体评估和政策讨论 [J]. 经济界，2010（1）：18-26.

② 五矿联合体 58.5 亿美元收购嘉能可铜矿 [EB/OL].（2014-04-15）[2025-01-08]. http：//finance. sina. com. cn/stock/t/20140415/010018794399. shtml.

④ 中国化工 430 亿美元收购先正达，创中企收购纪录 [EB/OL].（2016-02-18）[2025-01-08]. https：//world. huanqiu. com/article/9CaKrnJTVn0.

⑤ 王慧. 有色行业"走出去"：坦然面对海外并购积极应对贸易壁垒[EB/OL].（2009-11-30）[2025-01-08]. https：//www. cnmn. com. cn/ShowNews. aspx？ id=30293.

2002 年 10 月 TCL 以 820 万欧元收购了德国的施耐德公司，此次收购成功地帮助 TCL 绕开欧盟对中国彩电的贸易壁垒，为中国家电走向欧洲市场铺平了道路。海尔集团 2001 年 6 月收购了意大利的迈尼盖蒂冰箱工厂，有效地绕过了东道国的关税与非关税壁垒，实现了产品在当地的生产与销售，把自己的品牌成功地推向了国际市场，改变了国际市场上冰箱品牌的分布格局。2024 年下半年，华新水泥股份有限公司宣称拟斥资 8.38 亿美元通过出海并购的方式拓展西非市场①。相关资料显示，近年来中国近七成的对外投资企业是为了开拓海外市场②。

（5）中国企业海外并购的特点

第一，我国企业海外并购的重心逐步向获取国外无形战略资源转移。据统计，2023 年中国提交的专利申请数量达到了 69610 件，位居全球第一，但是我国还积累了大量的"沉睡专利"。国家知识产权局发布的《2020 年中国专利调查报告》显示，2020 年我国企业有效发明专利产业化率仅为 34.7%，其中企业为 44.9%，科研单位为 11.3%，高校仅为 3.8%，而同期的美国高校与企业有效发明专利产业化率均为 50% 左右，是中国高校专利转化率的 13 倍③。我们应该清醒地认识到，未来 AI 技术和 5G 通信必将引领全球科技的发展方向，而这些核心技术所必需的高端芯片的研发与制造，仍然被欧美等西方国家所掌控④。自主知识产权是企业创新的动力，为了快速提升我国企业的技术水平，近年来我国企业海外并购的目标直指知识产权等无形资源比较丰富的发达国家。如 TCL 并购德国的施耐德公司和法国的汤姆逊公司以及阿尔卡特公司，联想集团收购美国的 IBM 公司的个人业务部等。日本、韩国等国家和北美、西欧等发达地区成了我国企业海外并购的最佳区位选择。

第二，国有企业与民营企业海外并购的着重点各有不同。国有企业尤其是中央大型国有企业海外并购的重心在于确保我国经济发展所需的能源、矿产等

① 聚焦主业、寻求新业绩增长点 A 股公司海外并购日趋活跃 ［EB/OL］.（2024-12-04）［2025-01-08］. http：//finance. china. com. cn/stock/ssgs/20241204/6193024. shtml.

② 超八成受访企业扩大和维持对外投资意向——中国企业对外投资合作平稳发展 ［EB/OL］.（2024-12-30）［2025-01-08］. https：//www. gov. cn/yaowen/liebiao/202412/content_6995263. htm.

③ 刘远举. 全球专利数量第一，中国创新是否领先美国 ［EB/OL］.（2024-04-26）［2025-01-08］. https：//www. sifl. org. cn/show. asp？ id＝5714.

④ 专利之争：中国真的超越美国了吗？ ［EB/OL］.（2024-10-29）［2025-01-08］. https：//www. sohu. com/a/821359647_121885030.

战略性资源能有稳定的来源渠道，而民营企业则侧重于获取品牌、技术等国外的优势无形资源。据统计，2008 年至 2009 年 7 月末，我国国有企业发起海外并购 38 起，占同期并购总数的 54%，实现并购金额 188.5 亿美元，占同期并购交易总额的 85%。其中，对矿产资源和传统能源类企业并购 31 起，占比81.6%，完成交易金额 174.85 亿美元，占国有企业总交易额的 93%。而此期间民营企业发起海外并购 33 起，并购交易金额达 33 亿美元，这些并购主要集中在 IT 和半导体、传统制造、互联网、生物医药和清洁能源等高科技领域①。

第三，以横向并购为主的并购方式与获取无形资源的战略相匹配。目前，我国企业海外并购的目标企业大多属于业务范围相同或相近的企业，如 TCL 对德国施耐德公司与法国汤姆逊公司的并购，并购双方均为家电生产与销售企业；京东方对韩国现代显示技术株式会社 TFT-LCD 业务的并购；中国石油对哈萨克斯坦石油公司（PetroKazakhstan 公司，简称 "PK 公司"）的收购等，这些横向跨国并购更有利于中国企业对海外无形资源的整合，进而促进并购后企业无形资源价值的提升。

第四，"借船出海" 的并购支付方式日益受到中国企业的青睐。我国企业海外并购的一些目标企业资产额度较大，并购需要较高的出资额。我国企业在支付方式上一改过去单纯以现金出资的并购方式，在海外并购中开始尝试着"借船出海" 的方式，利用发达国家资本市场完善的优势来解决或缓解并购资金不足的问题。如中国海油 2005 年通过在海外发售可转换债券的方式，完成了对加拿大 MEG 能源公司的收购；联想集团在 2004 年通过在中国香港上市换股、利用国际银团贷款和私募筹集资金等资本运作方式，有效地化解了并购 IBM 公司 PC 业务部后可能出现的财务风险。海尔集团在发起对美国美泰公司的竞购时，也曾联手贝恩资本（Bain Capital）和黑石集团（Blackstone Group）两家私募投资基金。尽管后来海尔集团退出了竞购，但这充分表明，中国企业在海外并购的过程中已经开始注重利用国际上重要的无形资源——融资渠道，借助发达国家发育成熟、运作规范的金融市场，尝试为海外并购打开一条绿色融资通道。

第五，海外并购企业存在母弱子强的状况。我国进行跨国并购的企业尽管大都是一些具有一定实力或在高科技领域处于领先地位的企业，但是，我们应该认识到，我国企业无论从规模、盈利能力，还是在产业资本与金融资本的结合度方面，与国外的大型跨国公司还存在一定的差距；另外，我国企业大都是中华人民共和国成立以后建立起来的，而国外的一些老牌企业有的已有上百年的历史，它们不仅有品牌、技术上的优势，而且在企业文化的积淀方面也比中国企业深厚。如联想集团对美国 IBM 公司 PC 业务部的并购，尽管联想集团是国内计算机行业的佼佼者，但是 IBM 公司却是全球最大的电子计算机制造商，其品牌的知名度和影响力远非联想能比，当年，IBM 公司已经有百年的历史，而联想集团成立还不到 30 年，另外从价值取向和伦理标准等文化层面来看，美国是一个民族优越感比较强的国家，因此，无论是企业的无形资源还是无形资源的外部环境，联想集团都处于劣势地位。① 吉利汽车收购沃尔沃汽车公司 100% 的股份，也是以"蛇吞象"的方式并购比自身总收入大 20 倍的目标企业。

第六，抓住时机，逢低吸纳。中国企业在海外并购的过程中，不是采用"强强联合"的并购方式，而是利用目标企业经营处于困境之机，在被并购企业价值不高时出手买入。联想集团对 IBM 公司 PC 业务部的并购，选择的时机是在其处于亏损状态、准备重组时进行的。美国的次贷危机演变为全球性的金融危机之后，在发达国家企业市值下降、经营处于低谷时机，我国企业趁机出海，通过"逢低吸纳"的方式来实施对海外目标企业的并购。海外企业市值缩水之时，也正是目标企业无形资源最具增值潜力之际，从 2008 年以来我国企业海外并购数量与金额迅速增长的态势中，我们不难看出我国企业对海外并购时机的把握趋向。②

4.7   中国企业海外并购的动因：促进无形资源系统的优化升级

随着信息技术的发展和互联网的广泛应用，全球经济一体化步伐明显加快，各个国家的市场都是整个全球市场的一部分。各国的生产与经营都将被纳

---

①   何志毅，柯银斌，等. 中国企业跨国并购 10 大案例［M］. 上海：上海交通大学出版社，2010.
②   谢皓. 跨国并购与中国企业的战略选择［M］. 北京：人民出版社，2009.

入整个国际分工体系之中，每个企业也都将根据所拥有的资源禀赋和比较优势，一方面努力寻求并占据整个产品价值链的价值增加值最大的生产经营环节，在全球国际分工格局中抢占最有利的节点；另一方面在既定国际分工格局难以被打破的情况下，企业将力争使自己所占据的生产经营环节能产生尽可能高的价值增加值。在知识经济时代，无形资源能使企业获得持续的竞争优势，因而无形资源存量大且质量高的企业与一般企业相比，在价值创造方面具有明显的优势，不仅能在整个产品价值链占据有利的节点，还可以通过提高效率节约成本，使其在既定的生产环节创造出更多的价值。

全球经济一体化使得有序的国际分工格局得以形成，在开放的环境下世界各国既相互竞争，又互相协作，各种生产要素将逐步在全球范围内进行优化配置。各个企业面临的外部环境已悄然发生了变化，而且这种变化将随着科技进步和世界各国交往的频繁日益呈现出加速的趋势。作为国际分工体系中的一个微观个体系统，企业必将兼顾国内与国外两个市场，站在国际化的战略高度，来决定生产什么产品以及如何进行生产。这种对自身生产经营活动的安排首先表现在对有形资源的选择与重新配置上，这必将带来企业有形资源系统的变化。在企业内部，无形资源依存于有形资源，也就是说有形资源系统是无形资源系统赖以生存的外部环境。与此同时，由于知识经济时代知识更新的日益加速，科技创新步伐的逐步加快，每个企业无形资源系统所处的大环境也相应发生着快速的变化。正是由于两个外部环境的变迁，作为一个与外界不断进行着物质、能量与信息交换的开放系统，无形资源系统必然要随着外界环境的改变而进行相应的调整。而相对于跨国联合经营、绿地投资等投资方式而言，跨国并购可以在较短的时间内使企业的无形资源存量与水平得到快速提升，能够更好地适应科技创新与知识更新的步伐与节奏。

鉴于以上的分析，本书认为，中国企业海外并购额在对外投资中所占的比重之所以呈现出逐步上升的趋势，且日益成为对外投资的主要形式，其根本原因在于：经济全球化的趋势使企业的无形资源所处的企业内部环境和全球的整个无形资源大环境均发生了变化，系统的环境适应性特征要求无形资源系统进行相应的变革与调整，也就是说，外部环境的变化驱动无形资源系统进行优化与升级，而这种优化与升级的首选方式就是跨国并购，因为这种方式能够尽快地适应外部环境的变化。

4.8　中国企业海外并购的案例分析

4.8.1　上海电气收购日本秋山机械

上海电气集团股份有限公司（以下简称"上海电气"）是由上海机电控股（集团）公司和上海电气（集团）总公司经过重组而成的公司，是中国机械工业销售排名第一的装备制造集团，也是中国工业制造业的领军品牌，其经营范围包括新能源、高效清洁能源、工业驱动、输配电以及工业机器人等，其下属公司包括上海电气电站集团、上海电气核电集团有限公司、上海电气风电集团股份有限公司等60多家核心企业和50多家合资企业。2023年7月上海电气入选2023年《财富》中国上市公司500强排行榜，排在第120位。多年来，上海电气通过与全球同行业有实力的公司合资经营，在印刷机械制造方面的实力有了很大的提升，但是与国际上先进的印刷机械制造水平相比，技术上仍然存在15~20年的差距。在经济全球化趋势日益加剧的形势下，由于核心技术的匮乏以及自主创新能力不强，上海电气集团印刷包装机械有限公司的下属许多公司，在激烈的国际竞争中处于不利地位，有的企业甚至出现了亏损。为了尽快缩短与先进发达国家企业在技术上的差距，实现跨越式发展，上海电气决定通过"走出去"实现赶超战略。

作为一家拥有50多项专利技术，在单张纸胶印技术领域处于国际领先地位的世界一流的印刷机械设备制造商，日本的秋山印刷机械株式会社（以下简称"秋山机械"）在日本经济进入持续的低迷期以后，于21世纪之初也遭遇了日本印刷出版行业大萧条的冲击，再加上自身经营不善以及银行信贷政策的收紧，不得不于2001年3月申请破产保护。

秋山机械这样一家拥有世界领先技术和较强研发能力的企业进入破产保护程序的消息，引起了上海电气下属公司上海光华印刷机械有限公司领导层的关注。时任上海电气集团印刷包装机械有限公司董事长兼光华印刷机械有限公司总经理的胡雄卿极力倡导对秋山机械的收购。为了满足秋山机械提出的收购方必须为欧美企业的要求，上海电气联手曾与之多次合作的全球化投资公司美国晨兴集团，最终顺利完成了对秋山机械的并购，并于 2002 年 1 月将收购后的新公司更名为秋山国际株式会社（以下简称"秋山国际"）。

在这次并购中，秋山机械被上海电气看重的除了专利技术外，还有全球知名品牌、销售网络和研发能力；而上海电气不仅为秋山国际提供了巨大的国内市场，而且其印刷包装机械有限公司下属的进出口分公司和供销渠道也为秋山国际走向更广阔的国际市场提供了便利条件，使秋山国际的销售量出现了连年攀升的良好局面。

并购之后，上海电气不仅十分重视吸收秋山国际的先进技术，而且注重这些先进技术背后的人力资源。一方面，上海电气集团印刷包装机械有限公司下属的光华印刷机械有限公司不仅从秋山国际引进了世界顶尖的印刷机械制造技术，还十分注重对引进技术的消化、吸收，并在此基础上对生产工艺进行改造，通过与秋山国际联动来不断提升整个集团的实力；另一方面，胡雄卿出任秋山国际的社长后，在尊重日本民族文化与秋山文化的基础上，以能力为导向选用与提拔了一批业务骨干，不仅留住了并购时的秋山员工，还使并购前离开的老员工重新返回了秋山国际[①]。

通过双方的优势互补与战略定位的重新调整，目前，秋山国际已逐步成为上海电气的海外胶印机研发中心、新产品试验基地以及高档产品制造与全球销售枢纽。而上海光华印刷机械有限公司的战略重点主要是运用秋山的成熟技术进行大批量生产并将产品销往国内外的生产销售基地。秋山国际的先进技术与研发平台还对上海电气的其他相关产业产生了辐射效应，秋山胶印机订单的不断增多也带动了与之配套的胶版油墨产品的热销。秋山国际的加盟和全球顶尖技术在集团内部的扩散，使上海电气集团印刷包装机械有限公司"两翼"带动的发展格局具备雏形：以上海高斯印刷设备有限公司生产的卷筒与光华印刷机械有限公司生产的单张胶印机来带动整个集团的腾飞，推动上海电气集团印刷机械包装有限公司实现全面跨越式发展。

---

① 沈泱. 技术获取：上海电气收购日本秋山（2002 年）［M］//何志毅，柯银斌，等. 中国企业跨国并购 10 大案例. 上海：上海交通大学出版社，2010.

4.8.2 TCL 对法国汤姆逊（彩电业务）的并购

TCL 集团创立于 1981 年，其前身为 TTK 家庭电器（惠州）有限公司，旗下拥有 TCL 集团、TCL 多媒体科技和 TCL 通讯科技三家上市公司，其经营的业务种类包括多媒体、通信、家电、房地产、投资、物流等，是目前中国较大的消费类电子企业集团之一。1996 年 TCL 集团通过兼并香港陆氏公司的彩电项目，拥有了 TCL 王牌彩电的生产基地，当年 TCL 彩电产销量就跃居了全国前三强，1999 年 TCL 国际控股有限公司在香港成功上市，2001 年 TCL 彩电销售量居全国首位。在国内业务做得如日中天的同时，这个中国的"彩电大王"还将目光投向了国际市场，将未来的销售目标定位于进入全球 500 强。然而，TCL 海外市场的开拓并不顺利，一方面 1997 年东南亚爆发的金融危机和随之而来的经济低迷使 TCL 的国外订单大量减少，另一方面西方国家对中国彩电的各种贸易壁垒也使 TCL 彩电的出口遇到了不小的阻力。

法国的汤姆逊公司创立于 1879 年，其业务涉及家用电器、电话、大型电气设备、铜加工、无线电广播等领域，拥有 34000 多项电视专利，其在数字电视、调制解调器、家用数字网络等方面的技术均处于全球领先地位，并拥有世界著名的 RCA 品牌。2003 年汤姆逊公司的彩电与 DVD 业务出现了全面的亏损，为了专注核心业务的发展，汤姆逊公司决定出售公司的彩电业务，并主动与 TCL 集团高层进行接洽[①]。

对于一直致力于开拓海外市场的 TCL 集团来说，汤姆逊公司抛出的橄榄枝使其看到了开拓欧洲市场的机会。在 TCL 集团聘请的两家咨询公司都对这一并购项目并不看好的情况下，TCL 集团董事长李东生毅然做出了并购的决定。双方于 2004 年 1 月 29 日正式签订了共同成立 TCL-THOMSON 电子有限公司（以下简称"TTE"）的合同。尽管 TCL 通过并购法国汤姆逊彩电业务获得了专利、商标与品牌的使用权，也成功地绕开了欧盟对中国彩电设置进口配额的限制，但是接踵而至的问题却是 TCL 未曾意料到的，具体表现为以下几个方面：

一是跨国经营管理人才匮乏。2004 年 5 月，TTE 成立后不久，赵忠尧被

---

① 王梦. 真伪机会：TCL 收购汤姆逊彩电业务（2004 年）[M]//何志毅，柯银斌，等. 中国企业跨国并购 10 大案例. 上海：上海交通大学出版社，2010.

任命为 TTE 的首席执行官；2005 年 10 月，胡秋生担任 TTE 的执行董事长。2006 年 5 月在胡秋生辞去这一职务，且内部找不到合适人选的情况下，TCL 集团董事长李东生不得不兼任 TTE 的首席执行官一职。TTE 高层管理人员的屡次更迭，充分暴露了 TCL 集团在国际化人才储备方面的不足。

二是缩减成本的裁员计划难以推行。在欧洲，工会势力十分强大，进行裁员不仅要与工会进行谈判，而且要支付高额的赔偿金。在国内正常的并购裁员，在法国操作起来却困难重重，面临着较高的时间成本和资金成本。这种现象充分说明了 TCL 在并购之前没有对中外双方的文化差异和法律体系进行认真分析，并购之前也未能对并购交易完成后的整合进行周密的部署。

三是 TTE 难以跟上欧洲技术更新的步伐。TTE 成立之初只拥有传统的显像管彩电和数字光处理技术，然而欧洲市场彩电的更新换代速度却是 TCL 多媒体科技管理层始料未及的，从 2005 年下半年开始，液晶平板彩电很快取代了传统彩电。尽管 TTE 紧接着也投入了液晶平板彩电项目，但是由于占液晶彩电成本 70% 的液晶屏价格贬损太快，致使 TTE 难以跟上技术更新的步伐，投产后所取得的销售收入难以抵补前期的投入成本，最终导致了严重亏损。2005 年底，TTE 在欧洲市场的业务亏损达到了 6000 万欧元，TCL 多媒体科技在 2005 年底的亏损额也高达 5.99 亿港币。截至 2006 年 9 月底，TCL 多媒体科技及其附属公司在欧洲的业务累计亏损高达 20 多亿欧元。

面对 TTE 严重亏损的局面，TCL 多媒体科技与汤姆逊公司于 2006 年 10 月决定对欧洲的业务进行重组，不仅关闭了 TTE 在欧洲的工厂，对欧洲的资产进行了变现处理，而且进行了大量的人员裁减，结束了在欧洲市场的销售业务和市场开拓活动。TCL 多媒体科技为此还支付了高达 2500 万欧元的重组费用①。

4.8.3 案例启示

上海电气对秋山机械的并购是中国企业通过海外并购促进优势无形资源转移与扩散做得比较成功的一个案例；而 TCL 在并购法国汤姆逊公司的彩电业务过程中的曲折经历，更值得有意进行海外并购的中国企业镜鉴。通过以上两

① 双重失败 TCL 收获了什么？[M] //周明剑，王震. 中国大收购——中国企业崛起的海外艰难征战. 北京：石油工业出版社，2009.

个案例可以得出如下启示：

首先，上海电气对秋山机械的并购，最看重的是秋山机械的专利技术，可以此来提升上海电气整个印刷包装集团的技术水平，进而走出一条技术创新的发展之路；而TCL集团对法国汤姆逊公司彩电业务的并购，旨在利用其在欧洲的销售渠道，绕过欧盟的贸易壁垒在欧洲市场上提高市场份额。我们不能否认中国企业进行海外并购还有其他动因，但是随着知识经济时代的来临以及无形资源价值创造功能的凸显，获取优势的无形资源、提升企业的核心竞争力和价值创造功能，日益成为驱动中国企业海外并购的一个重要因素。因此，获取互补性优势无形资源，提升无形资源的质量与档次，进而促进企业整个无形资源系统的优化升级，最终实现企业价值最大化的目标，仍然是中国企业海外并购的主要动因。本书基于无形资源视角对中国企业海外并购动因探讨的意义即在于此。

其次，优势无形资源的跨国转移与扩散是相互影响、相互制约的。一方面，无论是开拓海外市场，还是获取先进的技术，都不可避免地会受到当地的法律环境和民族文化等因素的影响。TCL在开拓海外市场的过程中，为了节省销售成本欲在法国进行裁员，但却受到了欧洲国家强势工会的阻止，并面临支付高昂的裁员赔偿风险。这些问题的出现既有来自欧洲法律环境的原因，也是东道国民族文化影响的结果。另一方面，专利技术等优势无形资源需要人力资源的支撑，离开了人的因素这些优势无形资源的转移与扩散将受到一定的限制。上海电气在并购了秋山机械之后，十分注重优秀人才的吸收和研发队伍的保留，这样不仅有利于原有专利技术在集团内部共享，还能为未来的技术创新提供不竭的动力。而TCL的海外并购不仅未能从长计议做好跨国经营人才的培养与储备，致使并购后面临国际化经营人才匮乏的窘境，而且在并购后对彩电技术的更新换代也不具有前瞻性，缺乏长远的战略眼光，最终使自己的海外经营处于十分被动的局面。

最后，并购前制订详细的整合计划方案是确保并购取得成功的关键。并购交易完成后，中国企业还面临更加严峻的并购后整合的挑战。优势无形资源能否充分发挥作用，其价值创造功能能否实现，在很大程度上依赖于并购后的整合。上海电气在对秋山机械进行并购之前，已与其进行过长期的合作，对秋山机械已有相当程度的了解，并购后对其进行的整合也是在知己知彼的基础上进行的，因此其运作相对来说就比较顺畅，无形资源的协同效应自然也就容易出现。而 TCL 对法国汤姆逊彩电业务的并购则显得有些匆忙且前期准备不足，未能在并购之前未雨绸缪做好筹划，结果并购后面对出现的种种问题也只能做出亡羊补牢之举，无形资源协同效应的发挥与整个无形资源系统的优化升级自然也就无从谈起。

4.8.4　双案例对比分析

本部分选取双案例研究的方法，选择联想集团并购 IBM 公司 PC 业务和上汽集团并购韩国双龙汽车两个案例进行对比研究。在研究的设计上之所以选择这两个案例，主要是基于如下两个方面的考虑：一是联想集团与上汽集团都是上市公司，且两起并购案例均发生在 2005 年，所处国际国内宏观环境相同，它们的并购整合具有一定的可比性；二是联想集团并购 IBM 公司 PC 业务被业界与学术界公认为是一起成功的并购案例，而上汽集团并购韩国双龙汽车则最终以失败告终，对成功与失败的案例进行对比更有助于我们从中总结成功的经验和吸取失败的教训（崔淼、苏敬勤，2014）。

（1）联想集团并购 IBM 公司 PC 业务的案例

1）并购双方的基本情况

联想集团创立于 1984 年，1994 年在香港联合交易所上市，经过不断的发展，成为全球电脑市场的领导企业。其主要产品包括台式电脑、笔记本电脑、掌上电脑、打印机、主板和服务器等，是一家在信息产业内多元化发展的大型企业集团和富有创新性的国际化科技公司。

IBM 公司创建于 1911 年，总部位于美国纽约州的阿蒙克市，素有"蓝色巨人"之称，是全球的信息技术和业务解决方案公司，其业务遍及全球 160 个国家和地区。公司的业务有五大板块：全球服务、硬件、软件、全球融资和企业投资及其他业务。长期以来作为计算机产业的领导者，IBM 公司在大型机、超级计算机、UNIX 以及服务器等方面处于行业领先地位。自 1993 年以来，IBM 公司的专利获得数量已连续 22 年在全球专利注册排行榜中居榜首位置。

随着国外竞争厂商的进入，国内市场竞争日趋激烈，再加上 PC 产业的日益成熟和个人电脑售价的降低，联想集团的盈利空间曾一度受到严重的挤压。联想集团在 20 世纪 90 年代就有了走向国际化的发展思路，但是面临核心技术匮乏、自主知识产权不足、品牌知名度较低和销售渠道不畅等瓶颈。1994～2004 年，随着全球对计算机需求量的减少，IBM 公司的增长率也出现了下滑的趋势，其 PC 业务在 2001 年至 2004 年上半年甚至出现了亏损。为了专注于发展 IT 服务及服务器等技术含量和附加值高的领域，IBM 公司决定剥离 PC 业务。从 2003 年 12 月起，联想集团就对 IBM 公司的 PC 业务进行了尽职调查，聘请顾问对其进行评估，并于 2005 年 3 月通过了美国政府的并购审查，最终以 17.5 亿美元的对价完成了对 IBM 公司 PC 业务的收购，并在美国设立总部组建成立了新联想。

2）联想集团获取优势无形资源的整合路径

并购交易完成之后，联想集团对 IBM 公司的 PC 业务采取了渐进式的动态整合，整个整合过程从纵向来看大致可以划分为三个阶段：

第一个阶段为并购初期的平稳过渡阶段（2005 年 3 月至 10 月）。这一时期联想集团为了防止 IBM 公司的 PC 业务员工尤其是核心人员的流失，在组织形式上采取联想中国与联想国际双组织并行的架构，新联想的 13 名高管中有 6 名来自 IBM，由原联想集团的杨元庆担任新联想的董事长，原 IBM 公司的高级副总裁斯蒂芬·沃德担任新联想的 CEO，并将新联想的总部设在了美国纽约。同时及时向员工发布并购整合的相关信息，加强与员工的沟通交流，一方面保持 IBM 员工的薪酬待遇不变，缓解员工的压力；另一方面向 IBM 员工介绍联想集团的成长历史、价值观，逐步增强他们对新联想的认同感和归属感。

第二个阶段为双方的逐步融合阶段（2005 年 11 月至 2008 年末）。联想集团在对比分析双方文化差异的基础上，建立了文化融合团队，借鉴吸收 IBM 公司的优秀文化元素，在新联想内部网站上设立了"鸡尾酒行动文化大讨论"专栏，以了解中西方文化之间的差异，及时解决工作中遇到的文化冲突，促进了双方企业文化的融合和新联想企业文化的重塑。在此期间，新联想完成了联想中国与联想国际供应链的整合，形成了全球供应链；对联想中国的各职能部门与全球总部的各职能系统进行了整合，在产品研发方面实现了一体化协同发展。这一阶段联想集团充分借助美方人员的经验，在构建大型跨国公司组织架构方面取得了有效进展。

第三个阶段为重整阶段（2009 年以后）。随着前期来自 IBM、戴尔、惠普等公司高管的加盟，联想集团综合吸收了这些企业优秀的文化元素，在企业文化中突出了创新和高效的文化内涵。在品牌整合方面，联想集团以研发一体化协同为支撑，借助 IBM 高科技、高品质的形象逐步带动联想（Lenovo）品牌的拓展，不断提升自身品牌的知名度和影响力。同时为了应对 2008 年全球金融危机的影响，联想集团启动了重整方案，实行了"二元化"组织管理与运营结构，对高管团队进行了调整，责任心、进取心和事业心较强的中方管理人员进入了新联想的高级管理层，杨元庆出任新联想的 CEO，外方的罗里·里德任公司总裁兼首席运营官；将市场划分为成熟市场与新兴市场，在成熟市场主要由经验丰富的美方人员来管理与运营，而新兴市场的开拓则主要由中方高管来负责，以充分发挥各自的优势。

3）联想集团并购 IBM 公司 PC 业务的整合成效

由于联想集团在整合过程中采用了平稳过渡的方式，原 IBM 公司 PC 业务的员工和客户大多对新联想都比较认同，员工留存率达到了 98%，客户保留率也在 90% 以上。通过并购整合 IBM 公司的 PC 业务，联想集团借鉴了国际上先进的管理经验和经营理念，并在国际化的过程中成功地创造出了"双业务模式"。新联想的营业额和利润率自 2008 年以来一直呈现出稳步上升的趋势，市场占有率快速增长，每年的海外业务收入占比均在 50% 以上，Lenovo 品牌的产品已销往全球 200 多个国家和地区，联想的品牌价值得到了显著提升。

（2）上汽集团并购韩国双龙汽车的案例

1）并购双方的基本情况

上海汽车工业（集团）总公司（以下简称"上汽集团"）是中国四大汽车集团之一，2004 年上汽集团通过重组成立了上海汽车集团股份有限公司（以下简称"上汽集团股份"），上汽集团股份是国内 A 股市场最大的汽车上市公司，其主要业务包括四大板块：整车、零部件、汽车服务贸易和汽车金融。2004 年上汽集团已成为世界 500 强企业，但是长期以来上汽集团一直面临研发力量薄弱、自主品牌缺乏的瓶颈。

韩国双龙汽车公司是韩国第四大汽车生产商，公司产品主要定位于高档四驱越野车和轿车市场，其自主研发的柴油发动机技术在世界处于领先地位。双龙汽车以吉普车为代表的系列产品已销往欧洲、亚洲、中南美洲及非洲等 60 多个国家和地区。尽管在技术上具有领先优势，但是由于经营不善，双龙汽车在 1999 年已经资不抵债，濒临破产，双龙汽车的债权团早在 1999 年就有出售其股权的意图。

为了克服在研发方面的短板，上汽集团也希望通过海外并购的方式来突破发展瓶颈。2003年下半年上汽集团应邀参加了双龙汽车股权的拍卖会，通过投标竞争和继续增持股份，上汽集团在2005年1月已持有双龙汽车51.33%的股份，成为双龙汽车的绝对控股股东。

2）上汽集团对韩国双龙汽车的整合过程

在并购之初，上汽集团并没有对双龙汽车做出大的调整，仅派出了蒋志伟作为新任董事代表，并继续留任了以苏镇瑄为代表的双龙汽车原来的高级管理人员，在双龙汽车实行2人代表董事体制，实现了短期内的平稳过渡。

随后由于韩元升值、韩国税收政策调整以及柴油价格上涨等原因，以柴油发动机为主的双龙汽车的销量一度受到了影响，2005年的销量不仅没有达到预定目标，还一度出现了亏损的局面。为了摆脱困境，上汽集团解雇了双龙汽车原来的高管，进行了人事调整及管理体制改革，对双龙汽车进行了全面掌控；同时公布了之前拟定的双方在中国合资办厂的S-100项目计划。上汽集团的一系列举措引起了双龙汽车工会的不满，随即韩国双龙汽车工会举行了以"阻止双龙汽车作用降低及汽车产业技术流出"为主题的罢工，通过罢工的形式对上汽集团在韩国双龙汽车的运作进行阻止。为了平息罢工，尽快恢复生产，上汽集团最后以妥协让步的方式结束了罢工。

2006年初，由于韩国政府政策调整等原因，双龙汽车的经营又进入了低谷。面对出现的危机，上汽集团提出了裁员与中断员工福利的计划。双龙汽车工会以上汽集团违背并购时的承诺为由，举行罢工进行反对。罢工之初，上汽集团强硬地冻结了双龙汽车的现金账户，并将裁员计划上报韩国劳动部门，结果导致双龙汽车工会进行了"玉碎罢工"，劳资双方的矛盾进一步激化。最后上汽集团不得不派出高薪聘请的菲利浦·墨斐与双龙汽车工会进行谈判，再次以妥协让步的方式平息了罢工。

3）最终整合的结局

经历两次罢工事件之后，上汽集团深切地感受到了双龙汽车工会的强势和运营双龙汽车的艰难。2008年由于油价上涨以及韩国政府取消对柴油车补贴政策等原因，双龙汽车再次濒临破产。面对双龙汽车这一"烫手山芋"，上汽集团最终选择了破产保护的措施。2009年2月6日，韩国法院宣布双龙汽车进入破产重组程序，上汽集团最终失去了对双龙汽车的控制权，上汽集团对韩国双龙汽车的并购整合最终以失败告终。

（3）案例分析

联想集团选择 IBM、上汽集团选择双龙汽车作为并购对象，其目的非常明确：希望与在研发、技术与品牌等无形资源方面有优势的外国企业进行合作，尽快弥补自身优势无形资源质量不高、数量不足的缺陷，逐步提升自身的国际竞争力。然而，我们通过对比分析以上两个海外并购案例不难发现，联想集团与上汽集团对目标企业的整合过程在以下几个方面存在明显的差异：

1）企业文化的重塑

联想集团在整合过程中自始至终对企业文化都非常重视，从一开始向 IBM 学习到吸收 IBM 优秀的文化元素，再到全员文化整合以及综合 IBM、戴尔、惠普等企业的优秀文化元素，联想不断地推进自身企业文化的创新，为并购后双方的合作与品牌等其他优势无形资源向联想转移奠定了良好的基础。而上汽集团则显然对韩国企业普遍存在的民族自尊心以及工会的强势等企业文化特色缺乏了解，没有对两次罢工事件进行认真反思，不能通过罢工这一现象去剖析中外双方在企业文化等方面存在的差异，也就更谈不上去考虑企业文化重塑的问题了，最终为并购整合的失败埋下了伏笔。

2）人力资源的整合

联想集团在对 IBM 公司的 PC 业务进行整合的过程中，无论是薪酬待遇方面的保持，还是"鸡尾酒行动文化大讨论"专栏的设立；或是二元组织架构的建立，还是新兴市场与成熟市场的划分，都充分体现出对 IBM 员工的人文关怀和对人力资源作用发挥的重视。上汽集团在并购之初虽然也保留了双龙汽车原有的高管，但是遇到经营困难会采取人事调整、裁员与中止福利等举措，不仅有悖于并购之初的承诺，也没有充分考虑到双龙汽车员工的后顾之忧，致使双龙汽车员工对上汽集团的误解始终难以消除。

3）无形资源的适配性

联想集团与上汽集团希望通过并购获得对方先进的技术、研发能力以及优良的品牌。联想集团为了能够成功获得 IBM 公司 PC 业务的技术、品牌与销售渠道等无形资源，没有仅盯住自己所期望获得的单个无形资源元素，而是着眼于无形资源的整个体系，在整合过程中既致力于企业文化的重塑，又着眼于人力资源关系的维护；既注重 IBM 品牌的使用，又努力促进自身品牌知名度的提升；既进行组织架构的设计，又实行了研发的一体化协同发展。而上汽集团对双龙汽车的整合则忽视了优势无形资源的适配性及跨国转移与扩散的特点，只是单纯地试图通过中外双方合资在国内建厂的形式来实现自身研发能力的提升和先进技术的获取，这种只看单个"树木"而忽视整个"森林"的做法，往往难以达到预期效果。

5 中国企业海外并购无形资源系统的整合

5.1 系统整合：无形资源系统优化升级的途径

5.1.1 中国企业海外并购存在的困境

（1）目标企业所在国的民族差异增加了海外并购整合的难度

我国企业海外并购的目标企业大多集中在欧美等发达国家和地区，这些国家和地区的民族文化注重个人主义；而我国长期以来受儒家思想的影响，与西方国家相比更加强调集体主义的重要性。企业文化处于民族文化的大环境之中，并带有民族文化的特点，因此，我国企业在对海外目标企业进行整合的过程中，不可避免地会遇到东道国文化差异的冲击，从而会增加并购后的整合难度，使双方企业无形资源系统协同作用的发挥受到一定的影响。

（2）我国企业海外并购的人力资源储备不足

我国企业海外并购不仅需要有雄厚的资金作为后盾，更需要有熟悉东道国法律及人文环境，能够担当起海外经营与管理的国际化人才。另外，我国的资本市场还不成熟，部分企业家的资本运作经验欠缺，运作能力在国外成熟的资本市场上也稍显不足。目前我国企业海外并购普遍存在国际化人才匮乏的问题。TCL 在完成对法国汤姆逊公司的收购后，却找不到合适的人选来经营与管理新成立的 TTE，并购后 TTE 高管的屡次更迭充分暴露了其跨国经营管理人才储备不足的问题。联想集团并购 IBM 公司的 PC 业务部后，由于联想集团内部缺乏有能力、有经验的国际化经营人才，不得不采取引进国外优秀人才的办法，先后聘用了前 IBM 高级副总裁斯蒂夫·沃德和原戴尔公司高级副总裁威廉·阿梅里奥作为联想集团全球的 CEO，然而由于人力资源作用的发挥与企业文化的适配性不足，这些"空降"的高管并未能在联想集团发挥出应有的作用，最终不得不由董事局主席杨元庆重新担任集团的 CEO。

（3）我国企业吸纳国外知名品牌缺乏自主知识产权支撑

我国一些企业在海外并购中只注重获取国际上的知名品牌，而没有认识到要维持一个知名品牌，是需要背后的高精尖科技作为支撑的，离开了高端技术，即使我们获得了知名品牌，也无法使这些品牌给企业带来价值，相反这些品牌对中国企业来说可能会成为"烫手的山芋"。2009 年四川腾中重工机械有限公司计划收购美国通用汽车公司的悍马品牌，然而这家民营企业只是一家生产建筑工程机械的公司，根本不具有生产乘用车的经验，也就是说腾中重工根本不具有驾驭"悍马"的技术。这场收购最终也在众人的质疑声中不了了之。打造一个知名品牌需要很长的时间，通过并购国外的知名品牌虽然可以快速获得优势无形资源，但是维持一个知名品牌并非易事。同样的问题也困扰着联想集团，联想集团使用 IBM 商标的权利只有五年的时间，随着 IBM 品牌使用期的临近，联想集团必须尽快提升自身的技术水平，使 ThinkPad 品牌在脱离 IBM 这个母品牌后能够得到市场的广泛认可。

（4）对国外无形资源及其环境状况的信息掌握不够充分

中国企业海外并购是实施"走出去"战略的重要举措，全面了解和掌握目标企业的无形资源状况，认真分析目标企业所处的东道国无形资源环境是非常必要的。在海外并购之前做到知己知彼，才能提高胜算的把握。然而我国一些进行跨国并购的企业并未能做到未雨绸缪，在海外并购中存在盲目冲动性和机会主义倾向。具体表现为：一是对国外专利技术等无形资源在世界范围内的领先程度没有一个正确的认识。如 TCL 并购法国汤姆逊公司所获得的 CRT 技术已属于夕阳技术，发展前景不容乐观。二是对目标企业无形资源系统外部环境缺乏足够的了解。在并购前不仅不能对东道国的民族文化从个人主义与集体主义、男性化与女性化、权力距离以及对不确定性的规避程度等方面，认真与中国文化进行对比，而且对国际惯例以及国际法律法规也不能全面地进行掌握。另外，有的企业甚至对目标企业关于无形资源的状况也缺乏全面的了解。如 2005 年南京汽车集团有限公司实施了对英国罗孚汽车公司的并购，在此之前日本本田公司已经收回了关键设备，并销毁了设计图纸，南京汽车集团有限公司尽管获得高档轿车的品牌，却没法拥有生产轿车所需要的核心技术，最后不得不接受上汽集团的整合①。

（5）我国促进企业无形资源系统优化的外部环境有待进一步完善

一是海外投资的法律法规体系不够完善。尽管我国企业海外并购的步伐已全面提速，但是目前我国还没有一套系统的关于海外并购的法律法规，未能站在全局的高度从总体上进行战略规划和合理布局，致使我国企业海外并购在审批程序上表现出环节过多、手续烦琐、效率低下的弊端。有些国内企业甚至在海外并购中出现了互相竞争的问题。如 2004 年初南京汽车集团有限公司与英国罗孚汽车公司谈判商讨对罗孚汽车公司的并购事宜，上汽集团却抢先一步出手购买了罗孚汽车公司 25 和 75 两项知识产权的使用权，由此拉开了两家企业海外并购竞争的序幕。

二是我国未能从国家层面有效地防范海外资产面临的风险。随着我国企业海外并购数量和投资额度的不断增加，我国企业的海外资产数量也不断增多，这些海外资产处于国外的法律环境下，面临比国内资产大得多的战争风险、征用风险和汇兑风险。如何防范海外资产的风险，尽量避免海外资产的损失，日益成为摆在我们面前的一项不容忽视的问题。而目前我国海外投资保险法律制度还不够完善，我国与其他国家签订的双边与多边投资担保条约、建立的海外投资担保机构还不能适应企业"走出去"的步调，一旦海外投资遭受损失，很难通过国际法律法规获得相应的赔偿。

三是国际法律体系具有不利于发展中国家利益的一面。国际经济交往中所遵循的法律法规与规章制度及国际惯例往往是在西方先进发达国家的主导下演化而成的，这些法律法规有的以发达国家的法律为范本，有的主要是通过几个发达国家共同协商制订的，因此，不可避免地会体现出西方发达国家的立法理念，在经济利益的分配上也存在向西方发达国家倾斜的倾向。近年来，随着我国综合国力不断增强和"一带一路"倡议的实施，我国在国际上的影响力不

---

① 周俊，薛求知. 中国企业海外并购中的知识获取研究［J］. 科学学与科学技术管理，2008（7）：125-128.

断提升，在参与全球治理与国际规则的制订中也拥有了一定的话语权。但是在当前大国竞争加剧、国际形势风云变幻及科技发展日新月异的背景下，逆全球化思潮、地缘冲突、贸易保护主义等因素阻碍了国际规则的重构与调整。作为全球最大的发展中国家，我国在推动国际规则向更加公平的方向演进时面临较大挑战。

5.1.2　无形资源跨国转移与扩散存在的障碍

（1）隐性无形资源共享障碍

一方面，一些隐性无形资源如技术诀窍、工作经验等只可意会不可言传的知识，其拥有者可能会担心因转移与扩散而失去对其独占的权力，所以从主观上不愿或不主动向其他人传授；从客观上来说，拥有这些隐默性较强的无形资源的人员和组织，可能自身并没有意识到自己究竟拥有哪些隐性无形资源以及隐性无形资源水平的高低，一些隐性知识的传授需要双方面对面接触和互动，通过网络或远程对话很难掌握其"真谛"，这在一定程度上也会影响企业无形资源的跨国转移与扩散。

另一方面，对于优势无形资源的接收者来说，也存在一定的障碍，如行业专属能力只能在相同或相近行业进行转移，一方员工特殊技能的转移与扩散也需要另一方员工具有相应的专业基础知识。也就是说，需要吸收优势无形资源的一方，如果不具有对优势无形资源的消化和吸收能力，也会影响无形资源的转移与扩散；另外，还存在影响优势无形资源转移与扩散的其他因素，如在研发共享方面需要双方在战略、模式及时间安排上相互协调一致，研发能力还依赖研发团队的长期磨合才能达到默契一致；在品牌共享方面如果质量低劣的一方不能及时提高产品与服务的质量，可能会对知名品牌造成一定的损害，这不仅会影响知名品牌溢出效应的发挥，还可能影响整个企业在客户心目中的形象；在信息系统的共享方面也要求对原来的信息系统进行改造，在员工培训、业务流程的整合等方面进行投入。也就是说，在跨国并购中双方在获得无形资源共享收益的同时，也是要付出一定的成本的。从成本收益的角度来分析，并购企业只有共享的收益大于所花费的成本时，才能使无形资源通过共享实现协同，因此，这就需要我们在跨国并购中认真地对双方的无形资源系统进行梳理，加以有效地整合。

（2）系统运行惯性制约

并购之前两个企业的无形资源系统相互独立，无形资源与有形资源之间、无形资源的各个要素之间在长期的企业运作中均形成了一种稳定的模式，它们各自的运行及相互之间的配合均形成了一种惯性，组织的各项制度及一些不成文的规则也已逐步成为一种惯例，同时一些初始的制度安排及组织结构设计被组织所采用，将会使企业对其产生路径依赖，出现一种所谓的"锁定"的效应。当两个企业经过并购重组而整合在一起时，这些组织运行的惯性将会对两个无形资源系统的有效整合带来一定的障碍。其表现主要有以下两个方面：一方面尽管一方的无形资源相对于另一方明显具有优势，但是并不能很快被另一方所接纳，因为不具有优势无形资源的企业存在维持原来无形资源系统稳定运行的惯性。另一方面并购双方企业中的一些成员会自觉或不自觉地根据以往约定俗成的惯例来进行决策或行动，这在一定程度上会阻碍跨国并购中优势无形资源的转移与扩散。而要克服这些由于惯性而导致的优势无形资源转移与扩散的障碍，有效地实现优势无形资源的跨国转移与扩散，尽快提高企业无形资源的存量与档次，确保并购后企业从整体上实现无形资源系统的优化升级，就需要对双方的无形资源进行有效整合，一方面通过变革来打破阻碍企业无形资源优势转移与扩散的惯性；另一方面要充分利用有利于无形资源转移与扩散的惯性，做到扬长避短、趋利避害。

（3）逆向选择问题

从宏观的层面来看，跨国并购中无形资源的转移与扩散存在逆向选择的问题。一方面，作为发展中国家，我国与发达国家相比存在无形资源存量少且质量仍需提升的问题，在走出国门进行跨国并购的过程中，总是力图借鉴与吸收先进发达国家的无形资源，所以在跨国并购目标企业的选取方面总是倾向于拥有先进技术的发达国家企业；然而，一些先进的发达国家企业出于同样的考虑，会倾向于选择无形资源规模与档次均比较高的发达国家企业进行合作，采取强强联合的模式。另一方面，一些拥有核心技术的国家为了在国际市场上获得长期的竞争优势，对于其拥有的高精尖技术往往会采取各种限制其转移与扩散的措施，它们转移与扩散的技术往往是在本国已经过时的工艺或即将被淘汰的技术，进而最大限度地发挥这些无形资源的价值；而我国企业海外并购中所需要的是在国际上具有领先地位的无形资源而不是那些即将过时与落后的工艺和技术。比如，在日本，小灵通技术已于 2003 年被淘汰，而当时我国的小灵通市场却相当火爆，掌握小灵通核心技术的日本企业通过技术转让方式将无形资源转移到了我国，然而，其更为先进的领先技术却仍旧保留在国内①。因此，为了克服海外并购中无形资源转移与扩散的逆向选择问题，我国企业在对东道国与目标企业进行认真筛选的基础上，对并购双方的无形资源进行系统整合，应充分发挥并购双方无形资源的优势，才能更好地实现无形资源的总量的增加与档次的提升，使两个企业的无形资源系统更好地融合为一个整体，进而产生出"1+1>2"的效果。

（4）政治环境不同

企业跨国并购从微观层面来讲是并购双方企业的经济交往，然而，如果我们从宏观的层次来分析，就会发现两个企业之间的并购行为是在两个国家不同的政治环境中进行的，因此，跨国并购要寻求原来两个企业无形资源系统的协同统一，进而实现整个组织体系无形资源系统的优化升级，作为微观主体的跨国并购企业就必须正视这种存在于两个不同政治环境中的情况，通过谈判、寻求平衡点等方式达到各自国家的政策要求，确保两个企业无形资源优势转移与扩散的顺畅进行。

（5）民族文化的差异

跨国并购中并购双方企业属于不同的国家，而不同国家具有不同的人文环境及历史渊源。

作为微观层次的企业文化根植于民族文化的土壤，带有民族文化的共性，民族文化是企业文化等微观层次文化的凝结与升华，是对企业文化的提炼与总结。而文化形成的历史积淀性和演化的迟缓性决定了并购双方文化融合的长期性与艰巨性。组织文化对其他无形资源具有统驭性，并购后两个企业的冲突从某种程度上来说都可以从双方企业文化中找到根源。跨国并购中由于双方文化存在明显的差异，在相互交往中双方文化的碰撞与冲突也在所难免。

---

① 小灵通设备供应商设置门槛　日企猛收专利费［EB/OL］.（2004-12-16）［2025-01-08］. https://www.21ic.com/news/semi/200412/3055.htm.

5.2 海外并购无形资源整合系统工程的构建

5.2.1 系统工程的理论

（1）系统工程的定义

对"系统工程"一词的使用最早可追溯至20世纪40年代初，当时贝尔电话公司实验室在开发微波通信系统时首次提出了"系统工程"的概念。[①] 随后1945年美国在研制原子弹的"曼哈顿"计划中也运用了系统工程的方法。1969年美国阿波罗登月计划的成功实现，既是系统工程运用的一个成功典范，也是运用系统工程的方法处理复杂大系统的一个里程碑。在我国实际上早在战国时期就有成功运用系统工程方法的先例，李冰父子在设计都江堰的过程中，恰到好处地处理了"鱼嘴"岷江分水工程、"飞沙堰"分洪排沙工程和"宝瓶口"分水工程以及其他附属工程之间的关系，实现了整体工程的协调运转。至今这项坐落在四川境内的水利工程仍然在造福子孙后代。中华人民共和国成立后实施的三峡工程和载人航天技术，无不是运用系统工程的方法和原理来对复杂的系统进行组织和管理的。

尽管随着科学技术的发展系统工程的运用已越来越普遍，但是至今对系统工程的定义仍没有实现统一。我国著名科学家钱学森教授指出，系统工程是组织管理系统的规划、研究、设计、制造、实验和使用的科学方法，是一种对所有系统都具有普遍意义的科学方法。

钱学森在《论系统工程》一书中将系统工程定义为组织管理"系统"规划、研究、设计、制造、试验和使用的科学方法，是一种对所有"系统"都具有普遍意义的科学方法。

日本学者三浦武雄等（1983）将系统工程定义为：系统工程是一门跨越多门学科的科学，它是为了研制一个系统而将政治、经济和社会领域中的技术

---

① "系统工程"概念的提出［EB/OL］.（2010-08-23）［2025-01-08］. http://wenku.baidu.com/view/c0539b21dd36a32d73758 1e9. html.

横向组织起来的一门技术。

胡保生和彭勤科（2007）将系统工程定义为：在代价和时间约束范围内定义、设计、开发、生产和维护一个功能齐全、可靠和可信赖的系统，并从结构、功能和目的三个视角对系统工程的定义进行阐释。在结构化方面，系统工程是一种基于利益相关者对所研究问题的需求、习惯和价值视角而提出的政策、控制或整个系统影响的表述、分析和解释来帮助顾客的管理技术；在功能化方面，系统工程是为了解决真实世界的问题，根据面向过程的有用设定条件，而对系统工程的方法和工具进行适当组合并加以运用；在目的化方面，系统工程通过定义、开发和配置一个完整的系统，来向顾客提供信息和知识①。

白思俊等（2009）则从系统与工程两种观念来定义系统工程，系统工程不仅要运用跨学科的思维来考虑问题，而且要运用工程的方法去研究和解决各种系统问题，以实现整个系统的综合目标最优化。系统的观念就是整体最优化的思想，而工程的观念就是人们在改造自然征服自然的生产过程中所形成的工程方法论②。

鉴于以上的分析，本书认为，所谓系统工程就是在系统思想的指导下，考虑到各种内外部限制因素，综合运用各种工程技术手段和方法，通过对系统进行规划、研究、设计、制造和使用，以实现系统在整体上最优化的科学技术方法。

（2）系统工程的理论基础

一般系统论。一般系统论是在对各种不同的系统进行科学研究的基础上所形成的适用于一切种类系统的理论，根据该理论的主要创始人美国理论生物学家贝塔朗菲的观点，一般系统论的组成部分主要包括耗散结构论、协同论和突变论。

大系统理论。大系统理论是研究规模庞大、层次结构关系错综复杂、影响因素众多且带有不确定性因素的大规模复杂系统的理论，它主要是探讨大系统的结构方案、稳定性、最优化、建立模型及模型简化等问题。

控制论。控制论的主要概念是反馈。控制论强调了信息流的观念，并明确了它是系统的组成部分，对系统的控制和调节都是通过纠正偏差的信息反馈来

---

① 胡保生、彭勤科．系统工程原理与运用［M］．北京：化学工业出版社，2007.
② 白思俊，等．系统工程［M］．北京：电子工业出版社，2009.

实现的，并且这种反馈控制的基本原理可以通过数学方式予以处理。控制论的工程化就是工程控制论，将控制论的科学方法应用于经济问题的分析就产生了经济控制论。随着控制论在经济领域的逐步应用，经济控制论日益成为对国民经济及其各部门进行有效计划与管理的一种工具。

运筹学。运筹学最早出现于 1938 年，当时英国为了防备德国的空袭，对雷达与防空系统的协调配合进行了研究，最终导致了运筹学的产生。运筹学着眼于发挥现有系统的功能，通过建立系统的数学模型，运用数学的方法来研究系统最优化的问题。运筹学的主要分支包括：线性规划、非线性规划、整数规划、动态规划、图论与网络理论、排队论、决策论、对策论、存储论、模型论等。

信息论。信息论是美国科学家 Shannon 于 1948 年创立的。它是一门研究信息传输与处理一般规律的学科。该理论认为，系统是一个进行信息变换和信息处理的机构。信息与系统主要有以下几个方面的关系：一是信息是系统的一种重要特征；二是系统与信息密不可分，信息总是与系统相关，系统中存在信息；三是系统内部、系统与环境之间的相互作用伴随着信息的产生与交换；四是系统的信息活动伴随着系统的形成、发展与运行；五是系统的各个层面都充斥着信息的概念。

科学管理理论。经济全球化的发展趋势和信息技术的广泛推广应用，使我们经历着知识经济的洗礼，并置身于信息化、协作化和最优化的社会之中。随着政治、经济、文化与科技的发展，传统的管理模式已不能适应社会生产力发展的要求。泰勒的科学管理理论与法约尔的经营管理理论也逐步被现代管理科学理论所取代，人们开始从系统的观点来分析现代工业企业，从宏观与微观两个层面来对企业进行规划、控制与管理，同时将行为科学和新的组织理论运用到企业的管理过程中，经营决策的科学化、管理方法的最优化、管理工具的现代化和管理体制的合理化构成了现代化管理的基本内容。

5.2.2　海外并购无形资源整合的工程化思维

（1）系统工程的应用范围

系统工程以各类系统为研究对象，而世界上的事物，大到宇宙小到原子，都可以被认为是一个系统，系统是普遍存在的，因此，系统工程的应用范围相当广泛。总体来说，系统工程的应用范围主要包括：自然对象的系统、人体对象的系统、产业系统和社会系统等。相应地，系统工程也出现了众多的应用分支，主要包括：社会系统工程、宏观经济系统工程、区域规划系统工程、环境生态系统工程、能源系统工程、水资源系统工程、交通运输系统工程、农业系统工程、工业和企业系统工程、工程项目管理系统工程、科技管理系统工程、智力开发系统工程、人口系统工程和军事系统工程等。

我们现代社会中各种各样的复杂系统工程，无一例外都是应用系统工程的产物，可以说我们正在离开技术时代而进入了一个系统时代。因此，我们应该运用系统的思想和方法，从总体最优化的高度来协调组成系统的各个子系统（要素）之间以及它们与外界环境之间的关系。现代工业企业不仅具有生产规模庞大和组织结构复杂的特点，而且其经营目标也日益多样化，管理功能也相当完善，同时决策因素也纷繁复杂，人们已将其视为一个不可分的人—机系统、一个开放的投入产出系统、一个具有专长自适应能力的动态系统。同时系统工程的一个分支——工业和企业系统工程研究的对象也涉及企业动态模型、市场预测、计划管理系统、组织理论与激励机制等内容。

白思俊等（2009）认为，企业作为一个系统，与外部环境进行着物质、能量与信息的交换，外部环境向企业这个系统输入劳动力、原材料等软硬件资源，这可被称为环境对系统的"输入"；与此同时，企业这个系统还会受到外界环境因资源、需求和技术以及其他各种变化而施加的约束和限制，这种约束和限制被称为外部环境对系统的"扰动"；企业运用自身所拥有的各种资源对环境输入的各种要素进行加工处理，最终向环境提供各种产品和服务，这些产出品被称为企业的"产出"，对外部环境输入的各种要素进行加工的过程则被称为"处理"；企业的"产出"可为正也可能为负，当"产出"对社会有用时则为"正输出"，当对社会有害时，则为"负输出"。企业系统具有"自我适应"能力，即根据环境所施加的"扰动"的性质，使"输出"的信息与"输入"的信息反向联系起来，这就是所谓的"反馈"。企业的系统模型如图5-1所示。

（2）无形资源整合的耗散结构理论分析

企业所拥有的无形资源从总体上来说也具有系统的特征，它既可以被看作是企业的一个子系统，同时它自身也是一个独立的系统。因此，我们可以运用现代系统的有关理论来对企业跨国并购无形资源的整合进行解读。企业的无形

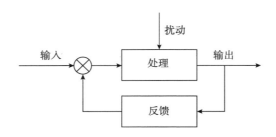

图 5-1 企业系统模型

资料来源：白思俊，等 . 系统工程 ［M］. 北京：电子工业出版社，2009.

资源系统是一个开放系统，而开放系统的发展演化强烈地依赖于系统的外部环境条件。在全球化的背景下，知识经济时代的到来和信息技术的广泛应用，使得科学技术的发展呈现出日新月异的趋势，世界各国的文化经济交往日益频繁，企业的经营理念和运营模式不断推陈出新，企业所面临的外部环境以及企业内部无形资源系统所面临的外部环境也发生着相当大的变化。外部环境的变化使得其对企业的无形资源系统的"输入"也呈现出变化的趋势，从而使企业的无形资源系统不断远离原来的平衡态。根据普利高津的耗散结构理论，当外界环境的条件达到一定的阈值时，系统可能从混乱状态转变为一种有序的状态，这种由远离平衡态而形成的新的有序结构就是耗散结构。本节认为，在经济全球化的趋势下，由于外部环境的变化超过了一定的阈值，使得企业的无形资源系统内部出现了偏离平衡状态的涨落，而这种涨落已不能被无形资源系统自身所耗散掉，在这种情况下，企业通过跨国并购及整合的形式使系统进入了新的有序的耗散结构。

（3）构建无形资源整合系统工程的理念

一方面，我们应该认识到企业跨国并购是一项工程。"工程"这个术语原本属于自然科学领域的范畴，然而近些年来，工程或工程学的思想与方法却逐步被应用到社会科学和经济领域，胥朝阳（2009）从工程化思维角度提出了并购工程的概念，认为并购工程是以并购的相关理论为指导，在对并购的环境及条件进行认真分析的基础上，所形成的关于并购方案设计、实施、评价、改进等内容于一体的一个作业体系。同时提出了并购工程的构成要素：从狭义上来说，并购工程包括并购目标、并购技术、并购活动、并购组织与并购制度；从广义上来说，它还包括其所面临的政府环境、法律环境和市场环境。并购工程的构成如图 5-2 所示。

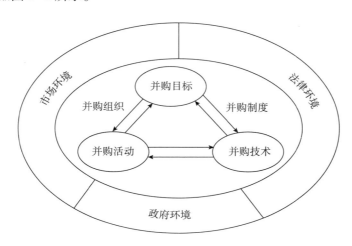

图 5-2 企业并购工程的剖面

资料来源：胥朝阳．并购工程概论 ［M］．北京：科学出版社，2009.

并购目标是企业通过并购活动所要达到的结果，并购活动是通过对并购双方资源的进一步整合而形成的新的微观经济利益体，并购技术是并购活动中所采取的各种方法与手段，并购组织是企业内部实施并购活动的机构、人员与运转机制，并购制度则是在并购活动中所要遵循的规范化的行动指南。并购环境则是企业外部可能对并购活动产生直接或间接影响、实际或潜在影响的各种因素及其之间的有机联系。

另一方面，中国企业应把海外并购作为一项系统工程。由于并购双方企业分属于不同的国家，跨国并购活动面临不同于国内并购的国际化环境，并购目标也可能更趋于多样化，并购活动中不可避免地要考量母国与东道国政府之间政治因素的制约，对并购技术的运用可能会牵涉到国际金融市场的风云变幻，并购组织中也会吸收具有不同民族文化背景的国际化人才，保障并购系统正常运行的并购制度也要考虑到东道国市场的特点，并购制度在设计上也要与东道国的法律体系及政治体制相兼容。因此，跨国并购工程的实施更具挑战性。作为一个处于经济体制转型期的新兴市场国家，中国企业走出国门在对市场经济比较成熟国家的企业进行并购的过程中，所面临的问题会更多更复杂。

构建海外并购无形资源整合系统工程的重点在于通过对海外具有优势无形

资源企业的并购，来迅速实现无形资源存量的增加和质量的提升，因此，中国企业海外并购的重点在于对海外企业无形资源的整合；同时，与国外先进发达国家的企业相比，我国企业普遍存在并购经验不足、跨国并购人才匮乏、无形资源处于相对劣势的制约，相对国内并购来说，中国企业海外并购的征程可能会更加坎坷，无形资源系统优化升级、核心能力培育以及国际竞争力增强的道路可能不那么平坦，可以说，并购后无形资源系统的整合又是中国企业实施海外并购工程的难点。鉴于中国企业海外并购中无形资源系统优化升级的复杂性和任务的艰巨性，我们更应该应用系统论的思想和方法，基于并购工程的特征，在无形资源的整合过程中对企业的无形资源系统进行认真分析、设计、规划和构造，对无形资源系统的运行状况予以跟踪监控，在做好信息反馈的基础上，认真查找运行中存在的问题并分析其根源，及时对发生的冲突予以协调，对发生的偏差加以控制和纠正，以确保无形资源系统充分发挥出应有的整体效应。

5.3　无形资源整合系统工程的规划设计

5.3.1　无形资源系统工程的目标与指导原则

（1）无形资源整合系统工程的目标

根据中国企业海外并购的动因，基于我国企业在产业链国际化分工中所处的位置，以及全球经济一体化的发展趋势和无形资源在企业价值创造中的作用，本书认为，中国企业海外并购构建无形资源整合系统工程的总体目标应为：与企业发展战略相匹配，与东道国文化相兼容，以培育的核心能力为导向，通过与被并购企业无形资源的优势互补，以实现整个企业无形资源存量的增加和质量档次的提升，促进企业无形资源系统从总体上实现最优化，进而使企业获得和保持持续的国际竞争优势，最终达到增强企业价值创造能力的目的。

（2）中国企业海外并购无形资源整合系统工程的指导原则

根据中国企业海外并购无形资源整合系统工程的目标，本书认为，从系统论和工程论的角度来看，为实现无形资源系统的优化升级，使企业的无形资源系统成为推动企业有形资源良好运行的一个"软件"，中国企业海外并购在对无形资源系统的整合中，应遵循如下指导原则：

一是环境适应性原则。企业核心能力的培育和竞争优势的保持，需要自身有形资源系统的高效运行，而有形资源的高效运行，却需要企业无形资源系统的驱动。从企业内部来说，企业的有形资源是企业无形资源的外部环境。为了驱动企业有形资源系统的良性运行，企业的无形资源系统就必须与企业的有形资源系统相互"兼容"，而这种兼容性对企业的无形资源来说就是要求其适应自己的内部环境——有形资源系统。另外，企业的无形资源系统处于企业以外的外界无形资源系统环境之中。作为微观层面的企业无形资源诸要素，又会受到其所处的更大环境中其边界以外的其他因素约束、限制或者是熏陶，企业无形资源系统对这种来自企业外部环境因素的约束、限制与熏陶的接受过程，也就是其对外部环境适应的过程，否则企业的无形资源系统就无法发挥出应有的作用，或者其与外部环境之间物质、能量与信息的交换将会遇到障碍，进而会使企业无形资源系统的运行难以为继。

二是子系统协调原则。如前所述，企业无形资源系统中的各个构成要素之间是互相联系，互相影响的，一个子系统功能的发挥往往依赖于另外一个子系统的良性运行，片面地强调或突出其中一个子系统的重要性，往往反而会制约该子系统功能的发挥。因此，中国企业海外并购在对无形资源系统进行重构的过程中，应注重使企业无形资源系统的各个构成要素相互协调和密切配合，这样才能真正实现无形资源系统的优化升级，使其真正成为企业实现价值创造和提升的"助推器"。比如，一项先进生产技术的采用，一定要首先培养出能熟练运用该项技术的人员，一种经营理念的引入也需要塑造出与其相适应的企业文化。正是因为各项无形资源之间具有适配性，所以在重构企业的无形资源系统时，我们一定要注重培植出适合一项无形资源优质元素生存的沃土，只有这样，先进的管理方法和全新的经营理念才能得到广大员工的认可，他们的工作潜能才能得到最大限度的发挥，先进的生产技术才能够顺利得到应用和普及，进而促进企业价值创造能力的提升；新的运行机制才能生根发芽，并最终长成参天大树。

三是整体最优化原则。系统的观点就是整体最优化的观点。尽管组成整个系统的各个子系统的功能可能不是最强大的，但是由各个子系统组成的整体从总体上来说应该是最优的，也就是说，一个系统的功能并非各个子系统功能的简单相加，系统在总体上的功能要大于各个子系统单独功能之和。既然企业的无形资源构成了一个系统，我们就应该运用系统的整体最优化的观点，在企业海外并购无形资源系统的整合中，从无形资源系统整体最优化的设计理念出发，在做好对并购双方的各项无形资源要素分析的基础上，以是否有利于生产效率的提高、企业竞争实力的增强为标准，切实做好并购双方优势无形资源的吸收、转移与扩散，并在此基础上进一步推动无形资源的创新。

四是流程规范化原则。中国以提高企业核心竞争力为导向的海外并购，应该在并购战略的指导下，从对并购双方无形资源优劣势的分析到对目标公司无形资源价值的评价，从无形资源转移、扩散与创新融合计划的制订到具体的操作实施，从具有跨国并购整合人才的储备到向海外目标企业派驻管理层，从对无形资源优势转移与扩散存在的障碍的分析到对可能出现的风险的防范，都应该在对目标企业的具体情况及东道国的政治、经济、文化与法律环境进行详细调查与认真分析的基础上，在并购之前制订一套详细具体的方案，以规范无形资源系统整合的流程，同时要制订相应的应急预案，以防备无形资源系统整合过程中出现的突发事件，切实做到防患于未然。无形资源系统整合运作流程的规范化，能够使企业有条不紊地实现中外双方优势无形资源的转移与扩散，可以有效地避免企业无形资源系统在优化升级的过程中偏离正确的方向。

五是吸收与创新并重原则。中国企业在海外并购的过程中，不仅要善于吸收海外企业的优势无形资源，而且要在消化的过程中努力进行探索，在对双方无形资源进行整合的过程中加以融合创新。在促进中外双方企业优势无形资源转移与扩散的过程中，我们一定要认识到，一方面，企业优势无形资源作用的发挥及其功能的实现，是以其生存的内外部环境为条件的，也就是说无形资源的优势是受制于环境因素的，片面地只注重对另一方优势无形资源的吸收，往往会使其在企业中出现"水土不服"的问题。尽管优势无形资源会对其所处的环境产生一定的影响，但是这种微观个体的影响力相对于众多的环境因素来说还是比较渺小的，而且其影响过程相对来说也是比较漫长的，因此，其影响力还不足以在短期内使其所处的环境条件发生相应的质变。所以，为了真正使那些优势无形资源在引进企业继续保持优势，就需要结合其所处的环境条件，对其进行必要的创新。另一方面，优势无形资源的转移与扩散只是为企业无形资源系统的优化升级搭建了一个较高的平台，使企业无形资源系统可以在较高的起点上进行优化升级。中国企业要想在国际环境中使自身在某个技术领域和生产经营的关键环节保持领先地位，通过拥有的核心竞争力获得持续的竞争优势，还必须以这个平台为基础，通过融汇中外的优势无形资源来进一步推动无形资源的创新。中国企业通过无形资源的创新不仅可以进一步增强消化、吸收与利用优势无形资源的能力，而且可以不断提升企业无形资源系统的质量与档次，进一步增强企业的价值创造能力。

六是兼顾风险与收益原则。无形资源系统优化升级的最终目的是增强企业的价值创造功能，为企业带来超过同行业其他企业的利润。核心能力的提升也好，竞争实力的增强也罢，归根结底还是要落实到企业的收益上。在注重无形资源系统工程实施所带来的收益的同时，中国企业也不能忘记与其所相伴而生的风险。与国内企业并购相比，企业跨国并购所面临的外部环境具有更大的不确定性，中国企业海外并购不仅可能出现企业文化与民族文化的不兼容的问题，而且海外投资还会面临特有的汇兑风险，以及由于东道国政治局势的不稳所带来的战争风险和内乱风险。所有这些都是中国企业海外并购所必须予以关注的。不考虑风险只关注无形资源系统升级优化的收益，可能会使无形资源系统工程的实施陷入困境；而片面地强调风险不注重与收益是否相匹配，往往会影响无形资源整合系统工程的推进，致使无形资源系统的优化裹足不前。

5.3.2 无形资源整合系统工程的流程设计

（1）系统工程三维结构分析方法

白思俊等（2009）提出系统工程在思考与处理问题时是从时间维度、逻辑维度和知识维度三个维度进行的。其中，时间维度反映的是系统实现的过程，它包括规划、拟订、分析、运筹、实施、运行和更新七个阶段；**逻辑维度**是系统工程思考问题与解决问题的思维步骤与基本过程，它包括问题阐述、目标选择、系统综合、系统分析、最优化、决策与计划实施七个步骤；知识维度是各个工作步骤所需要的各门专业知识，如经济管理、法律、商业、建筑等方面的专业知识。系统工程的三维结构如图5-3所示。

（2）流程设计的具体方法

根据系统工程三维结构的方法论，基于白思俊等（2009）提出的系统工程的逻辑分析框架，本书认为对中国企业海外并购无形资源系统工程的设计应按如下步骤进行：

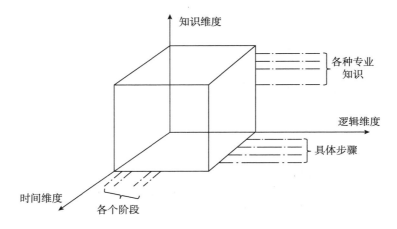

图 5-3 系统工程三维结构

资料来源：白思俊，等．系统工程［M］. 北京：电子工业出版社，2009.

一是确定无形资源优化升级的目标。应该对自身无形资源状况进行分析，切实弄清楚在国际化的竞争环境中，哪些是制约自身核心能力培育、国际竞争力提高的因素，然后在此基础上明确企业无形资源优化升级的具体目标，在企业长期发展战略的框架下，设计增加无形资源的存量与提升质量的实现路径。

二是做好目标企业的筛选工作。在企业发展战略的指导下，根据企业无形资源优化升级的具体目标来搜寻海外目标企业，在综合掌握东道国与目标企业各方面情况的基础上，做好对目标企业的筛选工作。在综合考虑目标企业的报价、所在国的营商环境等各方面因素时，要重点关注其所拥有的优势无形资源是否有利于中国企业无形资源系统的优化升级，也就是看并购是否具有实现无形资源系统优化升级的现实可能性。

三是综合设计无形资源整合的方案。选定目标企业后要根据中外双方所拥有的无形资源的具体情况，对无形资源整合过程中可能存在的问题事前进行估计，并对需要配套的相关内容提前予以规划，然后通过集思广益，制定出无形资源整合的具体方案，同时出台实现无形资源优化升级的具体措施，以确保企业无形资源系统优化升级目标的实现。具体的整合方案可以出台几套，以便下一步进行分析比较。

四是分析各种无形资源整合方案的效果。在这一过程中，可以根据需要转移与扩散的优势无形资源的具体情况，通过建立数量化的模型或仿真机制，对促进无形资源系统优化升级的各种措施进行分析，对各个方案实施的预期效果进行综合评价。这一步骤是无形资源整合系统工程设计中承上启下的关键环节，决定着无形资源系统工程未来设计的模式选择，是中国企业海外并购无形资源系统优化升级中的基础性工作。因此，在这一环节中，一定要对未来的企业无形资源系统环境进行认真分析，在对各个方案进行定性分析的同时，尽量选取一些可量化的价值指标作为对各种方案的预期效果的评价标准。无形资源系统整合方案分析的过程如图 5-4 所示。

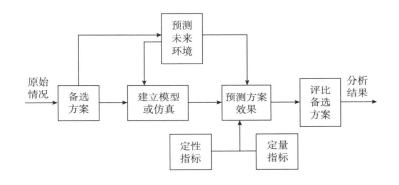

图 5-4　无形资源整合方案分析逻辑框架

资料来源：白思俊，等. 系统工程〔M〕. 北京：电子工业出版社，2009.

　　五是选择最优方案并付诸实施。在对各种无形资源整合方案进行综合评价和分析的基础上，通过对比各种方案在未来环境中存在的优势和劣势，潜在的成长机会以及可能遭受的风险损失等因素，根据掌握的各种信息选择最优的无形资源系统整合方案。在方案实施之前，进行海外并购的中国企业还应该从时间维的角度，认真地进行规划，拟定无形资源整合的时间进度，妥善安排无形资源系统整合过程中每个阶段所要做的具体工作内容，并事前预测并购双方无形资源各要素之间、无形资源与企业内外界环境之间可能出现的不协调问题以及无形资源转移与扩散障碍，并在整合之前筹划具体的解决对策。在此基础上，再将所选择的最优系统整合方案付诸实施。

　　六是做好跟踪监控和信息反馈。最优无形资源整合方案选定后，还要在整合方案实施过程中，对无形资源的整合进展及无形资源的运行状况认真进行跟踪监控，以发现优势无形资源转移与扩散过程中存在的障碍和事前未能预料到的问题，并及时将信息反馈给并购整合的有关管理人员，使企业能够尽快对无形资源整合的方案予以调整，如果遇到重大环境因素的变化，必要时还可以重新考虑其他备选方案，以确保无形资源整合方案的实施能够与企业的长期发展战略相一致，真正实现无形资源系统快速优化升级的目标。

中国企业海外并购在对无形资源系统进行整合重构的过程中，要运用系统工程从逻辑、时间和知识三个维度思考与处理问题的方法，首先，要从时间上将无形资源系统优化的进程划分为不同的阶段，并在每个阶段制订出整合的具体步骤，同时还要结合需要转移、扩散的优势无形资源的具体内容与相关要求，做好相关技术、专业知识与人才的储备，以确保无形资源系统优化的需要。其次，中国企业在海外并购中应该对系统工程方法论做到灵活运用，不能将其作为教条按一个固定的模式在无形资源的系统整合中进行生搬硬套。最后，中国企业海外并购无形资源整合系统工程的实施并不是始于并购交易完成后，而是始于并购之前。只有在事前认真进行筹划，选择合适的并购对象，才能为无形资源系统的优化奠定良好的基础，使无形资源系统工程的实施与企业的发展战略相匹配。中国企业海外并购无形资源整合系统工程流程设计如图5-5所示。

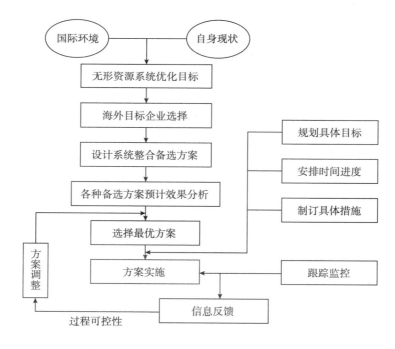

图5-5 无形资源整合系统工程流程

5.4　无形资源整合系统工程的组织实施

5.4.1　微观层面：促进企业无形资源系统的优化升级

（1）确定无形资源系统优化的战略定位

欲走出国门进行海外并购的中国企业，在并购之前应根据自身无形资源的状况，与国际上同行业先进企业的无形资源存在的差距，国际市场的竞争形势以及未来的发展趋势，确定无形资源系统优化升级的战略定位，如掌握同行业中顶尖的核心技术，走技术领先之路；打造世界一流的知名品牌，扩大在国际市场上的影响力；致力于销售渠道的建设，提高市场占有率等。明确合理的战略定位能够确保企业无形资源系统的优化升级有一个正确的方向，能够使企业的无形资源整合沿着正确的道路健康发展。如 2000～2003 年，联想集团将战略目标定位于多元化，在手机、互联网和 IT 服务等行业开拓市场，然而在国外强大的竞争对手先后涌入的情况下，其多元化扩张之路并未达到预期的目标。2003 年底，联想集团时任总裁杨元庆根据集团自身的情况和国际国内的竞争形势，决定收缩多元化业务，重新回归主营业 PC 业务，并确定了走国际化的战略发展思路。

（2）基于"三维原理"对目标企业筛选

在制订企业的无形资源系统优化升级战略的过程中，中国企业可以根据胥朝阳（2009）提出的并购工程的"三维原理"，从"三个维度"考察目标企业（见图 5-6）。

第一个维度是战略匹配性，即海外并购无论是强强联合型，还是"蛇吞象"式的弱强型，目标企业所具有的无形资源都应该符合中国企业战略定位的要求，中外双方的优势无形资源的互补，有利于并购后的企业无形资源总量的增加与档次的提升。

第二个维度是组织适应性，即进行海外并购的企业能否尽快地适应东道国的法律制度环境与人文环境，目标企业的机构设置和运作机制等是否有利于两

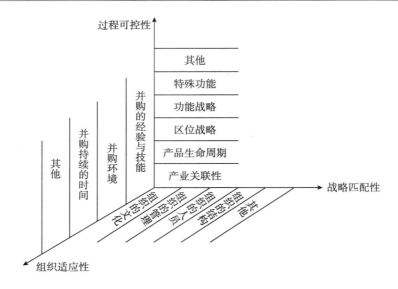

图 5-6 海外并购目标企业选择的三维原理

资料来源：胥朝阳. 并购工程概论［M］. 北京：科学出版社，2009.

家企业的对接与协调。

第三个维度是过程可控性，即并购后企业对无形资源的整合过程能够有效地进行掌控。只有有效地对无形资源的整合过程进行控制，才能使无形资源系统按原来的战略规划实现优化升级，才能对可能出现的风险进行有效化解，最终实现促进企业竞争力提高与协同效应发挥的目标。

（3）成立专门的无形资源整合组织

企业有形资源的整合一般情况下在较短的时间内就能够完成，但是企业无形资源的整合及无形资源系统整体效能作用的发挥却需要很长的一段时间，有时需要 2~3 年甚至更长的时间，因此，在并购交易完成之后，中国企业就应该着手成立专门负责无形资源整合管理的机构或组织。专职组织成员可以由并购公司与目标公司的人员共同组成，还可以从外部中介机构聘请兼职人员。这些人员不仅要熟悉东道国的语言和文化背景，还要具有良好的沟通能力并能够赢得目标企业员工的信任，同时，还应具有全局的观念、协调能力以及处理冲突的能力。设立专门的无形资源整合组织不仅可以为无形资源系统的优化升级提供组织保证，推动我国企业在海外并购过程中对中外双方企业企际关系资源的整合，有效化解双方民族文化与组织文化的冲突，而且有利于我国跨国经营管理人才的培养，为解决我国企业海外并购人才短缺问题提供一条有效的途径。

（4）加强跨国经营管理人才队伍的建设

鉴于我国企业海外并购在无形资源方面普遍存在的母弱子强的现状，为尽快提升我国企业无形资源的存量与档次，我国企业有必要从增强我国企业对海外目标企业优势无形资源的吸收能力入手，加强跨国经营管理人才队伍的建设。在企业的无形资源系统中，人力资源要素处于企业经营的核心地位，是整个无形资源系统运转的枢纽，无形资源系统中的所有其他要素最终都要由人力资源要素来驱动。因此，中国企业必须从战略的角度高度重视跨国经营管理人才队伍的建设。跨国经营人才的培养应兼顾两点：一方面通过社会招聘的方式，从外部吸收精英加盟企业；另一方面从企业内部选拔，为企业员工打造一个良好的职业发展空间。社会招聘的方式可以为企业输入新鲜的血液，进一步优化企业的人才结构，而内部选拔方式则能够使内部员工有一个良好的职业发展愿景，从而能够激发出其工作的积极性和创造性。

（5）构建无形资源转移与扩散的平台

Sveiby（2000）将企业拥有的知识资本分为个体能力、外部结构和内部结构三种类型。个体能力主要是指专业技术人员等内部员工所拥有的个体能力，外部结构主要是指企业与外部利益相关者的关系以及所树立的企业形象等，内部结构则是员工在企业内部工作时所创造的由组织所拥有的那些独立于个体的知识资本。Sveiby（2000）认为在个体能力之间、个体能力与内部结构之间、个体能力与外部结构之间、内部结构之间、外部结构之间以及内部与外部结构之间存在六种知识资本转移的途径。

虽然跨国并购为无形资源的转移与扩散提供了一个有效的途径，但是要真正达到无形资源优化升级的目的，还需要搭建一个良好的无形资源转移与扩散的平台，确保优势无形资源的转移与扩散渠道畅通。因此，企业首先应通过"走出去"与"请进来"的方式加强中外并购双方的员工之间的互动与交流，增加中外员工之间零距离接触的机会，了解具有较高适配性的优势无形资源发挥作用的条件因素，为具有较高隐默性的优势无形资源的转移与扩散创造良好的条件。其次建立企业无形资源信息库，在对并购双方的无形资源进行认真分析的基础上，对无形资源从优劣性、可转移性和适配性三个维度分门别类地建立档案资料，然后根据档案资料制定优势无形资源转移与扩散的方案。最后要强化学习机制。企业的知识学习是一个动态过程，在跨国并购中，并购双方企业通过向对方学习获得自身所缺乏的知识，并将获得的知识累加到自身的无形资源系统中，然后再根据所拥有的无形资源与对方进行对比，如果仍存在差距则进入下一轮的学习过程，企业通过这种循环式的知识学习过程，以逐步实现优势无形资源的转移与扩散，也就是说，企业优势无形资源的转移与扩散是以学习机制功能的发挥为前提的。为了促进优势无形资源的转移与扩散，进行海外并购的中国企业应着力强化企业的学习机制，一方面应以开放的胸襟客观地看待并购双方的无形资源，识别双方无形资源的优劣成分，有重点地促进优势无形资源的转移与扩散；另一方面要对比双方无形资源的状况，积极创造学习机会并通过具体的工作实践来促进优势无形资源转移与扩散。

（6）促进无形资源要素的创新

海外并购中优势无形资源的转移与扩散只是使企业的无形资源存量得到了增加，然而要实现无形资源质量的提升和系统优化还必须进行无形资源要素的创新。优势无形资源的转移与扩散只是一个对外来"养分"吸收的过程，而无形资源的创新才是对优势无形资源的消化利用与"能量转换"的关键环节。因此，中国企业在海外并购的过程中，不仅要做好优势无形资源的转移与扩散工作，而且要在对双方优势无形资源进行整合的基础上，努力使无形资源不断推陈出新，也就是说在增加存量的同时，要不断提升无形资源的质量与水平，进而促进无形资源系统在更高的层次上实现良性运行。为此，在海外并购的实践中，中国企业一方面应善于挖掘目标企业的隐性无形资源，通过不断总结提炼尽可能将其显性化，促进其升华为规范化的操作规程和技术标准；另一方面应引入激励机制，加大对无形资源创新的奖励力度，鼓励拥有优势无形资源的员工和团队在具体的工作实践中搞好传帮带，加快隐性无形资源的传递，提高无形资源积累的速度，进而促进新的经营理念和运营思路的诞生，为技术诀窍和专业技术等优势无形资源的升级创造条件。

（7）并购企业要做好海外并购风险的识别与防控

作为微观个体的对外直接投资者，中国企业在海外并购的过程中面临战略决策失误的风险、对目标企业价值评估的风险、金融市场变化所带来的财务风险、东道国的法律风险以及整合失败的风险。① 对这些海外并购所面临的风险，作为海外并购的企业首先应该从投资个体的层面上做好识别与管理，在广泛搜集信息的基础上，对海外并购存在的风险进行识别。风险识别的技术主要有以下三种：第一种是专家调查法。即依据专家的直观判断能力对海外并购的风险进行识别。第二种是分段识别法。即企业通过将并购进程划分为制定海外并购战略、选择目标企业、与并购企业谈判及并购后的整合四个不同的阶段，根据各个不同阶段的特点、所包含的任务等对所存在的风险进行识别。第三种是风险树识别法。即将外部环境风险与企业自身存在的风险作为两个分支节点，然后再将外部环境风险再细分为国外和国内法律风险以及市场制度风险等子项目，将企业自身的风险细分为企业定价风险、融资风险和反并购风险以及并购后整合风险等子项目，每个子项目还可以进一步进行细分。通过对这种树状形风险进行细分，企业可以形成一个海外并购风险的综合识别体系，找出承受风险的具体形态。

在对风险进行识别的基础上，企业可以通过以下几种手段对海外并购的风险进行防范与控制：一是风险规避，即通过放弃整个并购活动或其中的部分并购内容而消除并购存在的风险；二是风险控制，如果在并购后已经发生风险，就应该采取一定的措施来尽可能地降低风险可能造成的损失，这就是风险的控制；三是风险隔离，将可能发生的风险在时间与空间上与整个并购企业的其他业务隔离开来，以降低其对并购整体效果的影响；四是风险组合，通过将具有不同风险的项目进行组合，分散海外并购企业所承受的风险，进而增强企业抵御风险的能力，确保企业平稳发展；五是风险固定，如通过远期外汇期货合约和保险等方式将未来所面临的风险锁定在一定的范围内；六是风险转移，主要是通过签订事前合约的方式，对将来可能出现的风险明确责任，使并购企业规避由于信息不对称而造成的损失。

5.4.2 宏观层面：提升企业无形资源系统的环境兼容性

企业无形资源系统对外部的环境条件具有环境适应性，也就是说外部环境在一定程度上对企业无形资源系统的优化升级具有一定的制约性。从宏观层面

---

① Child J，Faulkner D，Pitkethly R. The Management of International Acquisitions［M］. New York：Oxford University Press，2001.

来看，由于中国企业海外并购牵涉两个不同国家的企业，面临比国内并购高得多的政治风险，且由于双方语言的不同和地理位置相距较远等因素，信息不对称的程度也相对较高。鉴于海外并购存在的这些问题，本书认为，国家应该从宏观的层面上，从完善国内法律制度、参与国际投资法律法规的制订、加强海外并购的宏观调控以及防范海外投资风险等方面，为出海并购的中国企业优化无形资源系统创造良好的外部环境。

（1）进一步完善对外直接投资的相关法律法规体系

早在 2000 年我国就确定了"走出去"的发展战略，随后颁布实施了《境外投资项目核准暂行管理办法》《关于境外投资开办企业核准事项的规定》以及《企业境外并购事项前期报告制度》等规章与办法，商务部还单独发布或联合外交部制定了《对外投资国别产业导向目录（一）》《在拉美地区开展纺织加工贸易类投资国别导向目录》《在亚洲地区开展纺织服装加工类投资国别指导目录》《对外投资合作境外安全风险预警和信息通报制度》等规章制度，对我国企业对外直接投资与海外并购的行为进行了规范与指导，但是这些基本上都是以《中华人民共和国行政许可法》等法律为依据而出台的部门规章，其效力远远不及通过全国人大制定的法律，目前我国对外直接投资的法律法规体系建设远远滞后于对外直接投资和海外并购的步伐。

为此，本书认为，我国应进一步完善对外直接投资与海外并购的法律法规体系，首先应出台一部《中华人民共和国对外投资法》，作为指导我国企业海外并购的基本法，明确我国对海外并购的原则与立场，确立海外投资与并购对促进我国经济发展、实现产业结构优化升级和增强国际竞争实力的重要作用。其次应出台配套的行政法规，对国家外汇管理局、国家发展改革委和商务部等部门的审批行为予以规范，切实提高政府部门行政审批的办事效率。最后商务部应进一步加强对出海并购企业的产业与区位指导，出台与国家经济总体发展规划相适应的海外并购指引，同时应会同其他部门制订海外并购关于税收优惠、外汇管理、融资安排等方面的具体操作办法，一方面加大对中国企业海外并购的支持力度，另一方面加强对海外并购的指导，正确引导中国企业海外投资资金的流向与流量，力争以资本合作为载体，走出一条以获取核心技术为途径，以打造竞争优势和优化无形资源系统为目的的新路子。

（2）通过积极参与国际合作创造良好的海外并购环境

由于我国企业海外并购涉及不同国别的经济主体，在并购与整合过程中不可避免地会面临国际化的法治环境。国际上对海外直接投资与跨国并购予以管制与规范的法律法规，依据所涉及的国家数量可以分为三个层次：双边协定、区域性管制法律与国际管制法律。双边协定是两个国家之间根据互惠互利的原则所签订的有关跨国直接投资的双边契约；区域性管制法律是在一定的区域范围内，以共同的利益或政策为纽带而结合的国家集团所制定的关于跨国直接投资与并购的法律规范，它对各成员国都有一定的约束力，是各成员国在跨国直接投资活动中为了共同的利益而对部分国家所做的权利让渡；国际管制法律是在联合国的框架内对跨国投资与并购的行为所做的规范与约束。发达国家的对外直接投资与跨国并购活动大都起步较早，如美国已经先后经历了五次并购浪潮，在跨国投资与并购方面积累了丰富的经验，在制定跨国投资与并购的国际法律时往往处于主导地位，能够在制订国际规则中充分体现自己的利益；而作为发展中国家的中国与其相比还处于起步摸索阶段，在国际投资与海外并购方面缺乏经验，致使中国往往成为既定规则的接受者和被动适应者。这种国际经济贸易的立法现状使我国在国际分工体系中处于不利的地位。因此，我国除了完善国内海外并购的法律法规体系外，还应加强与其他国家的经贸往来，通过双边或多边会谈，积极参与国际上关于跨国直接投资与并购法律法规的制订，使国际法充分体现我国作为一个发展中国家的意志，为我国企业进行海外并购争取一个公平合理的竞争环境。

（3）加强对中国企业海外并购的宏观调控

在宏观层次上，国家应该对我国企业海外并购从战略的高度进行规划。一方面，在对国内企业出海的安排上，应根据我国企业的技术状况及行业所处的发展阶段，以我国企业的产业结构升级为导向，在国家的总体部署下，有计划、有目的地分期分批进行海外并购；另一方面，掌握海外其他国家企业所拥有的无形资源状况，合理地选择我国企业出海的目的地。

由于我国企业海外并购尚处于起步阶段，企业海外资金实力不足且海外并购经验还比较欠缺，因此目前我国企业海外并购仍然应以横向并购为主，对纵向并购应该适当予以引导，同时对混合并购应该严格进行并购能力审查。针对发展中国家对外直接投资的问题，英国里丁大学教授 Cantwell 和 Tolentino

（1990）提出了"第三世界国家技术创新产业升级理论"，他们认为，发展中国家的跨国公司对外直接投资首先应该以纵向并购为主，自然资源类企业应该成为出海经营的主角；其次才是以进口替代和出口导向型为主的海外直接投资。我国学者冯雁秋（2000）将我国对外直接投资分为两种类型：优势型对外直接投资和学习型对外直接投资。优势型对外直接投资是具有比较优势的企业对处于国际分工低端的国家进行的下行投资，其目的是促进母国产业结构的调整和促进边际产业的转移；学习型对外直接投资是通过获取国外企业所拥有的先进技术和管理经验，以提高国际竞争力为目的而对发达国家所实施的直接投资。冯雁秋将我国对外直接投资分为五个阶段：第一个阶段的特点是两种类型的对外直接投资都少，我国处于国际分工的低端；第二个阶段则表现为我国企业两种类型的对外直接投资并存；第三个阶段是两种类型的对外直接投资增长较快，对外直接投资进入黄金时期；第四个阶段为优势型对外直接投资减少而学习型对外直接投资加快发展；第五个阶段为学习型对外直接投资开始减少，而边际产业转移型对外直接投资结束。

目前我国的对外直接投资正处于由第二个阶段向第三个阶段过渡的时期，两种类型的对外直接投资并存（谢皓，2009）。一方面，我国要保持经济的持续快速发展需要巨大的能源与矿产资源供应作为保障，而我国的自然资源存量与人均拥有量明显不足。在这样的情况下，根据坎特威尔的理论，鉴于企业海外资源类型的并购需要较强的资金实力的特点，我国应以国有大型企业为主体走纵向海外并购的路子，切实保障经济发展所需要的能源与矿产资源有稳定的原料来源渠道。另一方面，目前我国在国际分工体系中还处于低端，核心技术缺乏、品牌知名度不高一直是制约我国产业结构升级的一大瓶颈。为此，本书认为，下一步我国企业海外并购应以欧美等西方发达国家为出海并购的目的地，因为这些国家在 R&D 方面的投入强度（R&D 经费支出占 GDP 的比重）一直以来都比较大，拥有比较多的专利和高精尖技术。而我国近年来虽然不断加大 R&D 方面的经费支出，2022 年我国的研发费用总量已突破 3 万亿元，但是与发达国家相比，我国的研发投入强度仍然存在一定的差距。2023 年我国研发经费投入强度为 2.65%，但在全球仅居第 12 位。[①] 对这些发

---

① 2023 年我国研发经费投入起 3.3 万元同比增长 8.4% ［EB/OL］.（2024－11－13）［2025－01－08］. https：//baijiahao. baidu. com/s? id＝1815563190809657593&wfr＝spider&for＝pc.

达国家拥有核心技术的企业进行跨国并购，可以缩短我国技术研发的周期，使我国在增加无形资源总量与提高质量的过程中步入快速发展的轨道，进而使无形资源系统的优化升级达到事半功倍的效果。

（4）从宏观层面上做好海外投资风险的防范工作

据统计，截至 2023 年末，我国对外直接投资存量已达 2.96 万亿美元，占全部对外资产的 31%。2023 年我国对外直接投资流量为 1772.9 亿美元，较 2022 年增长 8.7%，占全球总量的 11.4%，我国对外直接投资流量已连续 12 年位列全球前三，对外直接投资存量连续七年位居全球第三①。在海外并购出现热潮的同时，针对其特有的征用风险、汇兑风险、战争内乱风险等政治风险以及东道国政策变动风险等，国家应从宏观层面上对我国企业海外并购面临的这些潜在的投资风险运用国家的力量予以防范。

首先，实施海外并购的中国企业在东道国的环境中进行经营与管理，必定要面对东道国国家权力的制约与影响，在海外的环境中我国企业与东道国政府相比处于不对等的弱势地位。当东道国政府为了自身或其所代表的利益集团而重新对我国实施海外并购企业的产权进行重新界定时，我国走出国门进行海外并购的企业往往处于十分被动的地位，在这种情况下，就需要我国政府从宏观的层面与东道国政府进行协调与交涉，以维护我国出海并购企业在海外投资的权益，因为海外权益的丧失也就意味着对所拥有的有形及无形资源的流失。为此，我国政府在做好对海外并购正确引导的基础上，还应积极与其他国家签订双边或多边投资保护协定，建立海外投资的双边保护机制，通过互惠的方式对东道国政府滥用暴力潜能的倾向予以限制，双方应从外部彼此实施监督与约束，使我国与东道国政府在对外投资政策上都能够成为一个"强化市场型"政府。②

其次，我国企业海外并购所面临的汇兑风险、战争内乱风险以及政策变动风险等，都是其自身难以控制与规避的，在一定程度上具有不可抗拒性。而"走出去"实施海外并购又是我国在经济全球化背景下促进经济发展，实现与国际接轨在全球范围内合理配置资源，最终促进无形资源系统升级与提升国际

---

① 我国对外直接投资平稳发展对世界经济贡献日益凸显［EB/OL］．（2024-09-25）［2025-01-08］．http://finance.people.com.cn/n1/2024/0925/c1004-40328136.html.

② 关于"强化市场型政府"的概念，卢现祥、朱巧玲（2007）认为，一个政府如果有足够的权力去创造和保护个人的财产权利并且能够强制执行各种契约，与此同时，它还受到约束而无法剥夺或侵犯私人权利，那么这个政府便是一个"强化市场型政府"。

竞争实力的一条必然的路径选择，因此，我国政府对海外直接投资应本着"正确引导、积极鼓励与防控风险"的原则，一方面尽快出台海外投资的相关法律法规，明确国家对企业海外并购的立场、态度与发展战略，规范我国企业海外投资与并购的程序；另一方面可以设立海外投资保险基金，作为对海外投资的一种保护机制，当我国企业海外并购遭受不可抗力而发生损失时，可以给予一定的风险补偿；另外我国还可以借鉴美国、日本和德国等先进发达国家的经验，设立审批与经营相分离的政策性海外投资保险机构，海外投资保险业务的审批可由国家发展改革委、商务部、外交部等组成的联合审查委员会来负责，因为这些部门是相关政策的制定者，能够更好地把握政策的尺度与标准，在一定程度上能降低政策的执行成本；目前中国出口信用担保公司在承保海外投资风险方面积累了一定的运作经验，熟悉海外风险保险的操作流程，我国可以将海外并购风险的承保业务交由中国出口信用担保公司来操作。

最后，我国企业海外并购由于与目标企业在语言文化方面存在差异，在地理位置上相距较远等因素，与国内并购相比存在更为严重的信息不对称问题。语言是并购双方沟通的桥梁，文化是双方协调一致促进协同作用发挥的基础，有些具有较高隐默性的无形资源更需要双方零距离的接触才能进行转移与扩散，因此信息不对称往往又会加大企业并购整合的风险，给无形资源系统的优化升级造成一定的障碍。为此，本书认为，我国应在政府的主导下设立海外投资信息中心，专门搜集海外投资目的地国家的人文、地理、政治、法律和经济发展状况等方面的信息，这样不仅可以充分发挥国家在宏观层面上对海外拥有的信息优势，有效地避免单个海外并购企业在搜集信息方面可能出现的不完整性和片面性，还可以通过让更多的海外并购企业共享信息，使信息中心在信息共享方面发挥网络效应，从而有效地节约信息的搜集成本。

5.5 海尔海外并购促进无形资源优化升级的案例

5.5.1 海尔的海外并购实践

海尔集团的前身为创建于 1984 年的青岛电冰箱总厂，1991 年在兼并青岛电冰柜总厂和青岛空调器总厂后，经过改组成立了海尔集团（以下简称"海尔"），20 世纪 80 年代海尔从国外引进先进的技术，实施名牌战略创出了冰箱名牌；20 世纪 90 年代通过兼并收购国内 18 家企业，用海尔文化激活了一个个"休克鱼"，实现了规模的快速扩张；进入 21 世纪以后，海尔开始实施国际化战略，在海外实施研发、生产与营销"三位一体"的本土化运营模式。经过 30 多年的发展，海尔已成为销售网络遍布全球 160 多个国家和地区的大型跨国家电企业。

（1）海尔竞购美泰克的最终退出

实际上早在 1998 年海尔就开始实施国际化战略，通过在国外新建企业、与国外企业建立竞合联盟等方式，致力于拓展"海尔"这一品牌。但其效果不太理想，海外营业收入占比也不高。而作为美国第三大家电品牌的美泰克公司则是美国以生产吸尘器、洗衣机和电冰箱为主的老牌家电企业，其拥有的品牌、技术、专利和销售渠道等无形资源是海尔所青睐的。海尔 2005 年 6 月参与竞购美泰克的意图很明确，就是旨在获得其先进的技术与品牌，同时利用其销售渠道打入欧美中高端市场。

随着美国家电巨头惠而浦公司加入竞购美泰克的行列，收购价格从最初的每股 17 美元提高到最终的每股 21 美元。海尔于 2005 年 7 月 20 日宣布退出对美泰克公司的收购。实际上海尔最终决定退出竞购美泰克不仅是因为美泰克每股价格上升的问题，还因为考虑到并购成功后对美泰克公司无形资源的整合问题。一方面，自美泰克与荣事达终止合作后，其在中国已无生产基地，制造基本上要在美国本土完成，这就意味着其生产将会面临较高的劳动力成本，这与海尔以低成本扩张的战略不相匹配；另一方面，尽管当时在国内已完成了一系列的并购，但是海尔国际化经营的经验还不足，国际化人才也比较缺乏，在处理因中外企业文化差异可能导致的经营管理冲突方面还力不从心，对销售渠道、品牌和财务等方面的整合难以有效地驾驭。

（2）海尔收购三洋电机株式会社

原来隶属于松下集团的日本三洋电机株式会社（以下简称"三洋电机"）是一家以生产半导体、电子部件以及洗衣机、空调和电视机等电气化产品为主的国际化企业。2009 年日本松下集团通过优先股转换，将三洋电机收归其旗下，由于从 2002 年以来三洋电机一直处于亏损状态，被松下集团收购后三洋电机也未能扭转亏损的局面，最终松下集团决定保留三洋电机能源方面的业务，而将与自身产品重合度较大的白色家电业务进行剥离出售。2011 年 7 月 28 日海尔和三洋电机初步达成了收购白色家电业务的意向，2012 年 1 月和 3 月，通过两资收购业务的交割，海尔最终以 100 亿日元（折合人民币约 8.37 亿元）的对价获得了三洋电机的白色家电业务。通过此次收购，海尔将三洋电机在家电上下游产业链中的 1 个研发中心、4 个生产工厂、5 个国家的销售网络、1200 项专利、50 多个商标收入囊中，三洋电机的 2300 名员工也划归海尔（田泽，2010）。

早在 2002 年海尔就与三洋电机建立了战略合作关系，双方在中国与日本分别合资建立了公司，互相利用对方的销售渠道，在技术与人员方面加强了交流与合作。在 2011 年 10 月 18 日与三洋电机正式达成收购协议之前，海尔在 2006 年与 2007 年先后完成了对三洋电机在日本的电冰箱研发业务和在泰国的电冰箱生产工厂。在收购三洋电机白色家电业务之前，海尔抽调人员组建团队对三洋电机进行了全方位的并购前调查，对劳工、财税与知识产权等 8 大类、1100 多个风险点进行了详细的排查，确保把风险隐患消灭在萌芽状态。

在并购双方前期充分合作的基础上，并购交易完成后中日双方企业对彼此的优秀企业文化元素、运营模式等优势无形资源进行了相互借鉴与吸收，海尔积极学习三洋电机的销售渠道建立经验，日方人员也开始学习海尔的目标管理模式。随后，海尔在日方引入了"人单合一"的管理体系，在三洋电机推行"倒三角"的组织结构和自主经营的管理模式，随着企业业绩的提升，海尔在三洋电机的举措也逐渐得到了日方员工的认可；同时，日方严谨的工作作风与对产品质量严格把关的敬业精神也被海尔所接受。在品牌整合方面，鉴于日本消费者对本土品牌认同度较高的现状，海尔在日本市场实施"海尔"与原三洋电机子品牌"AQUA"的双品牌运营战略，并购后的 2013 年 AQUA 品牌在日本的销售就取得了突破性进展，到 2015 年，海尔在日本市场的销售额已经突破了 300 亿元（石建勋、李海英，2013）。

（3）海尔并购新西兰斐雪派克

成立于 1930 年的新西兰斐雪派克公司是一家家族式企业，其生产的厨房电器以独特的设计理念和卓越的品质，在澳大利亚乃至欧美地区都享有很高的声誉，斐雪派克的品牌历史悠久，具有较强的国际影响力。海尔与斐雪派克早在 2004 年就开始了首次合作，当时海尔主要是生产斐雪派克的部分洗碗机；2009 年海尔又参与了斐雪派克的股权融资计划，通过认购斐雪派克 20% 的股份，在该公司董事会中占据了 2 个席位。为了谋求深度合作，2011 年底海尔提出了收购斐雪派克全部股份的意向，最终海尔在 2012 年 11 月以 9.27 亿新元（约合 7.66 亿美元）的对价，完成了对斐雪派克的全面要约收购。在全资收购斐雪派克公司之前，海尔已通过与其 20% 的股权合作初步尝到了甜头：借助于在滚筒洗衣机技术上具有优势的斐雪派克公司的支持，2011 年，海尔生产的高端滚筒洗衣机的销售额在中国市场上以超出第二名两倍的市场份额位列榜首。

海尔之所以要全资收购斐雪派克，是因为海尔看中了斐雪派克在厨房家电方面的先进技术、研发能力、备受消费者青睐的品牌以及与之相联系的销售渠道。并购之后，海尔对两家企业的技术力量进行了重新整合，重点在家电的节能与环保技术方面寻求突破，通过加大了研发投入并基于绿色洗涤理念研制出低噪声、低磨损、均匀度高的"匀动力"洗衣机；为了降低厨房 $PM_{2.5}$ 所形成的污染，给用户提供一个清洁、环保的生活环境，海尔又推出了"深腔净吸"油烟机。在品牌管理方面，海尔在新西兰实行了"Haier"与"斐雪派克"双品牌的运营战略，并以"斐雪派克"品牌来带动"Haier"品牌知名度的提升。与此同时，海尔还借助斐雪派克在新西兰、澳大利亚和美国等发达国家的市场网络，以其优质的售后服务拓宽了营销渠道。同时，海尔通过有效的激励措施和感情留人、事业留人的策略，成功地留用了斐雪派克原来的核心员工（朱莎莎，2015）。

5.5.2 对海尔海外并购实践的分析

从曾经一度资不抵债濒临倒闭的小企业，经过 30 多年的发展，海尔逐步成长为一家大型的跨国企业集团。从并购国内 18 家企业，到走出去收购海外的企业，海尔用自己的成长经历见证了企业发展壮大的历程就是一部并购的历史。作为一家生产白色家电的制造企业，海尔深知企业的品牌、技术、销售渠道以及人力资源等无形资源对提升企业国际竞争力的重要性，从海尔的三次海外并购案例我们不难看出海尔对优势无形资源的渴求。但是在通过海外并购获取优势无形资源的过程中，海尔并没有盲目采取行动，而是将海外并购获取无形资源优势作为走向国际化的一项长期发展战略来谋划。

（1）海尔充分认识到了无形资源功能作用发挥的适配性

尽管在 1998 年海尔就启动了国际化战略，也积累了一定的国内并购经验，但是在 2005 年竞购美泰克时海尔清醒地认识到，自身跨国并购与跨国经营的经验、国际化人才的储备对其并购后的整合都不能提供强有力的支撑，实施并购后预计将会面临的高成本也与当时海尔的发展战略不相匹配。对日本三洋电机的收购中，从研发能力到生产再到销售渠道，海尔对日本三洋电机的人员、专利、品牌以及下游的销售网络，所采取的是"一揽子"的并购措施。对新西兰斐雪派克的并购海尔也是从参股到全资收购，其深度合作的目的也是便于对品牌、技术、研发人员进行全方位的整合。海尔在海外并购的过程中有所为与有所不为的举措，充分说明其认识到了无形资源功能作用的发挥具有适配性的特点（丁建勋，2015）。

（2）海尔注重为促进优势无形资源的跨国转移与扩散营造条件

海尔通过海外并购所需要获得的品牌、专利、研发能力与销售渠道等，大多是一些隐默性与适配性较高的无形资源，这些类型的优势无形资源尽管实现跨国转移与扩散具有一定的难度，但是却有利于企业提升自身的竞争实力，使企业保持持续的竞争优势。获取这些类型的优势无形资源既是中国企业实施海外并购的重点，又是难点。在对日本三洋电机和斐雪派克两家目标企业的并购中，海尔都与它们有一定的前期合作基础，海尔在并购前还专门对三洋电机进行了充分的调查，为并购后实现无形资源的跨国转移与扩散奠定了良好的基础。对三洋电机的整合，海尔注重企业文化对其他无形资源构成要素的统驭性，通过双方企业优秀文化元素的相互吸收与借鉴，海尔为品牌、技术与人力资源等优势无形资源的跨国转移与扩散，以及在中国企业落地生根培植了良好的土壤。

（3）海尔获取无形资源实施的是循序渐进的策略

海尔在 1998 年就已经启动了国际化战略，在"走出去"的步伐启动之初，海尔并没有盲目地实施海外并购，而是更多地以参股、建立合资企业、技术合作等方式与海外企业进行合作，等自身的无形资源积累到一定的程度，具备了对海外目标企业的无形资源进行消化吸收与整合的能力之后，才出手实施海外并购。在获取海外优势无形资源的过程中，海尔所实施并购的策略是循序渐进的，例如，在收购三洋电机的过程中，先收购其冰箱研发业务和生产工厂，然后对其研发、生产与销售等业务实施全面收购；在获取斐雪派克优势无形资源方面，海尔实施的也是动态调整的策略，在并购之前先是在滚筒洗衣机方面寻求斐雪派克的技术支持，然后在并购之后实施双方研发团队的共同合作。在品牌和销售渠道方面，海尔先是在国内做大做强，然后通过"双品牌"运营战略逐步扩大海尔在国际市场上的影响力和辐射力。

（4）海尔海外并购注重了无形资源整体的优化升级

海尔在实施海外并购的过程中，并没有把目光仅仅局限于无形资源的某一个构成要素上，而是把无形资源作为一个有机整体来进行并购与整合。从对目标企业业务板块的选择方面来看，海尔对无形资源的获取所实施的"一揽子"并购，说明其充分认识到无形资源具有适配性的特征；在对三洋电机的整合过程中，海尔促进双方企业对对方的优秀文化元素进行相互借鉴与吸收，进而推动了双方企业文化的融合与创新；在对斐雪派克的整合过程中，海尔留存核心人员并整合双方的研发力量，致力于在节能与环保技术方面寻求突破，是为了进一步提升自身的自主创新能力，进而在生产技术方面引领潮流。在并购之后对目标企业品牌的整合中，海尔并没有仅仅停留在只是获取目标企业的知名品牌上，而是实施"双品牌"运营战略，借助国外目标企业知名品牌的影响力来辐射"海尔"这一品牌，以增强"海尔"品牌的国际知名度。海尔在促进目标企业优势无形资源向自身转移与扩散的同时，还十分注重已有无形资源的进一步优化升级。

5.5.3　案例启示

纵观国际上大型企业发展壮大的历史，我们不难发现，其快速成长往往不是通过新建投资而是凭借并购这一手段来实现的。随着知识经济时代的来临和整个社会信息化程度的提高，人们逐渐认识到科学技术等优势无形资源日益成为促进企业生产力提升、保持核心竞争力和推动社会进步的关键要素。随着经济全球化程度日益加深，越来越多的中国企业选择并购在无形资源方面具有优势的海外企业，以期通过促进优势无形资源的跨国转移与扩散来尽快实现自身无形资源数量与质量的提升。但是目前无论是业界还是学术界，在海外并购获取优势无形资源的过程中，对无形资源的特性及其跨国转移与扩散的规律认识不够。前文通过分析海尔一系列海外并购的实践，总结出以下三方面的启示：

（1）应注重无形资源的特性

对于中国企业来说，不能仅认识到无形资源的价值创造功能及其对企业保持竞争优势的关键作用，在通过海外并购获取优势无形资源的过程中，还应充分了解无形资源存在形式的隐默性、功能作用发挥的适配性、积淀形成的长期性以及不断优化调整的创新性；不能只是简单地局限于对某一单项优势无形资源的获取，而忽视无形资源各个构成要素之间相互制约、相互联系的关系。无论并购之前对目标企业业务板块的选择还是并购后对无形资源的整合，都要把无形资源作为一个有机的整体来看待，不仅要注重其中关键的无形资源构成要素对其他无形资源的影响，还要做好各个构成元素之间的有机协调，以确保无形资源各个构成元素的相互配合以及整体功能的正常发挥。

（2）应注重培育促进无形资源实现跨国转移与扩散的机制环境

在实施海外并购及后续对目标企业的整合过程中，中国企业应认真遵循无形资源的跨国转移与扩散的规律，并采取有效的措施努力创建有利于无形资源顺利实现跨国转移与扩散的机制与环境。优势无形资源大都具有较强的隐默性和适配性，虽然跨国并购是实现其跨国转移与扩散的有效途径，但是企业并购交易完成之后，优势无形资源的跨国转移与扩散往往会面临一些障碍，如果不能有效地克服所遇到的障碍，海外并购的目的就难以达到。在实施海外并购的过程中，中外双方应以合作共赢为基础，通过构建并购双方正式与非正式的沟通协调机制，努力为中外双方企业之间的互动与交流创造良好的环境，这样才能有效地促进海外优势无形资源向中国企业顺利进行转移与扩散，并最终内化为中国企业的能力资源。

（3）无形资源的优化升级需要不断创新

在科学技术飞速发展的今天，知识与技术更新的速度越来越快，相应地，企业的无形资源也处于不断优化与调整的过程中。实施"走出去"战略进行海外并购的中国企业，仅仅局限于获得目标企业原有的无形资源是不够的，要认识到无形资源的优化升级是一个持续推进的过程，无形资源的创新特性决定了其优化升级不可能是一件一劳永逸的事情。要想在日益激烈的国际竞争环境中保持持续的竞争优势，中国企业在"走出去"的过程中，就不能仅仅停留在促进海外优势无形资源向中国企业转移与扩散的层面，而应该在对原有优势无形资源进行吸收、消化的基础上，通过对中外双方企业优势无形资源进行整合，努力推动无形资源的创新，在技术、品牌等方面不断寻求新的突破，这样才能真正实现无形资源的优化升级，进而使企业保持持续的核心竞争力。

6　中国企业海外并购三大关键无形资源子系统的整合

前文已经阐述了企业的无形资源从构成上可以分为表内资本化无形资源与表外非资本化无形资源两大类。企业无形资源系统的优化升级从表面上看，主要表现为专利与非专利技术的获取、核心技术的掌握、不可被竞争对手模仿的持续竞争优势的保持，以及源自企业表内资本化无形资源质量与规模的提升。然而，从更深层次的分析不难发现，促进企业无形资源系统优化升级的原动力却是来自企业的表外非资本化无形资源。

一方面，尽管有些无形资源如专利技术与特许经营权等可以通过市场购买的方式获得，但是由于其具有稀缺性的特点，卖方在市场中往往处于主导地位，同时因其可以给拥有者带来超额收益，其拥有者为了能够长期获得这种超额收益，往往会人为地对其转移与扩散设置障碍，致使这些优势无形资源通过市场配置的方式进行转移与扩散存在一定的限制。

另一方面，企业的表内资本化无形资源一般是内嵌于企业的表外非资本化无形资源之中的，其作用的发挥往往需要表外非资本化无形资源的配合与支撑。如专利技术或技术诀窍的掌握者是企业的专业技术人员或特定团队，而这些又都属于企业表外非资本化无形资源——企业能力资源。一些表内资本化无形资源效应的发挥往往需要表外非资本化无形资源的密切配合，如果抛开这些表外非资本化无形资源而孤立地谈这些无形资源的转移与扩散，往往会使这些无形资源的功能受到一定的限制或影响，无形资源的创新也会失去动力源泉。

表外非资本化无形资源往往具有较高的隐默性，与表内资本化无形资源相比，其在跨国并购中的转移与扩散往往存在一定的难度。但是这些要素却是形成企业核心竞争力的关键所在，是整个无形资源系统价值创造功能实现的核心，因而这类无形资源是中国企业海外并购整合的重点和难点。

企业的表外非资本化无形资源的构成要素种类繁多，对其中的每一个构成元素逐一进行分析是不现实的。然而，在整个企业的无形资源系统中，各个子系统（构成要素）在发挥价值创造功能的过程中所起的作用却是不同的。有的子系统是其他构成要素功能发挥的基础，有的子系统则处于核心支配地位，有的子系统则是整个企业实现价值创造的关键环节。

鉴于人力资源对企业整个无形资源系统的推动性、企业文化对企业其他无形资源的统驭性，以及供销渠道等企际关系资源对企业无形资源系统优化升级效果的检验性，本书认为对它们的并购整合进行深入分析是很有必要的。中国企业在海外并购无形资源系统的整合过程中只有抓好了这些子系统的并购整合工程，才能为整个无形资源系统价值创造功能的发挥奠定良好的基础，才能确保企业无形资源系统的优化有一个正确的方向，才能使企业无形资源的价值创造性拥有不竭的原动力。

6.1　无形资源三大关键子系统的战略地位

在企业的表外非资本化无形资源中，有三大关键无形资源子系统：人力资源、企业文化资源与企际关系资源。它们对整个企业无形资源系统整体最优化的实现和价值创造功能的发挥具有重要的作用。以下将从人力资源的战略驱动性、企业文化的统驭性以及企业的社会网络结构镶嵌性三个方面，来阐述这三个关键无形资源子系统的战略重要性。

6.1.1　人力资源的战略驱动性

企业能力资源中的人力资源是推动企业无形资源转移与扩散，实现无形资源创新的组织者与实施者，离开了人力资源因素，优势无形资源的转移、扩散与创新也就失去了推动者与组织者，可以说人力资源是企业无形资源系统优化升级的动力源泉。

企业人力资源的主体在外在形式上表现为企业的员工。首先，人力资源是企业无形资源系统的神经中枢。企业文化的载体是企业的员工，离开了人的因素企业文化就失去了具体的承载者，企业以及民族文化中的优秀成分就难以得到传承与发扬，文化的创新也就更无从谈起。专利技术、技术诀窍及商业秘密的掌握者是知识型员工，如果这些员工的积极性、能动性不能得到充分发挥，那么这些无形资源的价值创造能力将会大打折扣，如果这些优秀员工流失，那么这些优势无形资源就会陷入瘫痪的状态。人力资源在企业的无形资源系统中处于核心地位，如果把企业的无形资源比作人的思想，那么人力资源系统就是人的大脑，离开了这个神经中枢系统的调节，再好的思想也难以闪现出火花。

其次，人力资源是企业的有形资源运转的驱动系统。企业的有形资源的使用与调配都是由企业的员工来实施的，离开了企业员工的运作，再先进的设备也难以生产出产品，再精密的仪器也只能成为一个摆设，再智能化的计算机也难以有效地运转。如果说企业的有形资源是企业的硬件的话，那么企业的人力资源系统就是驱动这些硬件运行的软件系统。

最后，人力资源是促进企业有形资源与无形资源有机结合的纽带。专利技术需要先进的生产设备与之相配套，先进的经营理念也需要具体体现在企业的组织机构与生产流程设计方面。企业的无形资源依附于企业的有形资源，无形资源与有形资源两个子系统只有在整体上协调一致，才能使企业真正拥有核心竞争力，才能促进企业价值创造能力的提升。而促使企业无形与有形资源有机结合的纽带就是企业的人力资源，其中企业的高级管理人员、专业技术人员等知识型员工，是把企业发展战略、管理哲学以及专利技术等无形资源与企业的有形资源有效结合起来的倡导者与先行者。

6.1.2　企业文化资源的统驭性

从企业内部来说，企业文化可以增强企业的凝聚力和向心力，推动企业的科技创新，提高企业的经营效率，增强企业的价值创造能力；从企业外部来说，优秀的企业文化可以树立企业的品牌效应，提高顾客的认可度和忠诚度，促进企业价值的实现。

在企业的表外非资本化无形资源系统中，企业的文化资源对企业的其他无形资源具有统驭作用，因为它为企业无形资源的转移、扩散与创新创造了良好的氛围，是企业无形资源系统优化升级的基础；同时由于中国企业海外并购面临组织文化与民族文化的双重差异，与国内并购相比，发生文化冲突的可能性较高，进行跨文化融合的难度往往比较大。

6.1.3　企业的社会网络结构镶嵌性

企际关系从字面上理解是企业与企业之间的关系，但是我们这里所定义的企际关系是一个比较宽泛的概念，它不仅包括企业与企业之间的关系，还包括与其他外部利益相关者之间的关系。作为一个联结多方利益的经济体，企业所涉及的关系包括内部关系与外部关系两个方面。公司内部董事会、管理层与一般员工之间的关系协调问题，属于公司治理研究的范畴，不属于本书关注的重点。但是由于中国企业海外并购会涉及更多更繁杂的外部利益相关者，且这些外部关系资源对企业价值创造功能的实现起着至关重要的作用，因此本书将企际关系资源聚焦于企业外部的企际关系资源。

蔡双立（2008）认为，企业的外部利益相关者包括政府、同行业企业、上下游企业、债权债务人等。企业与这些利益相关者存在一定的关系，并与它们一起组成了特定的关系网络（见图6-1）。网络镶嵌理论认为，企业是镶嵌于网络结构中的一个节点，企业的态度与行为会受到网络中其他利益相关者的影响与制约（Granovetter，1993）。在开放的环境下，任何一个企业从事生产经营活动在追求利益最大化或股东财富最大化的同时，都必须用国际化的战略思维去认真考虑并权衡其外部利益相关者的利益，如果片面地追求自身利益最大化或股东财富最大化的目标，企业就可能失去外部利益相关者的支持，难以在日益激烈的竞争中保持持续的竞争优势，甚至其生产经营也可能会难以维持下去。企业的并购实际上是并购双方的一个博弈过程与各种关系格局的动态调整过程（蔡双立，2008）。现代社会的竞争尽管在现象上表现为单个企业之间的较量，但是未来的竞争必将是网络之间的竞争，拥有网络资源优势的企业必将获得竞争优势（Kotler and Gertner，1998）。因此，本书认为，中国企业海外并购在对目标企业的整合过程中，应该以战略的前瞻性眼光对目标企业的企际关系资源进行整合。

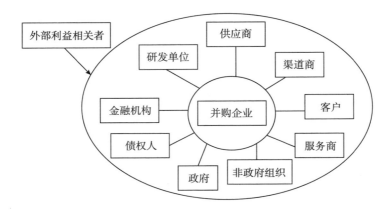

图 6-1　企业与外部利益相关者的关系网络

资料来源：蔡双立．企业并购中的关系资源动态整合研究［M］．天津：南开大学出版社，2008.

作为从事生产经营活动的经济实体，企业要想实现价值的创造，必须源源不断地生产出适销对路的产品或提供令顾客满意的服务。一方面，必须保证企业能够获得稳定的原材料，如果企业没有稳定的原料供应渠道，那么无论其拥有的无形资源多么丰富，企业也将陷于"巧妇难为无米之炊"的窘境；另一方面，企业所生产的产品和提供的服务只有得到目标客户的认可，才能取得业务收入进而收回成本并创造利润。所以，企业无形资源系统优化升级的成效最终还是需要得到目标顾客的认可，并通过企业的分销渠道来进行验证。而企业原材料的供应渠道与产品及服务的分销渠道则属于企业的企际关系资源范畴。

6.2　人力资源子系统的整合

6.2.1　企业人力资源子系统的特征

（1）收益实现的时间滞后性

企业获得人力资源也是需要投入一定成本的。企业在人力资源方面的投资主要包括三个方面：一是人员的招聘支出，主要包括在搜集人力资源信息方面的支出、在组织招聘时所发生的费用等。二是对人力资源的薪酬及福利支出，主要包括支付给员工的各种工资及奖金以及企业为员工所缴纳的养老及医疗保险费用等。三是人力资源维护支出，主要包括新招聘员工的入职培训费用、为适应知识更新和技术的更新换代而对员工所进行的在职教育所发生的费用等。企业支付这些人力资源成本在先，而企业从人力资源素质提高方面得到的收益却往往要在若干年以后才能体现出来，也就是从时间上来看，企业在人力资源上的投资是先期发生的，而其收益具有较长时间的滞后性。

（2）效用发挥的情境依赖性

企业人力资源的功能就是有效地协调企业的无形资源，促使企业无形资源与有形资源有效地结合在一起，进而实现企业综合竞争力的增强与价值创造能力的提升。然而企业人力资源这种效用的发挥却是有条件的，一方面，在企业的无形资源中，人力资源是最为活跃的因素，其效能的发挥对员工的情绪有一定的依赖性。当员工对待遇感到满意、对未来充满信心、感觉自身价值得到认可时，其潜能才能被激发出来；而当员工情绪低落或心存怨恨时，他们可能会消极怠工甚至对工作安排故意采取抵制行为，其工作热情及积极性和能动性必然受挫。另一方面，每个人都不可能是全才通才，而企业的有效运转需要多方面的知识与能力，这就要求企业中的人力资源组成团队，通过优势互补以取得"1+1>2"的效果。企业人力资源功能的发挥需要以合作为基础，单个人的能力与水平固然重要，但是其效用的发挥还有赖于团队中其他成员的密切配合。

（3）成本支出的社会性

企业支付给员工的薪酬福利属于人力资源的成本支出，从表层来看，虽然薪酬福利水平的高低由企业与员工劳资双方确定，但是企业一方面应该遵守国家对最低工资标准的规定，并为员工缴纳医疗保险与养老保险等，另一方面企业还应该考虑到劳动力的市场价格水平，如果企业的薪酬福利低于其他企业的水平，那么企业就可能难以留住关键人才和优秀员工，企业要形成和保持自身的竞争优势也就无从谈起。因此，企业在确定人力资源成本支出水平时，应充分考虑国家的有关规定以及劳动力市场的供求情况等社会性因素。

（4）高流动性伴随高风险性

企业要打造人力资源方面的优势既可以通过对内部职工进行培养来实现，也可以采取外部招聘的方式直接获得。企业花费很大的财力经过较长时间培养出来的高端人才，可能会被别的企业挖走，外部人才市场在增加人才流动性优化人力资源配置的同时，也可能使企业在人力资源方面的投资面临较高的风险。人力资源的高流动性会使企业在人力资源的投资方面面临沉没成本，从而使企业在人力资源收益方面面临很大的不确定性。

6.2.2 人力资源子系统整合的原则

（1）以企业发展战略为导向

本书认为中国企业海外并购的动机在于获取优势无形资源，在与国外优势无形资源进行互补的同时，不断促进无形资源系统的优化升级。如果中国企业海外并购的目的在于获得国外企业的先进技术和知名品牌，那么在人力资源整合的过程中，中国企业就应该把留用与培养高素质的技能人员作为重点，因为知名品牌需要高端技术作为支撑，只有掌握先进技术的员工才是促进专利技术有效转移与扩散的源泉；如果中国企业海外并购的目的是开拓国外市场，那么中国企业就应把关注的目光投向具有广泛人脉资源的员工身上；如果企业海外并购在于借鉴国外企业先进的管理经验与经营机制，那么企业就应该把人力资源整合的重心锁定在企业的经营管理人员身上。

（2）以企业文化融合为基础

中国企业海外并购对人力资源的整合需要中外双方员工的互动，而中外双方的员工又具有不同的文化背景。国别的不同与文化的差异使得中外双方员工思考问题的出发点不同，对问题的价值判断标准也不一致。也就是说，员工所秉承的文化是指导员工行动的思想基础。因此，为了使中外双方员工在互动交往中能够彼此协调一致达到默契配合，在对中外双方人力资源进行整合的过程中，中国企业一定要紧密结合企业文化的融合，为企业人力资源系统协调效应的发挥奠定良好的思想基础。

（3）以国际化眼光展望未来

信息化技术的发展与经济全球化的进一步深化，使各国之间的交往更加紧密，尽快融入国际市场在全球范围内通过资源的优化配置，在世界分工体系中打造自身的核心竞争实力，已成为各国的共识和企业做大做强的明智选择。同时，我们也应该清醒地认识到，尽管未来国际市场的竞争表现为单个企业之间的竞争、企业所拥有的关系资源网络之间的竞争，但是归根结底还是人才的竞争与人力资源优势的竞争。因此，中国企业海外并购在对人力资源的整合过程中，一定要以开放的国际视野和前瞻性的战略眼光，制订跨国人才培养的长远规划，使我国逐渐从人力资源大国向人力资源强国转变。

（4）以系统化思维统揽全局

企业是一个有机整体，由高素质员工组成的团队在生产效率、开拓精神与创新能力方面并不一定具有明显的优势，也就是说人力资源优势的发挥有一个合理配置、优化组合与彼此配合的问题。如果组成团队的各个成员在能力与专长方面能够互补，在互动过程中能够默契配合相得益彰，那么整个团队在运转的过程中就可能表现出"1+1>2"的效果。这就要求中国企业海外并购在对人力资源整合时，不仅应注重对单个员工的激励，最大限度地发挥每个员工的主观能动性，而且应做好员工之间的协调配合工作，使团队中的成员心往一处想、劲往一处使，最终形成强大的合力。只有这样，企业的人力资源整合才能在总体上实现最优化。

6.2.3 人力资源子系统整合的实施路径

（1）制定与实施跨国人才培养的长远规划

目前中国企业实施海外并购进行整合时最大的瓶颈之一就是跨国人才的匮乏。人才的培养需要一个过程，既然走出国门实施海外并购已成为中国企业做大做强走向国际化的必由之路，那么，中国和中国企业就应该在跨国人才的培养方面做好长远规划，把跨国人才的培养作为促进我国经济和企业发展的一项重大战略。从宏观层面来讲，国家应把跨国人才的培养作为一项系统工程，根据我国目前整体的人力资源状况及下一步的战略发展规划，以高等院校为依托通过选派优秀人才出国深造等方式，有步骤有计划有目的地分期分批做好跨国人才的培养工作，以自主培养方式为主，进一步加大国家财政对人才培养的支持力度，逐步促进我国人力资源结构的合理化和整体素质的提高。

从微观层面来讲，中国企业应切实加大人力资源开发的力度，制定与实施企业的人才培养规划。在培养对象的选择方面，对经营管理人员、专业技术人员和跨国经营人员等各种类型人员，在培养的过程中从初级、中级到高级应建立分层次的梯度，这样不仅可以有针对性地结合各种级别的人员分类制定与实施培养方案，也能够建立起自身的人才储备库，使中国企业各种类型的人才均保持一定的连续性与稳定性，避免出现断层的局面。在培养的方式上，企业既可以在企业内部在不同的人才梯度层次之间搞好传帮带，通过岗位练兵的方式促进实践经验与隐性知识资源的转移与扩散，也可以通过"走出去"的方式将中国企业员工派往海外目标企业进行实地学习，还可以采取"请进来"的办法聘请海外管理专家与技术精英来中国现场指导并传授知识。另外，中国企业还可以建立自身的培训机构，招聘专职或兼职的讲师，设计系统和规范化的培养教程，切实把人才培养作为企业的一项长期发展战略规划。

（2）制定与实施完善的人力资源整合计划和操作流程

在海外并购交易完成之前，中国企业就应该对目标企业人力资源状况进行全面了解，在对并购双方人力资源状况进行综合分析的基础上，制订出并购后的人力资源整合计划，一方面从宏观层次上对并购后目标企业的组织架构设计、人力资源岗位设置、薪酬福利制度调整以及人才激励机制构建等方面进行统筹规划；另一方面从微观层次上设计完善的人力资源整合操作流程，从目标企业人员心理抵触情绪的消除、双方互动过程中冲突的化解、优秀人才的筛选与留用、一般人员的妥善安置以及外部人员的引进等方面，出台企业海外并购人力资源整合的实施方案。在人力资源整合的过程中，要在总体整合计划的指导下规范与完善人力资源整合的操作细则，合理安排人力资源整合的进度，使人力资源整合的各个环节、各个步骤相互衔接相互配套，在确保人力资源整合平稳过渡的前提下，加快人力资源整合的速度，提高人力资源整合的效率。

（3）做好关键人才的留用与一般人员的妥善安置

目标企业原有的关键人才不仅熟悉原来企业的运作流程，而且一般在工作中经过长期磨合都与其他人组成了能够相互配合默契的团队，因此，与从外部招聘人员相比，留用目标企业关键人才所需的成本相对较低，在对目标企业人力资源整合的过程中，中国企业在人力资源的配置上应首先考虑留用原目标企业的优秀人才与核心人员。为了防止同行业竞争者利用目标企业被并购之机挖走企业的关键人才，中国企业在实施并购之前就应该确定需要挽留的关键人才名单，在并购整合之初迅速与这些优秀人才进行沟通，稳定他们的思想情绪，消除他们的思想顾虑，赢得他们的信任与对并购的认可，进而让他们对企业发展前景充满信心。

在对企业一般人员的配备方面应广泛征求他们的意见，以他们为依托组建管理或技术团队，这样一方面可以增强人力资源配置的适配性，能够促使企业的各个团队及整体协调运转；另一方面可以使这些关键人员感受到被信任与重托，有利于最大限度地激发出他们的潜能。在对人力资源整合的过程中，还可能会涉及冗余人员的裁减问题。对于企业冗员的裁减，中国企业不仅要注重成本的节约以及运营效率的提高，还应该充分考虑到东道国关于劳动就业的有关政策法规以及来自目标企业工会方面的阻力。

（4）以文化融合为基础构建中外双方沟通的互信平台

中国企业海外并购对人力资源整合是在跨文化的环境中对中外双方的人力资源重新进行优化配置，通过中外双方人力资源优势的互补与协调以最大限度地激发人力资源的潜能，使人力资源这种无形资源的价值得到充分的体现。然而要使双方的人力资源优势形成互补并能够协调一致，就必须在双方之间建立起一种信任机制，可以说互信是连接中外双方员工的一座桥梁，有了这座桥梁中外双方员工就能够消除心理上的隔阂进而坦诚相待，就能够在合作过程中形成一种默契，使各项工作流程运作更加流畅。而双方的互信是以有效的沟通为基础的，沟通不仅可以确保消息传递渠道的畅通，消除彼此之间的误解，还可以增进双方之间的感情交流，在互助互惠中使双方建立起深厚的友谊，进而为合作奠定良好的感情基础。

然而，具有不同文化背景的员工在互动与交流的过程中，既存在语言的障碍，也面临民族文化与企业文化的双重差异，因此要进行有效的沟通存在一定的困难。思想是行动的指南，在中外双方员工的接触与交流过程中，人们的价值观念与道德标准影响着他们为人处世的态度与待人接物的风格，可以说文化是沟通的思想基础。因此，要想使中外双方员工进行有效的沟通，必须在促进双方文化交流与相互借鉴的基础上，短期内要尽力寻求文化中共同为双方所认可的优秀成分，并将这些共同认可的文化元素作为并购双方沟通的根基，使双方的沟通有一个良好的开端。长期内要促进双方文化的有机融合，通过双方民族文化与企业文化的交融与涤荡，在彼此借鉴、兼容并蓄的基础上，促进企业文化的创新与优秀文化的生成，使双方在沟通与交往过程中增强彼此的认同感与信任感，进而构筑起融洽的长期合作关系。

（5）通过人力资源的整合促进组织资本的构建

现代企业从事生产经营管理活动一般是以团队的形式来组织运营的，团队由单个员工组成，但是它并不是单个员工的简单组合，而是把单个员工通过优势互补、有机协调等方式组织在一起，来完成单个员工无法单独完成的工作。一个企业是由各个具有不同功能的团队组成的，它们既有分工又有协作，在完成自身功能的同时通过协调配合来实现整个企业的有效运转。在企业运转的过程中，一方面，员工个人所拥有的知识、技能和经验会逐渐转化为组织共有的资源（赵顺龙、陈同扬，2003），同时组织还会对这些知识进行整合、学习与创新，创造出新的组织文化与管理结构（谢德仁，2002）；另一方面，组织中的成员在长期的协作过程中，通过长期接触、交流与磨合还会形成一种有利于员工知识技能发挥的组织环境、氛围与机制（翁君奕，1999）。企业的这种管理结构、组织文化以及环境、氛围与机制就是组织资本，这种资本由于能够促进员工知识技能的发挥而具有价值创造功能。

尽管组织资本不依赖于单个个体而存在，但是如果更换了团队中的大部分成员或解散原来的团队而进行破坏性重组的话，那么这个团队经过长期积累而形成的组织资本将会流失，企业的价值创造力将会受到削弱。因此，中国企业海外并购对人力资源整合的首要任务就是对海外目标企业所形成的组织资本予以保护。在具体的整合过程中，对并购之前运行比较顺畅、工作效率比较高的团队，应尽可能予以保留，对团队的负责人、技术骨干等核心人物不应做大面积的调整。如果出于整个企业总体战略的考虑需要进行调整的话，也应只是对其中的个别人员进行"微调"。只有对那些存在内耗且效率低下的团队才动"大手术"或予以解散。与此同时，在人力资源整合的过程中还应注重促进组织资本的形成。比如，向海外目标企业派驻管理人员，一定要挑选熟悉东道国人文环境的跨国人才，以便其能尽快融入东道国的文化氛围之中，与目标企业的员工构筑融洽的关系；组织机构的设计与运营流程的再造，要对目标企业原来存在于各个部门与团队的亚文化及一些不成文的潜规则合理加以引导，一方面要注重促进企业各个团队运营效率的提高，另一方面还要使目标企业的各个团队、各个部门在运转过程中有机地协调与配合，进而实现企业组织资本价值创造力的提升。

（6）构建激励机制充分挖掘人力资源的创造潜能

留住目标企业所需要的关键人才只是人力资源整合工作的一个良好开端，充分调动员工的积极性和创造性，促进企业人力资源价值创造力的提升才是人力资源整合的关键。因此，要想使员工的积极性与创造性充分发挥就需要对员工进行必要的激励。

在激励机制的构建方面，中国企业首先应充分利用外部人才市场与职业经理人市场，通过公开招聘的方式来更换目标企业原来不称职或工作消极的人员。针对外部招聘人员，一是要规范操作程序，以任人唯贤为宗旨，本着公平、公正与公开的原则对应聘人员择优进行录用，使外部招聘程序成为一种有效的激励机制；二是要面向社会广泛搜集企业所需的关键人才的信息，建立人才信息库，掌握行业内业务精英的供职动向，或通过猎头公司跟踪其信息，对于比较稀缺的核心人才必要时可以设计有针对性的引进政策，这样不仅可以提高企业人力资本的价值，还能够树立企业尊重人才的良好形象；三是要协调好外部招聘与内部选拔的关系。当目标企业中的某个职位出现空缺时，应首先考虑企业内部有没有合适的人选，只有当企业内部没有能胜任的人员或外部有更优秀的人才时，才考虑从外部招聘人才。否则将会严重挫伤内部人员的工作积极性，从外部引进人才反而会起到适得其反的效果。

其次要整合薪酬管理体系，努力打造人才脱颖而出的运营机制。随着知识经济时代的来临，国外企业目前采取的薪酬管理模式主要有三种：宽带薪酬管理模式、全面薪酬管理模式与战略薪酬管理模式。宽带薪酬管理模式是企业设计少数跨度较大的工资级别来代替企业内原来按等级设计的级别较多跨度较小的工资等级，以此来淡化级别与岗位对工资的影响，通过扩大每一个工资级别的浮动幅度把员工的收入与业绩挂钩，从而达到激励员工的目的。全面薪酬管理模式充分考虑了员工多方面的需求，不仅注重货币性外在薪酬的激励作用，还把员工的职业发展规划、岗位培训与工作条件的改善等非货币性的能够满足员工精神方面需求的管理机制纳入薪酬管理的体系之中，以人性化的设计、战略性的支持与价值观的传递来激发员工的潜能。战略薪酬管理模式则是一种动态地根据企业内外在某一阶段的总体情况，在充分发挥薪酬制度激励与约束功能的同时，从企业发展战略的高度来规划与设计薪酬体系的管理模式。

鉴于我国企业员工的薪酬水平普遍低于国外企业的现状，在并购整合的初期，中国企业在薪酬管理模式上可以实行"双轨制"，即国内企业沿用适合我国国情的管理模式，使母国企业的薪酬制度在实现劳动力成本节约与增强对员工的激励之间找到一个适度的均衡点；对目标企业实行适合东道国环境的薪酬体系，确保目标企业员工的薪酬水平不低于并购前的水平。同时对于外派到海外目标企业的中国员工，应参照国外的物价水平合理增加外派人员的薪金，以调动外派人员的工作积极性。

在并购双方长期的磨合过程中，中国企业应逐步促进中外双方薪酬管理模式的融合。一方面应借鉴国外企业宽带薪酬、全面薪酬与战略薪酬管理模式的设计理念，逐步弥补中国企业薪酬制度设计方面的缺陷。就目前我国企业薪酬制度的现状来看，应逐步改变国内企业尤其是国有企业过分注重等级与岗位的倾向，实行按业绩与贡献进行收入分配的薪酬管理模式，改革按背景、关系与资历选拔人才的机制，打造能够促进优秀人才脱颖而出的平台。另一方面应把中国企业人情化的理念贯穿于海外目标企业的薪酬体系之中，除了为海外目标企业员工提供有吸引力的货币化外在薪酬，注重员工的培训、拓展员工的发展空间外，还应关心员工的家庭，使全面薪酬的管理模式更加完善，把薪酬体系的设计与企业的发展战略紧密结合起来。

（7）在异域环境下强化对人力资源危机的管理

在并购过程中，目标企业员工普遍会出现一种"并购情绪综合症"（Hunsaker and Coobms，1995），这种情绪会随着整合阶段的进行而出现不同的表现（见图6-2），目标企业的员工听到并购的消息后，会表现出否认、恐惧、气愤与悲伤的不良情绪，而在被动接受并购后又逐渐会从这种状态中走出来，内心得到一些慰藉后，继而会对并购整合表现出关心、喜欢、慰藉与享受的态度，最后对并购表示认同。在对组织机构及岗位进行重新调整过程中，并购企业一般会对目标企业的冗员进行裁减，裁员同样会对留下来的员工在心理上造成一定的冲击，使目标企业员工出现一种"幸存者综合症"（Thornhill et al.，1997），他们会对并购持不信任、背叛、生气、憎恨的情绪，并有一种负罪感，进而不履行对组织的承诺（见表6-1）。企业并购在对人力资源整合过程中，如果不能对这些情绪加以合理引导，就会使目标企业员工采取一些过激行为，致使出现罢工、游行示威、暴力袭击、威胁恐吓、上访以及关键人员大量流失等事件，这些事件会直接影响到企业并购整合的进程，甚至还有可能使企业在并购中途夭折。这些发生在并购过程中带有突发性、破坏性与后果高度不确定性的事件就是并购的人力资源危机（刘大卫，2007）。

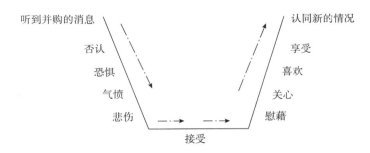

图 6-2 并购情绪综合症

资料来源：王军宏．企业并购的人力资源管理策略——从联想集团与 IBM PC 的并购谈起［J］．经济管理，2005（7）：86-89.

表 6-1 裁员的幸存者综合症

态度方面	行为方面
不信任	更加小心谨慎
负罪感	不愿冒风险或自由行动
背叛	旷工行为增加
生气	关键员工寻求离职及较多的流动
憎恨	工作业绩降低
不履行对组织的承诺	生产率降低

中国企业海外并购是在东道国的环境下对目标企业的人力资源进行整合的。由于中外民族文化的差异，且并购双方所处的政治与法律环境也是不同的，因此极易引发人力资源危机。近年来，中国企业海外并购屡次遭遇"工会门"事件。例如，TCL 并购法国汤姆逊公司就与工会进行了旷日持久的谈判，① 上汽集团收购韩国双龙汽车后，也深陷与工会的劳资纠纷之中。国外组织健全的强势工会使出海并购的中国企业遇到了始料未及的人力资源危机，致使中国企业对海外目标企业的整合步履维艰。

中国企业海外并购整合的方案与措施不可能做到尽善尽美，在双方互动过

---

① 5 年收复国内市场 TCL 不想成海外并购失败案例［EB/OL］.（2007-06-18）［2025-01-08］. https://finance.cctv.com/20070618/102245.shtml.

程中不可避免地会出现人力资源危机。为了确保并购整合的顺利进行，中国企业应切实加强人力资源危机的防范与化解工作。本书认为，中国企业应着重从以下三个方面来加强对人力资源危机的管理：

一是预防为主，做到防患于未然。中国企业首先应从以往海外并购失败的案例中吸取经验教训，针对海外并购整合过程中容易忽视的薄弱环节，出台切实可行的整合措施与防范预案，力争把并购过程中的人力资源危机消灭在萌芽状态。其次在并购整合前要对东道国的政治体制、法律体系、民族文化、企业的管理模式等进行调研，同时要对目标企业以前的运营机制、组织文化以及部门结构等情况全面摸底，尽可能掌握比较翔实全面的信息，做到知己知彼，并有针对性地制定与实施并购整合方案，以减少并购整合过程中可能出现的漏洞。最后加强与目标企业员工的沟通，及时掌握他们的思想动向，有针对性地做好员工情绪的引导工作。中国企业不仅要提高并购整合工作的透明度，让目标企业员工及时了解中国企业并购的动机与发展战略，消除他们的疑虑和猜忌；还应公开人员的选聘程序与组织机构的设置及冗员的处置方案，使被裁人员走得舒心，留聘人员工作安心，进而从心理上认同中国企业并自愿接受并购整合。

二是有效化解，力求损失最小化。一旦发生人力资源危机事件，中国企业应迅速成立危机处理小组，首先，要找出危机事件爆发的根源，了解危机发生的经过并掌握危机事件的走向，预测危机可能波及的范围与造成的影响。其次，要力争取得政府与外部有关部门对中国企业并购整合的理解与支持，尽量避免内部危机外部显性化，确保并购整合工作不受外部因素的干扰，为有效地化解人力资源危机营造一个良好的外部环境。最后，要立即启动应急预案，针对危机发生的诱因采取相应的化解措施，对于短时间内难以妥善处理的危机事件，可以采取隔离的办法来控制危机所造成的负面影响，防止危机扩散蔓延与演化升级。

三是总结反思，对危机进行标本兼治。在处理人力资源危机的过程中，中国企业一方面要对危机处理的过程进行回顾与总结，找出危机化解过程中存在的疏忽与盲点，针对危机的发展趋势采取有针对性的措施，不断改进与增强自身处理人力资源危机的水平与能力，力争使危机在尽可能短的时间内得到有效化解；另一方面要对整合的方案与措施认真进行梳理与反思，分析危机产生的直接与间接原因，准确界定人力资源危机的类型，并结合危机产生的根源查找并购整合过程中存在的漏洞与不足，进一步修订完善并购整合方案，采取有力的措施使人力资源危机从根本上得到治理，以避免危机的再度发生。

6.2.4 人力资源子系统整合效果的系统评价

人力资源系统整合的状况对海外并购其他方面的整合具有重要的影响，可以说对人力资源的有效整合是中国企业海外并购取得成功的关键环节。而对人力资源系统整合的状况进行跟踪监控并进行系统评价，及时了解掌握海外并购目标企业人力资源整合的效果，并根据评价所得到的结果对人力资源整合方案与措施适时进行调整，不仅能够有效地化解人力资源整合过程中存在的风险，避免人力资源危机的发生，还可以更好地促进中国企业海外并购其他方面的整合，使并购整合过程达到事半功倍的效果。

（1）人力资源系统整合效果评价的维度分析

企业的人力资源作为一个系统不仅内嵌于企业之中，还与外界存在千丝万缕的联系。本书认为，对目标企业人力资源系统整合效果的评价，应该从时间维度、环境维度与行业维度三个方面进行（见图6-3）。跨国人才培养需要较长的时间，并购双方人员从最初接触到能够默契合作也需要一个磨合的过程，因此，对海外并购人力资源整合效果的评价需要从时间的维度进行分析。首先，企业不仅要与并购之前目标企业的人力资源运行效率进行对比，还要对并购之后人力资源系统效能的发挥进行动态跟踪与评估，研究分析其发展变化的轨迹。其次，企业人力资源系统的运行要与企业的总体发展战略相匹配，与东道国的政治与法律环境相适应，与东道国的民族文化与目标企业的组织文化相兼容，因此，应从环境适应性方面对海外并购人力资源的整合效果进行综合评价，只有充分考虑到企业人力资源系统的环境适应性，企业的人力资源系统才能步入良性运行的轨道。最后，海外并购交易完成后，中外并购双方企业就成为一个整体。对目标企业人力资源整合效果的评价还应站在全局的高度，对并购双方的整个人力资源系统的运行状况进行综合评价；综合评价要与同行业其他企业的人力资源系统运行状况进行对比，只有这样才能对企业的人力资源整合状况有一个准确的定位。

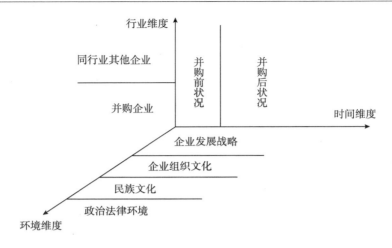

图 6-3　中国企业海外并购人力资源整合评价维度

资料来源：根据相关资料整理而得。

（2）人力资源整合效果评价指标体系的构建与系统评价

对中国企业海外并购人力资源整合效果的评价，首先可以企业人力资源的配置状况为基础，从人力资源配置的数量、结构、质量、成本与收益等方面，搜集相关数据运用主成分分析法计算出不同时期人力资源的配置效率的综合得分，对中国企业海外并购人力资源整合的效果进行动态评价（见表 6-2）；其次把这些不同时期内人力资源配置效率的综合得分与同行业的其他企业进行横向对比，尤其是与行业的平均水平进行对比，以确定海外并购人力资源整合效果的总体水平。环境适应性方面的评估既可以采取定性与定量分析相结合的方法，聘请外部专家对人力资源的环境适应性进行评价打分，也可以通过问卷调查的方法从企业内外搜集相关的数据信息，力求对企业的人力资源整合状况做出系统而准确的评价。

表 6-2　中国企业海外并购人力资源配置效率评价指标体系

项目	指标	含义
配置数量	人力资源总量	企业所拥有的人力资源总数量
	人力资源流动率	一定时期内离职人数和新进人数与总人数的比率

续表

项目	指标	含义
配置结构	类型结构	决策人员、管理人员、执行人员占总人数的比率
	学历结构	研究生、本科生与大专生占总人数的比率
	年龄结构	不同年龄段的人数占总人数的比率
配置质量	知识	具有不同期限从业经验的人数占总人数的比率
	能力	具有不同专业技能的人数占总人数的比率
收益	收入	一定时期内产品销售数量与单价的乘积
	总产值	一定时期内所提供的最终产品和劳务的价值量
	利润	一定时期内企业所实现的税金后净利润
成本	使用成本	工资与福利支出
	其他成本	招聘成本、培训支出、考核与选拔费用

资料来源：谭玉杰．企业人力资源配置效率评价及提升路径研究［D］．大庆：大庆石油学院，2010.

6.3 跨文化融合系统工程的构建与实施

6.3.1 · 企业文化与民族文化

（1）中国企业海外并购面临跨文化经营环境

管理学家威廉·大内（1984）认为，企业文化是包括一整套象征、意识和神话的传统与风气[①]。我国著名经济学家魏杰（2002）则认为企业文化就是企业信奉并付诸实践的价值观念。米建国（1988）则认为企业文化就是企业的经营理念、价值体系、历史传统与工作作风。尽管学者对企业文化的概念有不同的解释，但是目前比较统一的定义是：企业文化是指企业在长期的发展演变过程中，企业全体员工逐渐形成的共同价值观，它具体包括最高目标、经营

---

① 威廉·大内．Z 理论：美国企业界怎样迎接日本的挑战［M］．孙耀君，王祖融，译．北京：中国社会科学出版社，1984.

哲学、历史传统、礼仪习俗、管理制度以及由此而表现出来的企业形象与企业精神（蔡双立，2008）。民族文化则是一个国家或民族在长期的历史发展过程中，发展与创造出来的具有国家或民族特点的物质文化与精神文化的总和。

中国企业实施海外并购且对目标企业进行整合，必然会面临不同的民族文化，涉及具有不同文化背景的员工之间的互动与交流，而两种或两种以上不同文化背景的人之间的相互交往与相互作用就是所谓的跨文化（郑建祥，2004）。

（2）民族文化的维度

海外并购由于目标企业与本国企业属于不同的国家和民族，因此在对目标企业文化的整合过程中，不可避免地会遇到民族文化差异。荷兰管理学家 Hofstede（1980）从权力距离、个人主义/集体主义、男性化/女性化、不确定性规避以及长期/短期取向五个维度对各个国家的民族文化进行了剖析。

权力距离就是社会在处理权力分配时所拥有的观念，权力距离较小的国家认为上下级之间应该是平等的，人们强调民主与分权，下属对上级的依赖程度有限，上下级之间是相互依赖的；而在权力距离较大的国家里，下级对上级具有较强的依附性，下级更趋向于服从并遵循上级的指令来进行工作，权力的约束力较强，领导者通过自身所拥有的权威来发号施令并受到下级的尊敬。

个人主义/集体主义这个维度是用来描述一个人与他人关系的紧密程度的，并通过个人指数来衡量。在个人主义指数较高的社会其集体主义倾向就较弱，人们更加特立独行，尊重个性的发挥，强调个人利益与自我价值的实现，人们往往只关心其自己及其直系亲属，人际关系较为淡漠；一个社会其个人主义指数较低，则其社会集体主义倾向就比较明显，这时人们之间具有较强的依赖性，人们更愿意结成一个群体并强调对内部群体的忠诚，认为个人应该服从集体，并以集体利益为重。

男性化/女性化维度描述的是人们对生活质量的追求以及男性与女性在社会中所处的地位与所起的作用。其衡量指标是男性度指数，这一指数越高，说明男性在社会中越占据主导地位，人们更趋向于追求收入、工作成就，对生活质量不怎么看重，在激励方式选择上也多以金钱和物质为基本手段，社会更加强调公平与竞争，人们倾向于追求事业的成功；而这一指数越低则表明这一社会的女性倾向越明显，人们更加注重生活的质量，倡导平和、谦逊的价值取向，倾向于创造一种友好、合作的氛围，领导关心员工的福利并勇于承担相应的社会责任。

不确定性规避维度描述社会中人们对待未来不确定性的态度，对不确定性规避的程度用不确定性规避指数来衡量。在强不确定性规避的社会里，管理者会尽可能规避风险，凡事采取追求稳定与安全的发展模式，人们将尽力维护现有的信念与规范，尽量避免发生冲突。尽管这种文化不利于变革思想的产生，但却善于将别人的创意付诸实践。在弱不确定性规避的社会中人们会更加懒散一些，追求一种恬静、怠惰与随遇而安的生活方式，能够容忍各种不同的思想与观点，容易产生革新的思想，但是却不善于将新的创意付诸实施。

长期/短期取向维度描述的是人们在对待利益方面的时间价值观。具有长期取向的国家不仅重视过去的传统，还充分考虑到未来，以动态的观点分析问题，在处理问题时着眼未来而留有余地。在短期取向的文化占主导地位的社会，人们更加看重眼前的利益，以过去和现在为考虑的重点。

（3）中外民族文化的差异性

霍夫斯泰德通过对不同国家民族文化五个维度方面的研究，得出了几个国家的个人主义指数、权力距离大小、不确定性规避指数、男性化程度指数和长期导向的数值（最高值为118），具体数值如表6-3所示。

表6-3　中国与日本、印度、美国等国家民族文化维度的指标比较

文化维度	国家					
	中国	日本	印度	美国	英国	瑞典
个人主义指数	21	46	48	98	96	82
权力距离大小	63	54	77	40	21	12
不确定性规避指数	49	92	40	46	12	8
男性化程度指数	51	95	56	62	84	2
长期导向数值	118	80	61	35	—	—

资料来源：Hofstede G. Cultures and Organizations ［M］. London：McGraw-Hill，1991.

通过将中国与日本、印度、英国、美国和瑞典在五个文化维度指标上进行对比，我们可以发现中外民族文化的差异。我国和日本、印度等亚洲国家是一个比较强调集体主义而且权力距离较大的国家；而美国和英国、瑞典等欧美国家是具有个人主义倾向且权力距离较小的国家。由于民族文化在这两个维度方

面的差异，故可能在中国等亚洲国家的人们看来，欧美国家的人们往往个性比较张扬，而在欧美国家的人们看来，中国等亚洲国家的人们更加内敛。

在不确定性规避和男性化程度方面，中国与印度、美国基本上均处于中等水平，而日本则是一个强不确定性规避和男性化程度高且具有长期取向的国家。在我国，随着人们风险意识的增强，整个社会对不确定性规避的程度逐步增强；同时随着男女平等观念的逐步深入和女性权益保障更加完善，我国社会男性化的倾向不断减弱，但是随着社会的发展人们则更加渴望取得事业成功，人们的竞争意识在逐步增强。而日本整个民族具有强烈的民族忧患意识，更加着眼于未来，注重节俭与长期储备，并为将来留有充分的余地；人们往往把自身价值的实现定位在工作上，男性在生活中居于主导支配地位。而英国与瑞典则是弱不确定性规避的国家，这些国家的人们更富于冒险与创新精神，人们不愿接受较为严格的规章制度的约束。在长期导向方面，我国与其他国家相比更注重长远利益，通过过去长期的交往赢得客户信任，树立自身良好的信誉并与更多的客户维持一种长久的合作伙伴关系。

（4）企业文化与民族文化的关系

民族文化是对包括企业文化等微观层次文化的提炼、凝结与升华，企业文化存在于国家或民族文化的大环境下，长期受到民族或国家文化的熏陶与感染，不可避免地带有本民族文化的特色，可以说民族文化是企业文化的基本框架和总的指导准则；同时我们也应该认识到，民族文化与企业文化都是不断发展演化的，而民族文化的演化往往是从微观的企业文化演进开始的，正是微观层面的企业文化的发展演变最终才促成了民族文化的发展演变。企业文化虽然受民族文化的影响，但是它对民族文化也具有一定的影响。

6.3.2　企业并购中不同文化整合模式的比较

根据企业并购双方文化的不同特点，对企业文化的整合一般可以采取四种模式：

一是移植模式（又称同化模式），即并购企业把自身的优秀文化移植到目标企业，被并购方完全放弃自身原来的价值观念和行为准则，目标企业被主并企业的文化所同化。当并购企业具有优秀的强势文化，则目标企业的文化为处于弱势的文化，目标企业员工对自身文化的认同感较低，且对并购企业的文化比较欣赏时，两企业的文化整合比较适宜采取这种模式。这种文化整合模式的优点是能够形成具有核心地位统一的企业文化，但是也容易引起目标企业员工的敌对情绪，并对文化整合采取抵制态度，当两个企业的文化差异较大时很可能产生文化冲突，加大文化整合的风险。

二是分离模式（又称自主模式），即并购双方均保持各自文化的独立性，并购企业尊重目标企业的文化，并维持目标企业原有的文化而不加干预。如果并购双方的企业文化存在较大差异，且并购双方对自身的文化都有很高的认同度，而并购企业对目标企业的文化又无力驾驭，则对目标企业文化的整合可以采取这种整合模式。并购企业往往对多元文化具有较高的宽容度，在并购后并购企业一般仍然使目标企业保持与并购前相同的独立运作模式。这种整合的模式尽管可以避免激烈的文化冲突发生，有效地节约文化整合的成本，降低文化整合的风险，但是不利于双方优秀文化的彼此吸收与借鉴，人为地阻碍了优秀文化元素的转移、扩散与融合创新，会影响无形资源协同效应的发挥，很难通过并购实现无形资源系统优化升级的目标。

三是融合模式（又称渗透式模式），即并购双方对对方所具有的优秀文化元素互相吸收与借鉴，通过双向取长补短式的互相渗透使双方的企业文化有机地融合在一起，进而形成一种包含更多积极文化元素成分的混合新文化。新的企业文化既脱胎于原来双方的企业文化，又比并购前两个企业的文化更具有优势与竞争力。这种融合模式是企业文化整合的最高级形式，不仅能够对各自文化中的优秀成分进行传承，而且能够创造出更加优秀和灿烂的新文化，有利于并购双方基于不同企业文化的差异实现优势文化的互补，在文化的交融中寻求协同效应的发挥。但是这种文化整合模式一般需要双方都能够积极主动地进行互动与交流，文化融合所需的时间可能会较长，速度较慢且可能存在很大的不确定性。

四是变革模式（又称反向同化模式）。这是一种反向并购整合的模式，即并购企业的文化被目标企业的文化所同化。并购企业通过吸收目标企业优秀的文化元素，来促进自身企业文化的创新。尽管这种文化整合模式比较少见，但是可以加快文化创新的步伐，促进优秀文化的诞生。然而，如果这种变革模式失败则会使企业员工陷入缺乏正确的价值取向的文化混沌状态，因此，这种整合模式的文化风险也是比较高的。

6.3.3 中国企业海外并购文化整合模式的选择

企业跨国并购中对文化整合模式的选择通常需要考虑三个方面的因素：一是双方民族文化的差异，二是并购企业对双方民族文化的管理能力，三是目标企业文化改变的可能性（潘爱玲，2006）。跨国并购中文化整合模式的选择流程如图6-4所示。

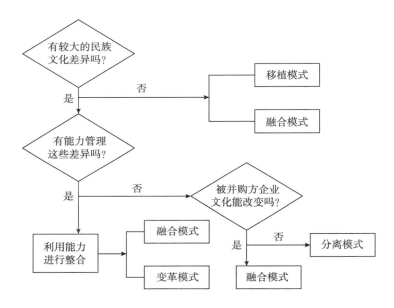

图6-4　企业跨国并购文化整合模式的选择流程

资料来源：潘爱玲. 企业跨国并购中文化整合的流程设计与模式选择［J］. 南开管理评论，2004，7（6）：104-109.

如果并购双方的民族文化没有很大的差异，则可选择移植与融合的文化整合模式。如果并购双方的民族文化有较大的差异，就应该再看企业自身是否有能力来协调与管理这些差异，如果并购企业有这种协调不同民族文化差异，有效化解文化冲突的能力，并购企业就应该选择融合模式或变革模式，充分利用自身的能力来整合双方的企业文化；如果并购企业不具备协调民族文化差异与化解文化冲突的能力，就应该再看目标企业的企业文化是否具有改变的可能性，如果能改变则选择融合模式，如果不能改变则选择分离模式。

中西文化渊源的不同和文化演进路径的相异，使我国的民族文化与西方国家的民族文化存在较大的差异。中国企业海外并购除了面临民族文化的差异之外，还面临企业文化的差异。与民族文化相比，企业文化属于微观层次的文化，带有民族文化的特色与共性。跨国并购中民族文化的差异决定着中外企业文化也将存在较大的不同，而这种较大的双重文化差异可能使中国企业在海外并购中造成双方企业文化的冲突，从而使中国企业在海外并购中面临文化整合风险。

目前，中国进行跨国并购的企业大多是国内行业中的"领头雁"，在其发展壮大的过程中一般都沉淀积累了有利于运营效率提高的优秀文化元素。基于中华民族深厚的文化底蕴与我国出海并购企业优秀文化元素的积淀性，以及伴随着国际交往的日益频繁东道国民族文化的开放性，本书认为，我国进行海外并购的企业应该有能力来协调不同民族文化的差异，应该充分调动自身的能力对双方的企业文化进行整合。同时，中国企业海外并购的动因是为了实现无形资源系统的优化升级，所以并购企业通常选择具有优势资源的目标企业，通过无形资源的转移与扩散来实现自身价值的提升。而这些具有优势无形资源的企业，其企业文化往往也具有较多的优秀文化元素。

通过以上的分析，本书认为，中国企业海外并购对双方文化的整合应选择跨文化融合的模式，通过中外双方企业文化的交融与碰撞，在取长补短彼此互相借鉴的基础上，促进企业文化的创新，以企业文化的发展演进推动不同国家之间民族文化的融合，进而在民族文化的架构下不断为企业文化注入积极元素，为生产效率的提高和经营业绩的改善提供良好的文化氛围。跨文化融合既体现了对目标企业文化与民族文化的尊重，能够赢得目标企业对并购的配合与支持，也是在无形资源系统优化升级的并购动因指导下，基于促进文化演化创新面对中外双方文化差异所采取的科学态度。

6.3.4　海外并购跨文化融合系统工程的规划与实施

（1）跨文化融合创新的工程化思维

工程与工程学原本属于自然科学领域的内容，但是随着自然科学与社会科学理论知识的互相渗透，工程学的理论也逐步向社会科学领域延伸，形成了一些交叉性的边缘学科，如金融工程、财务工程等。我国学者胥朝阳（2009）将工程学的理论应用于企业的并购活动，提出了并购工程的概念。同时基于工程学的视角，冉光圭（2001）提出并购工程在设计上应遵循综合效益最大化、系统化、创新性、谨慎性和开放性等原则。

企业并购整合是企业并购的一个至关重要的环节，并购整合包括有形资源的整合与无形资源的整合两个方面。企业文化对企业的其他无形资源具有统驭性，对并购双方企业文化的整合则是企业无形资源整合的一项基础环节。因而我们也可以运用工程化的思维来处理中国企业海外并购跨文化融合创新问题。企业的文化资源既是企业无形资源系统的一个子系统，同时它处于民族文化的环境之中，属于民族文化的一个子系统。根据以上分析，同时考虑到中外民族文化的差异与并购双方文化的各自特点，本书认为，中国企业海外并购跨文化的整合，应该从系统整体最优化的系统观点实施跨文化融合创新的系统工程。

（2）跨文化融合系统工程的设计原则

一是短期内求同存异，长期内融合创新。每一种文化都是经过长期的历史积淀而逐步形成的，即现代文化是对历史文化的传承；同时它在自身的演化过程中也会与其他文化相互影响，在对其他文化中的优秀成分进行吸收与借鉴的基础上，通过吐故纳新进行演化创新。因此文化的积淀具有长期性，文化的创新具有缓慢性。文化演进的这些特点决定了中国企业海外并购跨文化融合的过程不可能在短期内一蹴而就，双方文化从接触到融合再到创新必然要经过彼此的碰撞、磨合、借鉴与消化等阶段。因此，中国企业在海外并购中对双方文化的整合切不可急于求成，而应该从长远着眼，从眼前着手，做到长计划短安排，使长短期的文化融合目标在无形资源系统优化升级战略的推导下有条不紊地展开。本书认为，中国企业在短期内应努力加强与海外目标企业的沟通交流，积极寻求与培养双方在价值取向、经营思想与用人机制等方面的文化共识，为进一步合作奠定良好的基础；从长期来看应以发展的眼光吸收中外优秀民族文化与企业文化中的精华，摒弃双方各自文化中阻碍生产力发展与劳动效率提高的消极成分，通过双方文化的相互涤荡与有机融合以推动企业文化的创新和民族文化的演化。

二是注重企业文化与民族文化的兼容性。民族文化是企业文化生存的土壤，企业文化受到民族文化的影响。中国企业海外并购对目标企业文化的整合不能脱离目标企业东道国民族文化的环境。民族文化是一个国家和民族宏观层面上的文化，而企业文化则是微观层次上的文化。民族文化的创造主体是整个国家和民族，而企业文化的历史传承者与创新推动者则是整个企业的所有员工。中国企业海外并购将跨文化融合创新的目标定位于双方的企业文化才是科学与理性的选择。因为作为微观个体，中国出海企业要想在短时间内改变由东道国整个国家和民族长期积淀下来的民族文化显然是不现实的。同时，企业无形资源中的文化资源子系统是一个开放系统，系统的环境适应性也决定了企业文化必须与民族文化相适应。因此，在跨文化融合的过程中，中国企业应充分掌握目标企业所在国的民族文化特点，使并购后融合创新出来的企业文化因深深根植于民族文化的土壤而拥有强大的生命力。

三是以互信互助为纽带，以合作共赢为基础。企业是一个承载着各种利益相关者的综合体。从企业内部来说，有股东、经营管理层和内部员工；从企业外部来说，有债权人、政府部门、供应商、顾客以及同行业其他企业等外部利益相关者。企业财务管理的目标应该是在权衡所有利益相关者利益条件下的股东财富最大化（傅元略，2007）。企业的生产经营活动不可避免地会受到利益相关者的影响，只有充分考虑各利益相关者的利益，企业才能更好地实现财务管理的目标。中国企业通过海外并购获得目标企业的控制权后，其在东道国的利益相关者不仅包括目标企业的员工及管理层，还包括海外目标企业所在的社区及东道国政府等。实现海外并购后，中国企业只有得到海外目标企业的认可，赢得他们对并购整合的配合与支持，才能使目标企业原有的优势无形资源得到有效保护，并进而实现顺利的转移与扩散。比如在这方面最明显的是目标企业原有的客户群，这些客户对目标企业的忠诚度是建立在对原有目标企业员工与产品及服务的信任基础上的。并购企业只有赢得了目标企业员工的理解与支持，才能对原有的客户关系进行较好的保持与维护，才能共享目标企业原有的供销网络，为进入国际市场奠定良好的基础。而要赢得目标企业员工的认可并进而使他们对中国企业的并购持理解与支持的态度，中国企业在海外并购整合过程中就应该加强双方文化的沟通与交流，在企业文化中融入互信互助的元素，把合作共赢的理念植入中外双方员工的脑海里，只有这样，才能有效地避免并购整合过程中双重文化差异可能造成的冲突，促进双方文化的融合创新并进而使优秀的企业文化在并购后的企业中落地生根。

四是以国际化趋势为导向，以竞争力提升为目标。经济全球化的发展趋势在加深世界各国经济交往的同时，也进一步使各国文化的交流更加密切。在开放的环境下，各国文化在彼此交融的过程中，既会碰撞发生一些冲突，也会在相互涤荡中彼此借鉴。"尺有所短，寸有所长"，任何一种文化都既有优秀的成分也存在消极的因素，中国企业海外并购在跨文化融合的过程中，应该以开放的胸襟促进并购双方文化的融合创新，在文化演进的方向上应该树立"凡是民族的也是世界的"的观念，一方面在海外并购过程中尽可能发扬光大我国民族文化中的优秀成分，扩大我国优秀文化的国际影响力；另一方面在吸收海外民族文化与企业文化精华的基础上，促进我国企业文化的创新与民族文化的发展。

本书认为，中国企业应紧紧围绕促进并购双方协同效应的发挥，增强企业国际竞争力提升这条主线，考虑到企业文化资源与其他无形资源的适配性，以有利于并购后企业生产效率的提升、有利于增强企业的价值创造能力为标准，通过对双方文化的"扬弃"来促进中外企业文化的融合创新，推动民族文化的发展演化。

（3）跨文化融合系统工程的任务、功能与构成

中国企业海外并购的整合从宏观的层面来说属于企业经营管理的范畴，跨国并购后的整合不仅包括有形资产（设备、资金）的整合，还包括人力资源的整合、客户的整合以及文化资源等无形资源的整合。从系统论的观点来看，如果我们把企业的文化资源看作一个系统的话，那么在跨文化的环境下对双方企业文化的整合就可以运用系统理论与工程化的思维来进行设计与实施。因此，本书认为，我国企业在对海外目标企业整合的过程中也可以把跨文化融合看作一项系统工程。从系统的层次上看，海外并购跨文化融合系统隶属于海外跨国并购整合的大系统，而跨国并购整合大系统又隶属于企业经营管理这个更大的系统，其层级关系如图6-5所示。

图6-5　跨文化融合系统的层级

基于企业文化资源对其他无形资源的统驭性，通过对跨文化融合系统层级隶属关系的剖析，本书认为，中国企业海外并购跨文化融合系统的任务应做如下定位：在跨文化的环境下通过对目标企业文化与所在国民族文化优秀元素的借鉴与吸收，促进并购后企业文化的融合创新，为企业无形资源系统的优化升级奠定良好的基础，为海外并购协同效应的发挥创造良好的氛围，确保中国企业海外并购战略目标的实现。而要完成这些任务，中国企业海外并购的跨文化融合系统就必须具备如下的功能：通过分析不同文化之间的差异，对具有不同文化背景的群体进行有效协调，化解不同文化之间的冲突，进而使异质的文化在磨合中相互吸收与借鉴，使中国企业在海外并购跨文化融合创新过程中本着短期内"和而不同"、长期"相融共生"原则进行企业文化的重塑。

　　根据中国企业海外并购跨文化融合系统的功能定位和系统工程的设计流程，本书认为，跨文化融合系统应包括如下几个子系统：跨文化人才储备与培训子系统、文化差异识别与冲突协调子系统、跨文化融合流程监控与评价反馈子系统，如图6-6所示。

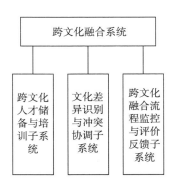

图6-6　跨文化融合系统的构成

　　一是跨文化人才储备与培训子系统：人既是管理活动的主体，又是文化传承的载体，更是文化创新演进的推动者。跨文化融合创新既是具有不同文化背景的人相互接触、彼此了解、增强信任的过程，也是具有不同文化背景的人相互交流、相互借鉴，促进新文化诞生的过程。因此，中国企业海外并购在跨文化融合创新的过程中必须始终坚持"以人为本"的原则。目前中国企业海外并购最缺乏的不是资金，而是具有国际视野与管理能力的并购团队，其中具有跨文化素质的管理人才更是中国企业的"软肋"。要想使跨文化融合系统充分发挥出应有的功能、完成既定的战略目标，本书认为，中国企业海外并购跨文化融合系统应该把跨文化人才的储备与培养作为一个子系统。

二是文化差异识别与冲突协调子系统：国际上关于跨国并购失败的原因有一个所谓的"七七定律"，即70%的企业海外并购没有达到期望的商业价值，其中70%失败于并购后文化的整合。在跨文化环境下较大的文化差异和由此带来的文化冲突增加了跨国并购整合的难度。中国企业海外并购跨文化融合创新面临民族文化与企业文化的双重差异，在不同文化的交融过程中，不可避免地会因一些价值观念、伦理标准的不同而产生一些文化冲突，进而影响到企业并购协同效应的发挥。因此，中国企业海外并购的跨文化融合首先应识别不同文化之间的差异，以及各自适应的生存环境，做到"知己知彼"；其次应对已经或将会出现的文化冲突进行协调，通过化解矛盾、避免冲突，以确保跨文化融合创新过程的顺利进行。

三是跨文化融合流程监控与评价反馈子系统：中国企业海外并购跨文化融合创新是需要一定过程的。在这个过程中，中国企业往往会根据并购战略的需要，设计与实施相应的文化整合方案与措施，这些方案与措施是否可行以及实施的效果如何？需要以是否有利于企业运营效率的提高，是否有利于企业国际竞争力的提升，是否有利于企业价值创造能力的增强作为基本的衡量标准。这就要求中国企业在跨文化融合创新过程中，对文化融合的过程进行跟踪监控，在总结成功经验的基础上，发现文化融合过程中出现的各种不协调因素，及时采取行之有效的修正措施，确保跨文化融合系统功能的正常发挥。

（4）跨文化融合系统工程的组织实施

一是组织跨文化融合培训，培养跨文化融合团队。经济全球化的发展趋势迫切要求中国企业走出国门，而作为尽快融入国际分工体系的一个重要战略手段，海外并购急需大量的具有跨文化能力的优秀人才。"跨文化能力是在跨文化的情境中有效地进行交流并能恰当地融入各种文化语境的能力"[①]。因此，中国企业在进行海外并购之前，就应该注重跨文化人才的储备与培训。中国企

---

① 丹·兰迪斯，珍妮特·M. 贝内特，米尔顿·J. 贝内特. 跨文化培训指南［M］. 关世杰，何明智，陈证，译. 北京：北京大学出版社，2009.

业首先可采取"走出去"与"请进来"相结合的方法，通过加强中外人员的交流与沟通来逐步建立跨文化融合人才队伍。所谓"走出去"就是派出我国企业员工到海外目标企业进行工作与学习，使其置身于海外民族文化与企业文化的氛围中，一方面快速提高其外语的水平，增强与国外企业员工的沟通能力，熟悉海外东道国的风土人情、宗教信仰、伦理观念与法律环境；另一方面了解目标企业的经营理念、运营机制与职业操守，有针对性地培养自身的跨文化融合能力。所谓"请进来"就是聘请外国的员工与经营管理人员入职中国企业，让更多的中方企业员工零距离地感受目标企业的经营作风与价值取向等文化特色。只有通过与目标企业员工深入沟通与交流，才能在跨文化融合过程做到知己知彼，进而有的放矢地推动跨文化融合创新系统工程的实施。其次借助一些专业机构来加强中国企业员工的跨文化培训工作。为了尽快提高跨文化融合创新的能力，我国企业可以聘请有海外经历的跨文化培训师等专业人士，针对中国企业跨文化管理人员的素质状况，设计一整套系统的跨文化培训课程，从语言沟通技巧、文化差异鉴别、对方心理分析、文化冲突化解等方面，对从事跨文化融合管理的人员进行全方位培训。最后模拟跨文化的情境进行实际操作，一方面针对可能出现的文化冲突制定切实可行的化解对策，另一方面还要考虑到可能会出现意想不到的文化冲突，以进一步增强中国企业跨文化管理人员的随机应变能力。

二是识别中外文化差异，走"本土化"的文化融合创新之路。企业文化离不开民族文化的土壤。因此，在海外并购的过程中，中国企业不仅要对东道国的民族文化，从权力距离、个人主义/集体主义、不确定性规避、男性化/女性化和长期/短期取向五个文化维度与中华民族的文化进行对比分析；而且要对比分析中外双方企业在运营机制、经营风格、工作作风与运作模式等企业文化层面的异同；另外，还要实地深入目标企业与一线员工深入接触，以掌握存在于目标企业内部团队的亚文化。然后在此基础上，根据东道国民族文化的特点以及目标企业文化的强弱不同，走出一条"本土化"的跨文化融合路子。"本土化"包括两个方面的内容：一方面，海外并购对目标企业文化的重塑应考虑到对东道国民族文化的适应性，因为只有与东道国民族文化相兼容的企业文化才能使目标企业更好地适应外部环境，为企业并购整合的顺利开展创造广阔的发展空间；另一方面，中国企业要以发展的观点来促进企业文化的演化与创新，在对中外双方优秀文化进行传承的基础上，以开放的胸襟与相互借鉴的心态促进中外双方企业文化的相互渗透和融合，以潜移默化的方式推动企业文化的创新并对民族文化产生影响。"本土化"的跨文化融合创新方式既是对东道国风俗习惯、生活方式的尊重，也体现了对东道国政治体制、法律环境等的适应，从而也能使融合创新出来的企业文化具有更强大的生命力。

三是以人为本注重互惠双赢，树立负责任的国际形象。人既是跨文化管理的主体，又是文化传承的载体。因此，在跨文化融合中一定要注重人本管理，始终贯彻"以人为本"的理念。尤其是要在并购后的整个企业中推行一种"任人唯贤"的用人机制，要善于发现和启用目标企业中的优秀员工，在外派中国企业员工进行海外任职的同时，也应该选拔目标企业员工来中国企业任职，实行开放式的用人选人机制，在整个企业中倡导一种能够促进优秀人才脱颖而出的文化氛围，让目标企业员工感觉到自己的职业发展空间比并购前得到了拓展。本书认为，我国企业在海外并购跨文化融合的过程中应该因势利导，在企业内部推行人本文化的同时，还应注重社会责任的担当，不仅要协调好与当地社区与政府的关系，还要积极参与各种公益活动，在海外树立自身良好的企业形象与负责任的大国形象。如中国石油收购 PK 公司后，不仅积极资助当地优秀学生到中国留学，还主动参与城市天然气管网投资建设，在国外赢得了较好的口碑。①

四是建立跨文化融合的评价体系，跟踪监控跨文化融合进展情况。为了确保跨文化融合工作的顺利进行，并在海外并购整合的过程中逐步形成包含更多优秀元素的创新文化，中国企业往往会根据东道国与目标企业文化的状况制订一整套跨文化融合方案，并对可能出现的文化冲突制订相应的化解对策。然而，随着外部环境条件的变化这些方案或措施可能会变得不再适应。另外，跨文化融合系统工程各个子系统之间为了能够相互配合，在运行过程中也需要对其进行协调。这就需要中国企业事先必须制订一个跨文化融合的评价体系，对跨文化融合系统工程实施的全过程进行实时监控，对不再适应环境条件的整合方案及时进行修正，对出现的事前未能预料到的文化冲突及时制定应急预案，同时将跨文化融合系统工程各个子系统之间有机地衔接起来，以确保跨文化融

① 周明剑，王震. 中国大收购——中国企业崛起的海外艰难征战 [M]. 北京：石油工业出版社，2009.

合系统工程功能的发挥与任务的完成。

跨文化融合评价体系的构建首先要有人才方面的衡量标准，企业经营所需要的核心关键人才是否仍留用在目标企业中？具有突出贡献的员工是否得到职位上的提升？美国管理大师德鲁克曾提出一个检验并购成功的标准：被并购企业高管人员的职位在一年内被提升。对于进行海外并购的中国企业来说，对这些方面应该重点予以关注。其次要看企业原有客户的保留以及营销渠道的拓展情况，这些指标的变化都可以从中外企业跨文化融合中找到根源。最后要看并购后企业的经营效率与运转情况，成本是否得到了有效控制？经营效益是否得到了提升？企业海外并购的战略目标是否得到了有效实施？中国企业的跨文化融合系统应通过定量与定性指标的结合，力争对跨文化融合系统的运行状况做出一个客观正确的评价，为跨文化融合的跟踪监控提供一个决策的依据（见表6-4）。

表6-4　中国企业海外并购跨文化融合年度评价指标

人才队伍建设	并购前关键人才数量	其中留用人数	
	突出贡献人数	其中被提拔人数	
客户关系维护与开拓	并购前对十大客户销售量	并购后对前十大客户销售量增减（%）	
	新拓展客户的数量	新拓展客户年度销售量占总销售量的百分比（%）	
经营效率改善	并购前成本收入比（%）	并购后成本收入比（%）	
	并购前资金周转率（%）	并购后资金周转率（%）	
	并购前设备利用率（%）	并购后设备利用率（%）	
环境适应性	因价值观念不同而使管理措施难以落实的次数	其中能够有效协调的次数	
	人员裁减受到东道国政府或工会干预的次数	其中能够得到妥善解决的次数	

跨文化融合管理团队应负责对跨文化融合过程进行监控，根据所制订的跨文化融合评价标准，掌控企业跨文化融合系统运行的成效。一方面，应重点关注事前未能预测到的文化冲突，及时出台相应的对策，采取必要的措施，严防

内部冲突外部化；另一方面，要认真检验各种对策的适用性，根据环境的变化，结合东道国的政治导向，适时调整跨文化融合方案，优化跨文化融合系统的整体功能，确保跨文化融合任务的完成。

6.4　企际关系资源子系统的维护与动态调整

任何经济活动都是由人主导与推动的，在分工越来越细化的当今社会，人与人之间不可避免地会进行交往，产生千丝万缕的联系，这种联系就构成了"关系"。人们之间的关系不仅以情感为基础，还以利益为纽带。外资企业在中国设立分支机构进行跨国经营，对关系，即人脉资源十分看重，会作为选聘中国员工的一个重要参考条件。同样中国企业在对海外目标企业进行整合的过程中，也必须妥善处理与外部各个方面的关系。

6.4.1　企际关系资源对企业价值提升的决定性

企业与这些外部利益相关者之间的相互联结就构成了企业的企际关系，这些关系资源对企业来说是极为重要的。拥有丰富且高质量的企际关系资源企业可以获得以下四方面的优势：一是可以降低企业的交易成本。通过与供应商和分销商建立长久的合作关系，企业能够获得稳定的原材料来源，建立起稳固的销售渠道，在供销环节获得规模经济效应。二是降低机会主义行为。企业与其利益相关者构筑起长期稳固的网络结构关系，使得他们之间的合作成为一项多人参与的重复博弈过程，那些不守信用的企业或客户将会受到关系网络中其他节点成员的惩罚，这将使机会主义行为的成本大大增加。三是能够创造关系租金。经济租金是企业基于资源的垄断性和稀缺性以及由于创新而获得的高于一般企业的利润。企业可以通过积极参加公益事业承担更多社会责任的方式，与当地社区和政府构筑良好的关系，赢得政府政策的倾斜和更多顾客的青睐，进而通过这种关系而获得一种超额利润。四是有利于创新能力的增强。企业通过与关系网络中其他节点的互动，获得对自身有价值的信息和商业秘密、技术诀窍等隐性知识，进而促进新知识的创造。

中国企业通过海外并购可以获得目标企业的控制权，但是并不能完全控制目标企业原有的供销渠道等企际关系资源。并购完成后原来目标企业的客户会对中国企业的生产经营能力重新予以审视，银行等金融机构也可能会对并购后企业的信用级别重新进行评估，东道国政府基于国家总体发展战略与经济资源安全性的考虑，也可能会对作为外来投资者的中国企业采取非国民待遇。中国企业海外并购完成后，目标企业所有者的变更必将会导致企业原来所处的关系网络中各方感知、信任以及态度发生相应的变化，而这些变化会最终对企业的生产经营产生一定的影响。东道国对作为投资输入者的中国企业的政策变动，会使中国企业在海外经营中面临很大的政治风险，而且这种风险对中国企业来说具有不可抗性；目标企业原有客户对中国企业及所生产出来的产品忠诚度的变化，将会使产品的市场份额受到影响，进而影响到企业的营业收入与经济效益；而原材料供应商合作态度的变化也会影响到企业原材料供应渠道的稳定性。

中国企业海外并购对无形资源系统优化升级的目的是提升企业的国际竞争力，促进企业价值创造能力的提升。无形资源系统优化升级的效果最终还是要在客户关系上表现出来，可以说企业的企际关系资源既会对企业的生产经营产生一定的影响，也是企业无形资源优化升级的一个测量器。企业的企际关系资源在生产经营中具有极其重要的战略地位，海外并购完成后目标企业在所处的关系网络中也发生了相应的变化。因此，海外并购交易完成后，中国企业应根据关系网络中其他节点感知与态度等的变化对企际关系资源进行必要的重塑，这种重塑既是对并购双方原有关系网络的融合，也是对目标企业原有企际关系资源的更新与梳理。

6.4.2　企际关系资源的特征

（1）互惠的基础性

企业是一个以盈利为目的的经济实体，企业与外部利益相关者之间建立起关系网络，其最终目的都是为了节约成本和谋求相应的超额收益。而企业的外部利益相关者也应该从这种关系的互动中得到相应的收益。比如，企业通过与银行等债权人建立良好的合作关系，可以获得稳定的资金来源，不仅能够节约财务成本，而且能够捕捉到有利可图的商机。而银行等债权人也可以因此而为自身的闲置资金找到合适的运用渠道，实现货币资金的保值与增值。如果企业不能够按时归还银行等债权人的贷款本息，或者企业筹措到债务资金成本太高难以实现盈利，则企业与银行等债权人之间的这种合作关系将会走向中止。可以说交流互动是关系资源构建的外在表现形式，优势互补是关系资源形成的一个必要条件，互助互惠则是关系资源得以巩固发展的一种行为规范。

（2）时间的检验性

作为企业的一项无形资源，企际关系资源的形成与发展更需要经过时间的检验。在关系网络中关系各方需要经过长期的沟通交流与互动，才能使一方形成对另一方的比较稳定的印象，互动双方在对方心目中形成的长期良好印象，会最终发展为彼此之间的信任，并进而在主观上建立起比较和谐的心理感受契约。在关系各方的互动中，良好的第一印象只是关系建立的一个开端，而在长期的多次交往中所表现出来的类似于风格的伦理观念、价值取向和道德品质才能最终在对方心目中落地生根。关系各方也正是基于在彼此的长期交往中所形成的对对方的主观判断，才最终做出是否建立与维护这种关系的决定。一般来说，经过较长时间的洗礼而形成的企际关系资源与那些短期内创建的关系资源相比，在价值含量和稳定程度上都会更高。

（3）维系的感知性

企业与外部利益相关者之间关系的构建、维持与发展，是通过双方的彼此感知来进行的。关系资源的获取需要以信任为纽带，而信任则是以双方互动中一方对另一方的感知为基础，这种感知具有主观性和互动性。企业在与关系网络中其他方合作的过程中，在对另一方做出贡献的同时，总会希望另一方因此而有所回报，并由此产生一个心理期望，当另一方的行动达到或超过这个心理预期时，企业就会对对方产生良好的感知，对合作的另一方来说也是如此。如果合作双方的行为均能达到或超过另一方的期望时，彼此就会产生良好的感知，则互信互助的友好关系将得以构建，双方就会增强互动的频率并进行深度的合作，关系资源的质量将得以提升。

（4）隶属的准公共性

关系资源为合作双方或多方所共有，它不单独隶属于关系网络中任何一个节点。具体来说，关系网络中的一个节点拥有关系资源，是以与之合作的另一方的认可、信任与默契配合为前提的，离开了这个前提，网络关系中的任何一个节点就不能在真正的意义上拥有关系资源。关系的一方在将另一方视为一种资源的同时，也必须使自己成为对方可资利用的一种资源。这种交互的隶属性充分说明了关系资源存在于共同的合作者之间，任何一个企业都不能脱离其合作者而单独拥有对它的产权，从这个意义上来说，关系资源具有一种准公共物品的性质。

（5）交换的非对称性

在企业与外部利益相关者结成的关系网络中，存在实体资源流动或交换，这种互动交换一般是一方行动而使合作的另一方受惠，贡献者只能在未来获得对方的回报，贡献者未来收益在时间上的滞后性和在价值上的不确定性使得这种交换具有非对称性。关系资源的这种交换的非对称性使得关系资源的创建、维护与发展往往面临较高的沉没成本和时间成本，也使得关系资源的收益具有很大的不确定性。

6.4.3　海外并购企际关系资源整合的路径选择

（1）加强与目标企业的沟通，促进互信机制的建立

中国企业海外并购在对目标企业整合的过程中，要处理好与目标企业的关系。尤其是在并购之初，中国企业应该切实加强与目标企业的沟通，使目标企业对中国企业有一个好的初步印象。因为如果在并购之初双方发生误解，那么以后基于建立互信的沟通交流将会产生事倍功半的后果。良好的开端是成功的一半，而最初的失误无疑会加大关系资源整合的成本。

中国企业可以在以下几个方面加强与目标企业的沟通：一是在并购交易完成后的初始整合阶段，中国企业要将并购后整个企业的总体发展战略及时传达给目标企业，让其真正了解中国企业出海并购的动机，进而使并购双方在目标企业的发展愿景上达成一致，使目标企业管理层对中国企业所授予的权限在心理上予以认可。二是要加强并购双方的互动，促进双方信息与知识的共享，减少双方的信息不对称，并尽可能消除因此产生的误解。互信来源于互动，互动是促进沟通的一种有效形式，通过互动，并购双方可以彼此增进了解，进而形成一种心理上的默契。三是要及时掌握目标企业员工的思想动向，协调好承诺与期望的关系。中国企业在对海外目标企业的并购过程中，不仅要了解目标管理层的观点、想法与态度，而且要经常深入基层一线，了解普通员工对中国企

业海外并购整合的意见与看法。一方面中国企业在对目标企业员工做出相关承诺时一定要三思而后行，因为向对方进行承诺往往会使对方产生期望，当承诺不能兑现或者不能完全兑现时，目标企业员工的主观感受就会由期望状态变成失望，进而会影响后续合作，使互信机制的建立失去根基；另一方面中国企业要在换位思考的基础上，使目标企业员工对中国企业有一个合理的期望值，对那些抱有不切合实际幻想的员工，应该耐心细致地做好其思想引导工作，让其了解并购双方企业的实际情况，同时尽可能地帮助其解决工作与生活中的实际困难，以企业的人文关怀来促进并购双方互信机制的建立。

（2）目标企业企际关系资源的梳理、维护与重构

在资源约束的条件下，企业与一个或一群客户建立了业务联系后，也就意味着失去了与另一个或另一群客户建立关系的机会。企业对企际关系资源进行投资后，会被自己创建的关系资源"锁定"，因为如果中止已建立起来的关系而去重新寻找客户建立另外的关系，那么企业以前在原有关系资源上的投资将成为"沉没成本"。因此，中国企业应该高度重视关系资源的维护工作。

目标企业的企际关系资源能为企业带来收益，但是创建与维护这些关系资源也需要一定的成本投入。中国企业应该做好目标企业关系资源的梳理工作，在权衡关系资源成本与收益的基础上，有区别地对海外目标企业的企际关系资源进行整合。一方面应该根据企业总体的发展战略，结合目标企业原有的企际关系资源状况，确定哪些企际关系资源需要重点加大投入力度，哪些需要维持现状，哪些应该中止。应该将能够与中国企业形成优势互补的企际关系资源作为发展的重点，对有利于中国企业海外并购无形资源获取的应该加大投入力度，而与中国企业具有替代性的企际关系资源则可以在做出对比分析的基础上，选择最优的一个。另一方面应该分析中国企业在东道国经营可能会涉及哪些以前未能涉及的利益相关者，然后根据其对企业经营与发展的影响程度，在对应该建立的外部关系强度做出合理界定的基础上，做好关系资源的投资规划和重构工作。

（3）企际关系资源专用性的打造与关系资源网络系统的最优化

企业的企际关系资源因为能为企业带来利润而具有价值创造功能，关系双方的联系越紧密、互信程度越高、合作越默契，则关系合作者就可能为对方提供更多或更有价值的互补资源，关系资源的价值创造功能就越大，关系资源的

价值创造功能或者更直接地说关系资源价值含量的大小，与关系资源的质量成正比。因此，在确定了应该重点发展的关系资源后，中国企业对目标企业关系资源的整合一定要注重关系资源质量的改善与整个企业企际关系资源系统的优化升级。

一方面，中国企业在与外部合作者互动的过程中，应加大对关系资源投资的力度。不仅要主动与关系的另一方分享自己拥有的信息、知识等"软性"资源，还应该在互惠的交往中为对方提供实物等"硬性"资源，以自己的实际行动向对方表达合作的诚意，促进关系合作双方加大对关系资源的投入，逐步增强关系合作双方的互信度。关系双方的投入成本越大，则关系双方对另一方的重视程度越高，关系的稳定性就越强，关系资源的专用性、质量和价值创造能力也就越高。

另一方面，在企业所处的关系网络中各个节点之间往往存在千丝万缕的联系，企业与一个利益相关者的关系可能会影响到与处于另一个节点上的合作者的关系。比如，尽管某一企业是中国企业海外目标企业长期的忠实客户，但是如果它所经营的项目并不对应国内企业的长期发展目标，那么在与这个企业关系的构建中，就应该在对该企业发展前景进行详细论证的基础上，合理确定对这种关系资源的投入。目标企业的企际关系资源既相互联系又相互制约的性质，要求中国企业在海外并购的过程中，应该从系统论的角度出发，对企际关系资源进行统筹规划合理安排，以实现企际关系资源系统的最优化。

6.4.4 企际关系资源质量提升的关键环节

在企业的企际关系资源中，上下游企业、政府和金融机构这三类外部合作者对企业的经营与发展至关重要。上游供应商是企业进行生产经营的必要外部条件，离开了这一客户企业的经营活动便会成为无源之水；下游经销商是企业实现销售收入进而赚取利润的一个关键环节，离开了这一客户企业便难以打开市场；企业在与上下游企业进行合作时可以有所筛选，但是在政企关系中企业往往处于弱势地位，在协调与东道国政府的关系时，企业只能对自身做出适应性调整，或通过公关活动影响政府的决策；在经济金融高度发达的当今社会，企业并购尤其是海外并购往往规模巨大，进行交易的资金一般来说数额都比较庞大。中国企业与国际上实力雄厚的跨国公司相比在规模上有一定的差距，中国企业进行海外并购自有资金往往有限，更需要借助国际金融市场融资来解决并购的资金缺口。因此，重点发展与国际金融机构的关系就显得尤为重要。

（1）运用柔性管理机制对客户关系资源进行动态调整

第一，关系强度的概念。在企业的企际关系网络中，企业与其利益相关者之间的关系也是有强弱之分的。在衡量合作双方关系强弱的问题上，美国著名学者 Granovetter 在 1973 年提出了"关系强度"的概念，对关系的强弱从互动的频率、互惠的程度、感情深度与亲密程度四个维度进行评估，进而根据纽带力度的不同将关系纽带分为强连带关系与弱连带关系。我国学者蔡双立（2008）则把商业交往中合作双方联系的纽带界定为客户之间为了协同创造价值，在战略目标的指引下为了实现具体的经营计划而相互依赖与相互关联的程度。

第二，客户连带关系强弱的优劣势分析。企业与客户之间结成强连带关系具有以下几个方面的优势：一是有利于双方信息的共享，减少信息不对称问题。二是通过双方感情的投入可以获得心理上的归属感与认同感，双方互动的频率与合作深度的加强有利于隐性知识的传递与交换，进而能够促进生产效率的提高和创新能力的增强。三是可以避免机会主义行为，保证交易行为的可靠性与生产经营活动的稳定性，从而节约交易成本；但是这种强连带关系也可能使企业由于对关系的另一方过度依赖而陷入信息闭塞与缺乏自主创新能力的窘境，或者因碍于人情和面子问题而无法进行效率改进，在发现更为合适的合作对象时也因为强连带关系较高的退出成本而错失商机。弱连带关系虽然可能使合作双方只注重短期利益，在交易过程中也不能有效地避免机会主义行为的出现，与强连带关系相比，弱连带关系的合作双方由于相互之间信任度不高，一般会面临较高的交易成本和较大的风险，但是这种弱连带关系由于双方投入的成本不大，关系的中止与重新构建不存在较高的退出壁垒与成本，可以为关系双方提供更为自由的选择空间，有利于企业以宽阔的视野获取新鲜的信息与互补性知识。

第三，通过柔性管理对客户关系强度进行动态弹性调节。中国企业海外并购使目标企业的所有权发生了变化。目标企业所有者身份的变化必然会涉及其所建立的关系网络资源，基于蔡双立（2008）提出的企际关系强度动态调整的思路，原来的关系资源在关系强度方面无疑也需要做相应的调整。在对并购双方关系资源的整合过程中，应以关系资源系统的最优化为出发点，以最大化关系资源价值创造能力为原则，根据企业的整体发展战略对客户关系的强弱做出一个合理的定位，当与客户的关系太强时，就应该通过降低互动的频率、缩小合作的范围、减弱合作的深度以增强企业的自主创新能力，在必要时可以中止合作。而在关系强度较弱需要与外部合作者进行深度合作时，可以通过短期的契约安排、签订长期合作协议、建立战略联盟以及进行合资合作经营，甚至通过兼并收购等方式，进一步把关系强度提升到适度的水平。企业与客户之间适度的关系强度是随着外部环境的变化、企业发展战略的调整和其他无形资源的适配性要求等的变化而变化的，在对客户关系资源整合的过程中，企业应根据对客户关系的强度动态地进行调整，以确保整个企业无形资源系统的最优化和并购双方协同效应的充分发挥。对客户关系资源进行柔性动态管理的模型如图 6-7 所示。

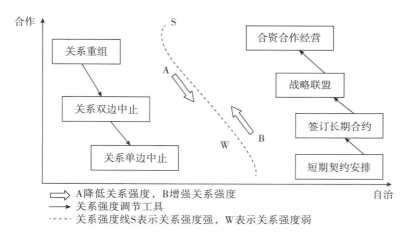

图 6-7　关系强度柔性管理模型

资料来源：蔡双立. 企业并购中的关系资源动态整合研究［M］. 天津：南开大学出版社，2008.

（2）以规避政治风险为导向构建与东道国政府的关系

中国企业海外并购后在东道国的环境下从事生产经营活动，不可避免地会与东道国政府发生联系，这种联系从宏观的层面来说也涉及两个国家之间的经济交往。因此中国企业海外并购与东道国政府政企关系的构建必须从宏观的国家层面与微观的企业层面来综合考虑，不仅要对国家的性质与职能有一个清楚的认识，还应该结合中国产业的整体战略布局明确自身的任务与使命，只有这样才能恰当地处理与东道国政府之间的关系，为海外并购与跨国经营创造一个良好的政策环境。

第一，新制度经济学视角下国家的职能与国家之间的竞争与合作。新制度经济学认为，国家是一种制度安排和合法使用强制力的组织，它既可以弥补市场机制的不足，也可以为了实现国家利益而对产权进行重新界定。从职能上看，国家既是最大的制度供给者，又是产权的界定者与保护者；国家既以强制力作为后盾在处理经济纠纷中充当着第三方实施者的角色，也可以对不同利益集团的利益关系进行协调。在经济全球化的背景下，中国企业海外并购虽然在微观层面上表现为中国企业与海外目标企业的重组与整合，但是这种控制权的变更与资本的跨国流动在宏观层面上则是两个国家之间的互动和博弈。作为某一集团或阶级的代表，一个国家为了实现自身利益的最大化，与另一个国家之间在获取资源和财富方面存在竞争；同时它们之间为了节约交易成本和减少机会主义，在博弈过程中也需要达成某种默契来进行必要的合作。国与国之间的这种互动与博弈是一个竞争与合作共存的过程。从竞争方面来看，国与国之间的竞争实质上是一种制度的竞争（或者称之为体制的竞争）（卢现祥、朱巧玲，2007）。哪个国家在制度设计上能为企业的发展壮大提供良好的平台和适宜的经营环境，哪个国家的机制更灵活更能够促进企业国际竞争力的提升和价值创造能力的增强，哪个国家就能够使资源的流动向本国倾斜，进而在开放的背景下抢占先机。从合作方面来看，在经济全球化的环境下，各个国家需要进一步加强沟通与协调机制，通过加强合作来促进跨国并购交易机制的完善与发展，进而促进资源要素在全球范围内的优化配置。

第二，中国企业海外并购面临的政治风险。中国企业海外并购是在东道国的政治与法律环境中从事生产经营活动的。相对于东道国企业，中国企业处于弱势地位，东道国往往会从本国民族利益的角度出发，优先维护自身利益，从而可能使中国企业面临在国内经营所未曾面临的政治风险，具体而言，主要有以下几种：一是战争与内乱风险。一些国家出现，政治动荡或恐怖袭击事件后，会导致中国企业海外员工的人身安全受到威胁，资产的安全性难以得到有效保障。二是东道国政策变动与政府干预的风险。当一些国家对外资外贸政策做出调整时，这些政策的变更会使出海并购的中国企业经营面临很大的风险。

三是由国外劳工权益纠纷引发的政治风险。由于我国的工会组织在职能与形式上与国外有所不同，故中国企业海外并购在东道国经营中处理劳资纠纷时频频遇到强势工会的罢工等事件，使并购后的整合面临事前未能预料到的风险。四是贸易保护主义有所抬头加大了中国企业海外并购的风险。一些西方国家采取反倾销、反补贴等非关税贸易壁垒方式限制中国企业的出口贸易。在金融危机的背景下，一些欧美国家为了保护民族工业的发展，利用自身的技术优势通过设置技术壁垒、打着保护环境的旗号对中国的出口商品采取歧视政策。

第三，从宏观与微观两个层面构筑与东道国政府的关系。中国企业海外并购从契约理论的角度来看，是中国与东道国关于投资的一种契约。因此我国企业与海外东道国政府构筑关系应该在国家的主导下进行。首先，我国政府应出面与东道国政府签订双边投资保护协定，通过建立双边投资保护机制来化解对外投资与海外并购中出现的冲突与摩擦，防止经济领域中的争端演化为政治与外交对抗。其次，我国政府还应借鉴其他国家的做法，在东道国成立海外投资商会，海外投资商会一方面负责搜集东道国政治与法律环境等方面的信息，另一方面负责协调中国企业与东道国政府之间的关系，以摆脱单个中国企业与东道国政府交涉过程中势单力薄的被动局面。最后，我国政府还应积极支持更多的民营企业出海并购，推动国有企业按市场化的模式运作，为企业海外并购提供政策支持，促使我国企业的海外并购赢得国际上的广泛支持。

作为直接在东道国进行生产经营的微观个体，中国企业在与东道国政府关系的构建过程中，也不能只是消极被动地服从东道国的安排，除了自觉遵守东道国的法律法规外，在对目标企业冗余人员的安排时，还应该充分考虑到东道国的社会就业政策，在做出投资决策与制定目标企业的发展战略时，还要与东道国的经济增长目标相衔接。中国企业在海外经营中应主动承担更多的社会责任，积极参与环保治理等公益事业，在此基础上努力做好对当地社区与所在地政府的公关活动，与东道国政府与民众建立融洽的关系，进而获得东道国政府的大力扶持与当地居民的认可。

（3）强化与国外金融机构的联系，搭建国际融资平台

从19世纪末至今，西方国家先后掀起的五次大规模的并购浪潮。在20世纪20年代的第二次并购浪潮中，工业资本与银行资本的融合与渗透，出现了金融资本。在20世纪70年代中期至90年代初的第四次并购浪潮中，正是由于投

资银行等金融机构的助推，才使得垃圾债券得以发行，以杠杆融资方式进行的并购才得以兴起。与国际上的大型跨国公司相比，中国企业的规模普遍较小，在对海外目标企业的并购中往往存在资金不足的问题，因此，中国企业在对海外目标企业整合的过程中加强与国外金融机构的联系，构筑良好银企关系，利用西方国家发达的资本市场解决海外并购中资金不足的问题是非常必要的。

改革开放以来，中国经济实现了快速增长，外汇储备充足，社会持续稳定，这些都是中国企业进行海外并购的有利环境条件。在与国外银行等国际金融机构接触的过程中，中国企业一方面要让它们看到中国及中国企业巨大的发展潜力；另一方面要详细地向它们介绍中国企业海外并购的发展战略及对目标企业整合的规划部署，让它们对中国企业海外并购的未来前景充满信心。同时，中国企业还应该掌握国际金融市场资本运作的规则，善于借鉴国际上大型跨国公司融资的经验，加强与海外投资银行等金融机构的合作，积极创造条件借助于海外上市、引进海外战略合作伙伴等方式，不断拓宽资金融通渠道，为海外并购搭建起一个良好的融资平台。

6.4.5 关系质量评价与关系资源的动态整合

中国企业海外并购对企际关系资源的整合不是一蹴而就的，关系的构建与维护的双向互动互惠性、主观感知性以及交换的非对称性特征，决定了企业企际关系资源的整合是一个动态调整的过程。尽管关系是合作双方在主观感知的基础上建立与发展起来的，但是关系资源在客观上却具有价值创造功能。企际关系资源是企业的一项不易复制的无形资源，较高的关系质量是促成合作双方达到互惠交易的无形价值束（Levitt，1983）。因此本书认为，检验关系质量高低的标准只有一个，即其是否具有价值创造性及价值创造能力的高低。中国企业海外并购后对企际关系资源进行整合，应该不断地对企际关系质量进行跟踪评价，在此基础上根据企业的整体发展战略对企业企际关系资源实行动态调整机制。

（1）关系质量的评价维度

关系资源的创建、维护与发展以关系双方的主观感知为基础，主观感知的获得从纵向的时间维度来说包括过去、现在和将来三个阶段。关系双方对关系的感知在很大程度上是基于对过去交往的体验，关系一方对另一方的总体印象也是对双方过往互动表现的一种系统归纳；在现在的时间阶段，关系的一方会把其与另一方的互动结果进行横向对比，即关系合作的一方会下意识地比较目前的这种关系互动，与同行业相类似的关系互动在成本收益匹配方面是否值得。另外，关系双方的感知还来自对目前的交往情况是否有利于未来预期目标实现的预测和判断，如果预计能够达到预期的关系合作目标，在未来能够实现关系价值，则会对这种关系感到满意，否则就会产生较差的关系质量感知。

关系双方对关系质量的判断除了主观感知这一维度外，本书认为还有客观上可以衡量的因素——承诺兑现情况，承诺包括显性承诺和隐性承诺两种，显性承诺是关系一方对另一方以合同、广告或口头等形式所达成的关系双方都能够明确感知到的一种保证、职责和义务，而隐性承诺则是虽然没有以书面或口头形式出现，但是按照商业惯例、通行规则以及社会的伦理标准和价值取向等公认的准则，对于双方来说都是不言自明的一种行为规范。如互惠互利、诚实守信、保护环境等。

根据关系质量评价的主客观两个维度的分析，本书构建了关系质量评价的二维图（见图6-8）。

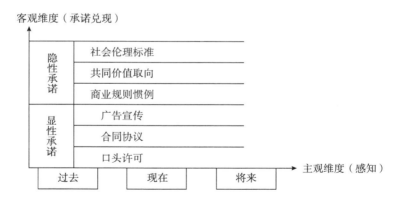

图 6-8 关系质量评价二维图

（2）关系质量的系统评价与企际关系资源的动态调整

在对关系质量做出评价时，中国企业应该基于关系的双向互动性，了解关系另一方对中国企业的感知，因为对关系的感知是一种双向的感知，只有在充分了解合作双方感知的基础上，才能对关系质量做出一个客观的评价。中国企业在从自身对关系质量做出主客观评价的同时，还应通过与关系另一方召开座谈会、互相走访、发放调查问卷等方式，了解对方的期望及对中国企业的满意度，掌握对方的关系质量感知，然后综合双方的主观感知与承诺履行状况，对关系质量做出一个比较准确的评价。

对关系质量进行评价是为了进一步对关系质量进行必要的修正，对关系资源做出相应的调整。关系发展具有过程性的特点（蔡双立，2008），关系资源的创建、维护与发展是一个动态演化的过程。同时，企业的企际关系资源是一个网络，在这个网络中各种关系是交互影响的，拥有一对一的高质量的合作关系，并不一定能够保证整个关系网络具有较高的关系质量。因此依据关系质量评价对关系资源进行调整时，一方面不能局限于与客户的一对一关系质量中，而应从企业的社会关系网络系统整体出发，注重整个关系资源系统中各个关系相互之间的协调与配合，从企际关系资源系统的整体最优化出发；另一方面应该以关系资源的价值创造能力提升为导向，综合考虑关系资源的投入成本与产出效益的匹配性、关系的转换成本以及关系未来的价值创造能力的高低等因素，权衡关系资源与其他无形资源的适配性，然后在此基础上对关系资源调整做出科学合理的决策。

6.5　基于万向集团并购案例的分析

在海外并购的过程中，中国企业促进无形资源优化升级的过程可以分为两个步骤：一是通过与无形资源方面具有优势的海外企业建立关联并进行深入的合作，促进优势无形资源从目标企业向中国企业进行转移与扩散，努力实现中国企业在无形资源数量方面的积累；二是在对海外优势无形资源进行消化、吸收的基础上，通过对双方无形资源的整合与协调促进无形资源不断进行创新，实现无形资源的优化升级。近年来众多走出去进行并购的中国企业中，万向集团以在美国设立的万向美国公司为基地，寻求了一条独特的无形资源获取与优化升级路径。

6.5.1 万向集团海外并购的发展历程

万向集团创立于 1969 年，最初只是一个拥有 4000 元资金的农机修配厂。20 世纪 70 年代末该企业进军汽车万向节生产领域，90 年代开始实施集团化、国际化经营战略。在其创始人鲁冠球的带领下，万向集团经过 40 多年的发展一跃成为营业收入超千亿、利润超百亿的跨国企业。万向集团走向国际化的经营之路有别于中国其他企业，其他企业大多是以中国本土的公司作为实施并购的主体来发起对海外目标企业收购的，而万向集团则是以其在美国的全资子公司——万向美国公司作为实施海外并购的主体来展开的。1997～2007 年万向美国公司先后在欧美等国家发起了一连串的并购案，收购了英国的 AS 公司和美国的舍勒公司、LT 公司、UAI 公司、洛克福特公司、PS 公司以及 AI 公司等七家企业，以绝对控股或相对控股的方式与这些历史悠久的汽车零部件主供应商展开了合作。

6.5.2 万向美国公司对三大关键无形资源的综合利用

作为万向集团拓展国际市场的桥头堡，万向美国公司成立于 1994 年，由曾在美国肯塔基大学攻读博士学位的倪频担任总经理。倪频常年生活在美国，接受过美国的高等教育和美国文化的熏陶。万向美国公司成立之初，倪频便主动发起了以"向美国主流社会开拓"为导向的一系列活动：在管理方面融入了美国的商业惯例与规则，以更好地与美国的市场体系对接；在公司治理方面借助于美国当地的银行、会计师事务所等中介机构提供的咨询服务，以确保万向美国公司在符合当地法律的框架下运营。

万向美国公司不仅与美国政界、商界和传媒界有着广泛的联系，还与美国花旗银行以及美林公司建立了信贷关系；万向美国公司于 2003 年设立了万向制造基金，设计国际化的投资机制吸引当地政界、商界的知名人士加入投资的行列，并以此基金作为万向集团海外并购的执行主体。同时，在对目标企业发起收购之前，万向集团就十分注重企际关系资源的获取。早在 1983 年万向集团就开始了与舍勒公司的合作，当时舍勒公司通过向万向集团下订单的方式来代理万向节产品的出口业务，万向集团的产品以物美价廉而备受美国舍勒公司的青睐，而万向集团则看重的是舍勒公司的品牌、技术专利和全球的市场营销网络。在收购洛克福特公司之前的 2000 年，万向美国公司凭借不断提升的产品质量与快速发展的态势，与洛克福特公司结成了战略同盟关系；2005 年通过收购美国 PS 公司，万向美国公司打通了与具有知名品牌的国际企业的业务通道，直接与福特、克莱斯勒和通用等汽车公司建立了供货关系。

在人员聘用方面，万向美国公司的管理人员也大多由外国人员担任，向万向美国公司委派的国内人员寥寥无几。万向美国公司通过当地银行、会计师事务所、律师事务所等多种渠道，聘用当地不同国籍、具有不同文化背景的各类优秀人才，通过对具有不同文化背景的当地人力资源进行优化组合，以充分发挥他们的互补优势。

6.5.3 案例启示

万向集团的海外并购主要是通过万向美国公司来实施的，通过万向美国公司万向集团以中美两个市场为依托，整合了国内与国外两个市场的资源，在全球汽车零部件市场上的影响力日益提升。纵观万向集团海外并购的跨国成长经历，我们可以从中得出如下启示：

（1）努力嵌入当地文化氛围是无形资源优化升级的关键

在无形资源方面具有优势的欧美发达国家企业，对自身的企业文化和民族文化往往有一种较高的认同感。在中外双方民族文化与企业文化差异较大的情况下，出海并购的中国企业要想在较短的时间内促进双方文化的融合往往是不现实的。万向集团通过在美国设立全资子公司的方式，并更多地将美国的文化元素植入了万向美国公司，同时在管理体系的设计方面采用国际通用的标准，万向美国公司的这些做法是为了尽量消除中外双方在文化方面的差异，把潜在的文化冲突尽可能地消灭在萌芽状态，为更好地获取海外的优势无形资源、促进无形资源的优化升级奠定基础。

（2）企际关系资源的构建是成功获得优势资源的助推器

在实施海外并购的过程中，优势无形资源的跨国转移与扩散需要并购双方之间实现良性的互动，而中外双方融洽合作关系的构建则是良性互动的前提。在实施国际化战略的过程中，万向美国公司不仅与当地美国政界、商界、金融界建立了广泛的联系，而且在并购之前还与目标企业建立了长期的业务合作关系，同时在万向美国公司内部还更多地聘用外国人，并注重发挥他们的互补优势。这些企际关系资本的构建不仅有利于万向美国公司成功地完成海外并购交易，而且助推了万向集团对无形资源的获取与优化升级。

（3）人力资本的本土化与国际化对接

作为万向集团走向国际化的具体执行者，万向美国公司在人力资源管理方面非常注重本土化。万向美国公司时任总经理倪频是位华人，但是他常年生活在美国，并努力融入美国主流社会；在招聘人员方面万向美国公司也尽可能使用当地人，而不是国内派来的人员。在中国企业走向国际化的过程中，在自身人力资本储备不足的情况下，应借助外力，通过"本土化"的用人策略来克服影响无形资源优化升级的人力资本制约，不失为中国企业更好地适应国际化发展需要的一个现实而理性的选择。

6.5.4 基于三大关键无形资源的并购整合策略

由于优势无形资源的形成具有长期性的特征，因此，中国企业在实施海外并购获取优势资源的过程中不可急于求成和盲目冒进，而应本着稳扎稳打、分步推进的原则来认真谋划。与此同时，在目前自身无形资源并不具备优势的情况下，中国企业也不能消极等待，而应主动寻求获取优势无形资源的机会，积极促进无形资源的优化升级。鉴于企业文化资源、企际关系资源与人力资源这三大无形资源构成要素在促进无形资源优化升级中的关键作用，本书认为，中国企业应结合自身目前无形资源的状况，从宏观与微观两个层面来设计促进无形资源优化升级的路径。

（1）宏观层面海外并购的区位选择

从全球范围来看，优势无形资源主要集中在欧美等经济比较发达的国家和地区，这些国家和地区的一些企业也引起了中国企业的高度关注。但是这些欧美发达国家和地区的民族文化与中华民族的文化有着相当大的差异，而企业文化又根植于民族文化中，因此，直接并购在无形资源方面具有优势的欧美发达国家和地区的企业，中国企业很可能会面临巨大的文化融合风险。鉴于在海外并购过程中中外双方面临巨大的文化差异，中国企业在海外并购的区位选择上可以采取"两条腿"走路的策略：一方面本着由近及远的原则，在"走出去"的初期选择与我国民族文化差异较小的国家和地区的海外企业作为海外并购实施的目的地；在逐步积累跨文化融合经验的基础上，再并购那些与我国地理位置相距较远、在民族文化方面与我国差异较大的国家和地区的目标企业。另一方面借鉴万向集团的海外并购模式，先选择优势无形资源比较集中的国家和地区的目标企业，通过在这类国家和地区设立海外全资子公司的方式，以海外全资子公司作为连接中国企业与海外目标企业的纽带，促进优势无形资源在中外双方企业之间进行转移与扩散；然后以中外两个市场为龙头，以本土化与国际化对接的方式来实现无形资源的优化升级。

（2）微观层面海外并购路径的动态拓展

第一，中外双方企业合作深度的逐步加强与并购的纵向延伸。由于在无形资源方面不具有优势，长期以来在全球国际分工格局中，我国很多企业一直处于产业链价值链的低端环节。在与发达国家企业合作的过程中，中国企业可以通过以下两条路径来实现无形资源的优化升级：第一条路径，中国企业可本着先易后难的原则，逐步加深与海外目标企业的合作。首先，中国企业可以通过代工生产、战略联盟等方式与在无形资源方面具有优势的海外企业建立合作关系；其次，通过市场换技术、联合研发等方式搭建促进无形资源实现跨国转移与扩散的平台；最后，再以股权合作为纽带把中外并购双方纳入统一的框架下，通过对无形资源的整合来促进无形资源的优化升级。第二条路径，通过生产 OEM 产品与海外下游品牌企业建立国际贸易合作联系，在此基础上通过纵向并购的方式获得下游企业的控制权，然后通过不断拓展下游的企际关系资源，逐步向产业价值链的高附加值环节进行延伸，通过营销环节的拓展来实现无形资源的优化升级。

第二，循序渐进地提升与优化人力资本。俗话说"十年树木，百年树人"，在国际化发展过程中，与其他无形资源相比，中国企业人力资源的储备与优化升级更是一个较为漫长的过程，中国企业需要大量的优秀跨国人才，然而目前中国企业的人力资源储备状况并不能满足近年来持续活跃的海外并购活动对人才的需求。鉴于人力资源对促进企业无形资源优化升级的驱动性，中国企业在海外并购的过程中应以长远的战略眼光循序渐进地谋划海外并购的实施步骤：首先，在并购交易完成之后，中国企业应尽可能地留用海外目标企业原来的优秀员工，防止目标企业因人才流失而丧失原来所拥有的优势无形资源。其次，在努力保留目标企业原有核心人才的基础上，通过"引进来"与"走出去"相结合的方法加强中外双方企业之间的互动与交流，致力于自身国际化人才的培养与储备，通过建立正式与非正式的沟通协调机制不断增强中外双方对优势无形资源的转移与吸收能力。最后，中国企业在薪酬体系设计、人才选拔聘用机制以及组织机构岗位设置等方面应注重与国际接轨，不断优化企业的经营管理机制，凝聚具有不同文化背景、不同专业特长的优秀跨国人才，通过对人力资源这一关键无形资源构成要素的整合以增强无形资源优化升级的发展后劲。

在获取优势无形资源与促进无形资源优化升级的过程中，企业文化资源、企际关系资源与人力资源这三大无形资源关键构成要素发挥着关键作用。因此，中国企业在通过海外并购促进无形资源优化升级的过程中，应高度重视这三大无形资源构成要素的关键作用，在海外并购的区位与行业选择以及人力资源储备方面，应本着循序渐进的原则，认真设计好通过海外并购促进无形资源优化升级的发展路径，以便在国际化道路上走得更远、走得更稳。

7 研究结论与未来展望

7.1 研究结论

通过对并购分类、跨国并购特征与无形资源等相关理论的归纳与总结，以及对企业跨国并购的动因及无形资源整合相关文献的述评，结合中国企业海外并购的实践，本书得出了如下主要结论：

首先，企业的无形资源具有系统的特性，它是一个复杂的开放性系统；企业的无形资源具有价值创造的功能，其功能的发挥具有隐默性、适配性等特点。也就是说，无形资源的各个要素之间是相互依赖、相互联系与相互作用的，它们彼此有机地衔接在一起。同时，企业的无形资源作为一个系统还与外界进行着信息、物质等的交换，并对环境的变化做出适应性调整。

其次，中国企业海外并购的真正动因在于重构无形资源系统，实现企业无形资源系统的优化升级。随着信息化技术的广泛运用，以及知识经济时代的来临，企业所处的外部环境发生了重大变化，企业内部的有形资源系统也得到了更新。中国企业海外并购的目的在于寻求互补性、战略性无形资源，以应对其所处环境的变化，并在新的环境下实现系统的优化升级。

最后，在以往理论观点的基础上，本书把工程化的思维与系统论的观点融入了中国企业海外并购无形资源的整合过程中，提出了构建海外并购无形资源整合系统工程的理念。这些理念的内容主要包括：

一是整合目标。中国企业海外并购应着力于加速海外目标企业的优势无形资源向中国企业的转移与扩散，促进国内企业无形资源存量的增加和质量的提升，不断推动中国企业无形资源系统的优化升级，进而使中国企业获得并保持国际竞争优势。

二是指导原则。中国企业海外并购无形资源整合系统工程在实施过程中应遵循五大指导原则：环境适应原则、彼此借鉴原则、动态优化原则、系统协调原则、发展演化原则。

三是无形资源整合系统工程流程的设计。中国企业海外并购的无形资源整合系统工程流程的设计可以从如下方面着手：①明确无形资源优化升级的目标；②筛选目标企业；③设计并分析无形资源的整合方案；④选择最优方案并付诸实践；⑤做好跟踪监控和信息反馈。

四是三大关键性无形资源构成要素的整合。人力资源是企业整个无形资源系统优化升级的驱动器，企业文化是企业各项无形资源的基础，企际关系资源是企业无形资源整合效果的标志。中国企业应有针对性地制定措施，有效整合这三大关键性无形资源构成要素，以便更好地促进整个无形资源系统的优化升级。

7.2 研究不足与未来展望

尽管本书基于科学技术的飞速发展与知识经济时代的来临，从无形资源视角提出了中国企业并购的动因，并运用系统的理论融合工程化的思维对并购后的整合进行了探讨，但是由于主客观方面的原因，研究中存在如下不足：

一是实证研究缺乏数据支撑。企业的无形资源不仅种类繁多，而且难以量化，再加上中国企业并购的海外目标企业分布在许多不同的国家和地区，致使搜集与整理企业海外并购无形资源的有关数据存在一定的难度。

二是本书基于无形资源视角提出了中国企业海外并购优化无形资源系统的动因，虽然具有一定的合理性，但是由于企业并购驱动因素的复杂性与多样性，该并购动因理论并不能对所有类型的并购都给予科学合理的解释。

三是跨国并购无形资源系统整合的实施路径缺乏中观行业层面的研究。本书仅从企业的微观层面与国家的宏观层面，对中国企业海外并购无形资源系统优化升级的实施路径进行了探讨，未对行业这一中观层面无形资源的优化升级进行研究。

虽然无形资源在企业价值创造中所起的作用越来越大，但是目前对中国企业海外并购中无形资源整合问题的研究还处于起步阶段，相信随着科技的进步与中国企业海外并购的日益活跃，相关理论研究将会聚焦于中国企业海外并购无形资源整合的如下方面：

一是中国企业海外并购绩效与无形资源整合的相关性研究。企业无形资源的价值创造功能一般会通过企业的经营绩效表现出来。在下一步的研究中，可以通过主成分分析法来计算企业各个时期的经营绩效综合得分，并将其作为因变量，将企业的人力资源综合配置率、企业文化指数以及关系资源质量等无形资源项目予以量化处理后作为自变量，来研究两者之间的相关性，从实证的角度来考察企业无形资源及其有机协调对企业并购绩效的影响。

二是中国企业海外并购的聚类分析研究。中国企业海外并购可按不同的行业、不同的东道国、不同种类的资源进行相应的划分，并进行聚类分析，以找出不同的并购类型在经营绩效上的差异。

三是中国企业海外并购无形资源整合的案例研究。在下一步的研究中，我们可以选择具有典型性的案例进行细致分析，这一方面可以克服无形资源指标难以量化、数据不易获取的困难；另一方面可以通过精准细致与有针对性的分析找出无形资源整合深层次的问题，弥补定性研究与大样本实证检验的不足。

参考文献

［1］安德鲁·坎贝尔，凯瑟琳·萨姆斯·卢克斯.战略协同：第二版［M］.任通海，龙大伟，译.北京：机械工业出版社，2000.

［2］安磊，沈悦.企业"走出去"能否抑制经济"脱实向虚"——来自中国上市企业海外并购的经验证据［J］.国际贸易问题，2020（12）：100-116.

［3］白思俊，等.系统工程［M］.北京：电子工业出版社，2009.

［4］包明华.购并经济学：前沿问题研究［M］.北京：中国经济出版社，2005.

［5］边小东.股权分置改革前并购对目标公司股东收益的影响分析［J］.经济问题探索，2009（11）：78-82.

［6］蔡柏良.中国现代企业并购效应实证研究——基于多项并购效应的综合得分模型检验分析［J］.财经研究，2007（7）：124-133.

［7］蔡吉祥.无形资产学［M］.北京：人民出版社，2007.

［8］蔡双立.企业并购中的关系资源动态整合研究［M］.天津：南开大学出版社，2008.

［9］曹清峰，董朋飞，李宏.关税壁垒的"筛选效应"与企业海外并购成功率［J］.国际贸易问题，2019（10）：163-174.

［10］陈奉先，段宇云，李娜.双边政治关系与中国企业海外并购［J］.金融经济学研究，2022，37（6）：84-98.

［11］陈然然.高质量无形领导资源的价值发挥、正向积累与创新使用［J］.领导科学，2023（5）：44-47.

［12］陈武元，徐振锋，蔡庆丰.教育国际交流对中国"一带一路"海外并购的影响——基于孔子学院和来华留学教育的实证研究［J］.教育发展研

究，2020（21）：37-46.

[13] 陈雪，杨金娟，王雨鹏.行业贸易关联与中国企业海外并购的股价反应——以"一带一路"倡议为背景事件的实证研究 [J].管理学季刊，2018，3（4）：123-152+158.

[14] 成金华，童生.中国石油企业跨国经营的政治风险分析 [J].中国软科学，2006（4）：24-32.

[15] 程金凤.不同融资方式下海外并购管理绩效分析 [J].软科学，2019（23）：42-45.

[16] 崔永梅，赵妍，于丽娜.中国企业海外并购技术整合路径研究——中国一拖并购 Mc Cormick 案例分析 [J].科技进步与对策，2018，35（7）：97-105.

[17] 戴明月，杨浩，朱晶君.知识型企业薪酬管理的国际经验及启示 [J].经济问题探索，2009（8）：113-117.

[18] 单宝.中国企业跨国并购的文化整合模式及路径选择 [J].统计与决策，2008（5）：164-167.

[19] 邓康林，向显湖.公司财务管理的新视野：组织资本与人力资本 [J].财经理论与实践，2009，30（1）：51-55.

[20] 邓秀媛，傅超，傅代国.企业社会责任对海外并购影响的实证研究 [J].中国软科学，2018（1）：110-126.

[21] 刁莉，赵伊凡，宋思琪.我国中资银行海外并购的动因、策略与政策研究 [J].中国软科学，2020（1）：184-192.

[22] 丁建勋.要素再配置效应与中国经济增长 [J].贵州财经大学学报，2015（6）：1-10.

[23] 董必荣.论无形优势 [J].经济问题探索，2004（8）：72-74.

[24] 杜群阳，徐臻.中国企业海外并购的绩效与风险：评价模型与实证研究 [J].国际贸易问题，2010（9）：65-71.

[25] 范从来，袁静.成长性、成熟性和衰退性产业上市公司并购绩效的实证分析 [J].中国工业经济，2002（8）：65-72.

[26] 范高乐，李文璐.海外并购与国内并购的价值比较——基于 PSM-DID 的研究 [J].技术经济与管理研究，2021（3）：56-61.

［27］范红忠，王道，胡峰.双循环新发展格局下外交访问与中国企业海外并购［J］.金融学季刊，2023，17（1）：1-21.

［28］方芳，闫晓彤.中国上市公司并购绩效与思考［J］.经济理论与经济管理，2002（8）：43-48.

［29］方刚，常瑞涵.互联网对企业协同创新中知识增值的影响——软创新资源的作用［J］.科技进步与对策，2021，38（10）：132-140.

［30］费一文.中国证券市场股权收购绩效实证分析［J］.中国软科学，2003（4）：36-41.

［31］冯根福，吴林江.我国上市公司并购绩效的实证研究［J］.经济研究，2001（1）：54-61.

［32］冯梅，郑紫夫.中国企业海外并购绩效影响因素的实证研究［J］.宏观经济研究，2016（1）：93-100.

［33］冯雁秋.我国境外投资理论的比较、综合与发展——五阶段周期理论［J］.投资研究，2000（2）：46-49.

［34］冯钰钰，冯玮玮，池昭梅.管理层特征对企业海外并购绩效的影响——以三一重工和柳工为例［J］.会计之友，2020（5）：112-117.

［35］弗莱蒙特·E.卡斯特，詹姆斯·E.罗森茨韦克.组织与管理：系统方法与权变方法［M］.傅严，等译.北京：中国社会科学出版社，2000.

［36］傅元略.财务管理理论［M］.厦门：厦门大学出版社，2007.

［37］高洁.海外资源黏性、制造业服务化与并购方企业绩效——基于中国制造业企业的研究［D］.北京：北京邮电大学，2021.

［38］高良谋.购并后整合管理研究——基于中国上市公司的实证分析［J］.管理世界，2003（12）：107-114.

［39］高鹏.全球价值链视角下中国先进制造业海外并购研究［D］.沈阳：辽宁大学，2019.

［40］高翔，李凌.中国企业海外并购区位选择影响因素研究［J］.国际商务研究，2019（3）：39-48.

［41］葛璐澜，金洪飞.“一带一路”沿线国家制度环境对中国企业海外并购区位选择的影响研究［J］.世界经济研究，2020（3）：60-71+136.

［42］顾勇，吴冲锋.上市公司并购动机及股价反应的实证检验［J］.系

统工程理论与实践，2002（2）：84-89.

[43] 关慧明，刘力钢.中国企业海外并购绩效评价——基于 A 股上市公司的海外并购案例 [J]. 河南社会科学，2020，28（7）：44-52.

[44] 郭俊华.并购企业知识资本协同理论研究 [M]. 上海：华东师范大学出版社，2005.

[45] 郭凌威.中国企业海外并购的逆向技术溢出：基于制度视角的分析 [D]. 北京：对外经济贸易大学，2018.

[46] 郭凌威，闫实强，李思静.中国企业海外并购逆向技术溢出效应研究 [J]. 国际贸易，2018（5）：31-36.

[47] 郭文博.整合能力、母国效应与中国企业跨国并购绩效研究——基于两步估计法和 PSM-DID 方法 [D]. 北京：北京邮电大学，2019.

[48] 韩永辉，王贤彬，韦东明，等.国际教育交流与中国企业海外并购——基于来华留学生的理论分析和实证检验 [J]. 外国经济与管理，2022a，44（9）：19-34.

[49] 韩永辉，麦炜坤，王贤彬，等.稳健外交关系驱动中国企业走出去——来自双边联合声明公报签订的证据 [J]. 国际经贸探索，2022b，38（5）：99-116.

[50] 韩永辉，王贤彬，韦东明.国际友城与企业走出去——理论机制与中国经验 [J]. 南开经济研究，2023（6）：78-94.

[51] 韩永辉，王贤彬，韦东明，等.双边投资协定与中国企业海外并购——来自准自然实验的证据 [J]. 财经研究，2021，47（4）：33-48.

[52] 何金花，田志龙，赵辉.中国企业在海外并购中面临的非市场诉求及其响应研究 [J]. 管理学报，2021，18（2）：192-202.

[53] 何伟军，彭青玲，袁亮.中国企业海外并购动因、风险及绩效研究——基于韦尔股份收购豪威科技的案例 [J]. 财会通讯，2022（2）：93-100.

[54] 何先应，吕勇斌.中国企业海外并购长期绩效研究 [J]. 统计与决策，2010（24）：81-84.

[55] 何新宇，陈宏民.横向合并动机与技术差距 [J].预测，2000（6）：46-49.

［56］何志毅，柯银斌，等.中国企业跨国并购10大案例［M］.上海：上海交通大学出版社，2010.

［57］侯建辉.如何有效使用企业无形资源［J］.企业研究，2003（19）：57-58.

［58］胡冬红.创造性资产获取型跨国并购的绩效评价研究［D］.武汉：武汉大学，2018.

［59］胡宏雁.知识产权跨国并购法律问题研究［D］.长春：吉林大学，2020.

［60］胡微娜.影响中国企业海外并购成败的因素研究——基于2008—2014年的数据［D］.沈阳：辽宁大学，2016.

［61］胡潇婷，高雨辰，金占明，等.海外并购对企业探索式和利用式创新绩效的影响研究：基于中国的实证分析［J］.科学学与科学技术管理，2020，41（9）：35-54.

［62］胡潇婷，吕文晶，李纪珍.知识距离与中国海外并购企业的创新绩效：通途或天堑？［J］.科学学与科学技术管理，2024，45（2）：132-151.

［63］胡彦宇，吴之雄.中国企业海外并购影响因素研究——基于新制度经济学视角的经验分析［J］.财经研究，2011，37（8）：91-102.

［64］黄国波.中资企业海外并购投资的价值创造——从投前到投后［J］.清华金融评论，2019（12）：16-18.

［65］黄亮雄，钱馨蓓，李青.领导人访问与中国企业在"一带一路"沿线国家的海外并购［J］.国际商务（对外经济贸易大学学报），2018（6）：47-60.

［66］黄新华.政治交易的经济分析——当代西方交易成本政治学述评［J］.厦门大学学报（哲学社会科学版），2009（5）：5-13.

［67］吉敏.技术创新、网络演化与产业集群升级［M］.北京：科学出版社，2013.

［68］贾镜渝，孟妍.经验学习、制度质量与国有企业海外并购［J］.南开管理评论，2022，25（3）：49-61.

［69］贾名清，方琳.中国企业跨国并购的障碍因素与对策再思考［J］.经济问题，2007（10）：59-61.

［70］贾宪军，胡海峰.宏观经济因素对中国企业海外并购意愿影响的实证研究［J］.经济与管理评论，2018，34（6）：73-85.

［71］江乾坤，杨琛茹.中国企业海外并购溢价决策影响因素实证分析［J］.技术经济，2015，34（5）：104-111.

［72］江若尘.论企业无形资源与无形资产［J］.北京商学院学报，1995（1）：5-7.

［73］蒋墨冰，黄先海，杨君.经济政策不确定性、产业政策与中国企业海外并购［J］.经济理论与经济管理，2021（3）：26-39.

［74］解淑青.跨国公司的跨文化冲突与策略研究［J］.经济理论与经济管理，2008（10）：77-80.

［75］金建国.企业无形资源的相关问题探析［J］.中国软科学，2001（8）：79-82.

［76］寇蔻，李莉文.德国的外资安全审查与中企在德并购面临的新挑战［J］.国际论坛，2019，21（6）：96-111+158.

［77］兰洁，林爱杰.双循环背景下东道国国家风险对我国企业海外并购绩效的影响［J］.重庆大学学报（社会科学版），2021（3）：228-244.

［78］黎平海，李瑶，闻拓莉.我国企业海外并购的特点、动因及影响因素分析［J］.经济问题探索，2009（2）：74-79.

［79］李飞，陈岩.并购资源互补性、海外子公司自主权与技术创新［J］.科研管理，2018，39（12）：18-29.

［80］李宏，郑婧，曹清峰.海外并购影响我国产业结构优化升级的机制研究［J］.东岳论丛，2018，39（11）：169-180+192.

［81］李洪，叶广宇.并购顾问与中国企业海外并购溢价——基于关系结构的分析［J］.软科学，2020，34（5）：57-63.

［82］李梅，赵乔，包于巧.外来者劣势与海外并购企业的生产率提升［J］.产经评论，2020（1）：67-81.

［83］李梦琦.中国企业海外并购的影响因素［J］.山西财经大学学报，2021，43（S1）：21-27.

［84］李明星，张同建，林昭文.隐性知识转化与核心能力培育的相关性研究——基于广东省高技术产业集群企业的数据检验［J］.科技管理研究，

2011，31（4）：137-141.

［85］李鹏程，倪志娟. 当代文化论稿［M］. 上海：上海社会科学院出版社，2006.

［86］李青，韩永辉，韦东明. 文化交流与企业海外并购——基于"一带一路"孔子学院的经验研究［J］. 国际经贸探索，2020，36（8）：81-96.

［87］李善民，陈玉罡. 上市公司兼并与收购的财富效应［J］. 经济研究，2002（11）：27-35+93.

［88］李晓明. 基于生态学的企业外部环境研究［J］. 西南交通大学学报（社会科学版），2006（1）：109-113.

［89］李晓翔，张树含. 无形资源空间对中小企业双元创新的影响研究——政府补助的调节作用［J］. 安徽大学学报（哲学社会科学版），2023，47（1）：133-143.

［90］李心丹，朱洪亮，张兵，等. 基于 DEA 的上市公司并购效率研究［J］. 经济研究，2003（10）：15-24+90.

［91］李新剑. 中国企业海外并购合法性问题的历史演变——身份落差与群体认知的共演［J］. 商业研究，2019（3）：133-138.

［92］李新剑，何晓凤，彭永翠，等. 身份落差、合法性与社会资本的耦合——中国企业海外并购合法性研究［J］. 管理案例研究与评论，2022，15（4）：347-358.

［93］李亚波，李元旭. 美国经济政策不确定性与中国海外并购［J］. 经济问题探索，2019（1）：106-118.

［94］李一文. 后危机时代中国企业海外投资面临的机遇、风险与对策［J］. 经济学动态，2010（7）：62-65.

［95］李英禹，苏晋，李英. 企业跨国并购中的人力资源整合研究［J］. 商业研究，2008（6）：50-53.

［96］李鹰. 全球化背景下中国企业跨国并购的驱动与制约因素研究［D］. 上海：华东师范大学，2009.

［97］李优树，罗静，刘扬，等. 海外并购行业转换与我国产业转型升级的协同性研究［J］. 海南大学学报（人文社会科学版），2019，37（1）：69-77.

［98］李有根，赵锡斌. 国外经理自主权研究及测量［J］. 外国经济与管理，2003（12）：2-6.

［99］梁宏，吴映玉，陈松. 新兴市场海外并购的持续创新效果及影响因素研究——来自 A 股上市公司的实证［J］. 科技进步与对策，2019，36（10）：76-83.

［100］梁岚雨. 中国上市公司并购绩效的实证分析［J］. 世界经济文汇，2002（6）：50-61.

［101］梁漱溟. 中国文化要义［M］. 上海：上海人民出版社，1949.

［102］廖泉文，李鸿波. 企业并购的文化整合动因、障碍分析及其模式选择［J］. 管理科学，2003（1）：33-37.

［103］林红. "一带一路" 背景下企业并购风险研究［J］. 经济动态与评论，2019（1）：85-103+208-209.

［104］林俊. 企业海外并购税务风险分析——基于并购阶段视角［J］. 财会通讯，2019（14）：2-9.

［105］林康，林在志. 跨国公司经营与管理：第三版［M］. 北京：对外经贸大学出版社，2021.

［106］林润辉，李飞，桂原，等. 企业高管团队影响跨国并购模式选择研究——特征驱动还是角色使然［J］. 科学学与科学技术管理，2019，40（7）：88-104.

［107］林哲，薛求知. 跨国公司全球战略资源搜寻：途径及其选择模型［J］. 世界经济研究，2005（4）：79-84.

［108］凌筱婷. 东道国民众好感度影响中国企业海外并购的绩效吗？［J］. 投资研究，2020，39（9）：82-96.

［109］刘大卫. 企业并购中的人力资源整合研究［M］. 北京：中国经济出版社，2007.

［110］刘海云，陈露. 企业生产率对 OFDI 进入模式选择的影响——基于融资约束的调节作用［J］. 首都经济贸易大学学报，2019，21（6）：45-55.

［111］刘建勇，江秋丽. 海外并购、技术创新与企业产能过剩［J］. 会计之友，2019（12）：100-104.

［112］刘娟，杨勃. "进阶版" 海外并购：合法性寻求还是效率驱

动？——基于中国经验数据的 fsQCA 分析 [J]. 经济管理，2022，47（7）：59-79.

[113] 刘天. 企业无形资源相关研究述评 [J]. 会计之友，2014（2）：27-30.

[114] 刘文纲，汪林生，孙永波. 跨国并购中的无形资源优势转移分析——以 TCL 集团和万向集团跨国并购实践为例 [J]. 中国工业经济，2007（3）：120-128.

[115] 刘飖，孟勇. 制度距离与我国企业海外并购效率 [J]. 经济管理，2019（12）：22-39.

[116] 刘烨，曲怡霏，方磊，等. CEO 年龄、公司治理与海外并购——来自我国沪深股市的经验数据（2009—2014）[J]. 运筹与管理，2018，27（10）：174-184.

[117] 刘运国，钟秀琴，刘芷蕙. 购买境外控制的境内资产——基于东山精密海外并购案例 [J]. 财会通讯，2018（35）：3-7+129.

[118] 刘志彪，姜付秀. 基于无形资源的竞争优势 [J]. 管理世界，2003（2）：71-77.

[119] 刘志强. 上市公司并购绩效及其影响因素的实证研究 [D]. 长春：吉林大学，2007.

[120] 卢现祥，朱巧玲. 新制度经济学 [M]. 北京：北京大学出版社，2007.

[121] 陆国庆. 中国上市公司不同资产重组类型的绩效比较——对 1999 年度沪市的实证分析 [J]. 财经科学，2000（6）：20-24.

[122] 罗伯特·卡普兰，大卫·诺顿. 战略地图——化无形资产为有形成果 [M]. 刘俊勇，孙薇，译. 广州：广东省出版集团，广东经济出版社，2005.

[123] 马传兵. 经济全球化与无形资本扩张 [D]. 北京：中共中央党校，2004.

[124] 马克思·M.哈贝，佛里茨·克劳格，麦克·R.塔姆. 并购整合：并购企业成功整合的七个策略 [M]. 张一平，译. 北京：机械工业出版社，2003.

[125] 满慧. 我国企业并购的理论与实证研究——以制度经济学为视角 [D]. 长春：吉林大学，2007.

［126］孟为.汇率波动对我国企业海外并购的影响研究［D］.北京：北京交通大学，2018.

［127］米建国.试论日本的企业文化［J］.日本研究，1988（1）：29-33.

［128］倪宇泰.中国企业海外并购政策研究［D］.北京：中国社会科学院大学，2019.

［129］潘爱玲.企业跨国并购后的整合管理［M］.北京：商务印书馆，2006.

［130］潘丽春.中国上市公司并购价值影响因素和演进路径的实证研究［D］.杭州：浙江大学，2005.

［131］潘志斌，葛林楠.政治关联、股权性质与海外并购——基于“一带一路”沿线的视角［J］.华东师范大学学报（哲学社会科学版），2018（5）：120-127+176.

［132］庞磊.OFDI逆向技术溢出门槛与母国技术进步——基于绿地投资与企业海外并购的比较［J］.首都经济贸易大学学报，2018，20（4）：49-57.

［133］庞磊，朱彤.中国企业海外并购与母国技术进步同化吸收与异化排斥效应测度——基于中国数据的实证分析［J］.国际贸易问题，2019（12）：121-135.

［134］逄嘉宁.董事会跨文化敏感度对企业海外并购持股策略的影响——基于国家文化差异的视角［J］.社会科学战线，2020（4）：258-263.

［135］秦楠.我国企业并购绩效分析及并购资源整合管理研究［D］.天津：天津大学，2007.

［136］邱明峰.海外并购中能源类企业价值评估研究［D］.北京：中央财经大学，2018.

［137］邱毅.企业跨国并购整合过程［D］.上海：华东师范大学，2006.

［138］曲庆.中美优秀企业文化陈述的对比研究［J］.中国工业经济，2007（5）：80-87.

［139］冉光圭.企业并购理论论纲［J］.贵州大学学报（社会科学版），2001（6）：18-26.

［140］任曙明，陈强，王倩，等.海外并购为何降低了中国企业投资效

率？[J].财经研究,2019,45（6）：128-140.

[141] 三浦武雄,浜冈尊.现代系统工程学概论 [M].郑春瑞,译.邵士斌,校.北京：中国社会科学出版社,1983.

[142] 石建勋,李海英.企业并购与重组案例精选 [M].北京：清华大学出版社,2013.

[143] 史本叶,赵铮.海外并购的融资模式与财富效应——基于A股上市企业海外并购交易数据的实证研究 [J].东北师大学报（哲学社会科学版）,2019（2）：139-148.

[144] 树友林,陆怡安."一带一路"背景下企业并购风险研究——以高端装备制造业为例 [J].会计之友,2020（21）：93-97.

[145] 司海健,崔永梅,宋继文.中国民营企业领跑世界的"聚能型创新"模式——汉能控股集团管理实践之道 [J].管理学报,2020,17（9）：1265-1276.

[146] 孙洪庆,韩刚,邓瑛.跨国并购或新建投资的选择：一个基于无形资产的视角 [J].宏观经济研究,2010（5）：75-81.

[147] 孙亮,刘艳春.基于拓展VaR模型的我国上市公司短期海外并购风险度量研究 [J].数理统计与管理,2018,37（4）：742-752.

[148] 孙淑伟,何贤,杰王晨.文化距离与中国企业海外并购价值创造 [J].财贸经济,2018（6）：130-146.

[149] 孙翔宇,孙谦,胡双凯.中国企业海外并购溢价的影响因素 [J].国际贸易问题,2019（6）：145-159.

[150] 汤湘希,李经路,周江燕.企业知识资产价值论 [M].北京：知识产权出版社,2014.

[151] 唐晓华,高鹏.全球价值链视角下中国制造业企业海外并购的动因与趋势分析 [J].经济问题探索,2019（3）：92-98.

[152] 田宇涵.中国国企财务风险对海外投资并购影响——以上市国有企业为例 [J].技术经济与管理研究,2020（6）：15-19.

[153] 田泽.中国企业海外并购理论与实践研究 [M].北京：化学工业出版社,2010.

[154] 田政武.中国企业跨国并购整合管理模式研究 [D].苏州：苏州大

学，2009.

[155] 王斌.股东资源与公司财务理论［J］.北京工商大学学报（社会科学版），2020，35（2）：9-21.

[156] 王海.中国企业海外并购经济后果研究——基于联想并购 IBM PC 业务的案例分析［J］.管理世界，2007（2）：94-106+119+172.

[157] 王弘书，周绍杰，施新伟，等.地方国有企业海外并购中战略资产寻求动机的实证研究［J］.管理学报，2021，18（3）：343-352.

[158] 王馗，高天惠，胡峰.中国企业海外并购动因和影响分析——与美国企业海外并购的比较［J］.亚太经济，2022（1）：93-101.

[159] 王胜君.中国企业海外并购中的人力资源整合问题研究［D］.西安：西安科技大学，2008.

[160] 王苏生，陈玉罡.组织资本的转移：资产重组动因新解［J］.长沙理工大学学报（社会科学版），2006（3）：57-59.

[161] 王维平，刘旭.广义无形资产及其功能［J］.管理世界，2005（11）：166-167.

[162] 王卫，周雪峰.海外并购对技术创新的影响：综述及展望［J］.财会月刊，2021（2）：116-123.

[163] 王贤彬，韩永辉，韦东明.润滑效应抑或摩擦效应：东道国腐败控制对中国企业海外并购的影响研究［J］.国际经贸探索，2023，39（4）：52-66.

[164] 王晓光.跨国并购中的人力资源整合问题与对策研究［D］.北京：首都经济贸易大学，2006.

[165] 王艳.海南航空海外并购风险及其启示［J］.会计之友，2020（11）：2-9.

[166] 王云英.中国企业跨国并购的人力资源整合研究［D］.北京：对外经济贸易大学，2006.

[167] 王治皓，廖科智，齐岳.内部控制、机构投资者与上市公司海外并购绩效［J］.华东经济管理，2020，34（10）：120-128.

[168] 威廉·大内.Z 理论：美国企业界怎样迎接日本的挑战［M］.孙耀君，王祖融，译.北京：中国社会科学出版社，1984.

［169］奥利弗·E. 威廉姆森，西德尼·G. 温特. 企业的性质：起源、演变与发展［M］. 姚海鑫，邢源源，译. 北京：商务印书馆，2010.

［170］韦东明，顾乃华，徐扬. "一带一路"倡议与中国企业海外并购：来自准自然实验的证据［J］. 世界经济研究，2021（12）：116-129+134.

［171］韦东明，韩永辉，王贤彬. 东道国金融生态、空间溢出效应与中国企业海外并购［J］. 中山大学学报（社会科学版），2023，63（2）：180-193.

［172］韦弗·威斯通. EMBA 教材系列：财务管理［M］. 刘力，黄慧馨，译. 北京：中国财政经济出版社，2003.

［173］魏晨，徐尚英，刘平峰，等. 软资源对平台双元创新能力的影响机制分析——以平台经济为背景［J］. 科技管理研究，2024，44（13）：13-21.

［174］魏建. 企业并购：本质及效率分析［J］. 财经研究，1999（7）：34-39.

［175］魏杰. 企业文化塑造［M］. 北京：中国发展出版社，2002.

［176］翁君奕. 延迟或有性报酬与国企激励机制重构［J］. 经济学家，1999（4）：47-51.

［177］吴桂花. 后金融危机时期新国际贸易保护主义研究［J］. 江西社会科学，2010（6）：65-70.

［178］吴思. 我国企业跨国品牌资源的并购与整合：现状、问题与对策［J］. 国际贸易问题，2011（11）：168-176.

［179］吴先明，张玉梅. 国际化动因、生产率异质性与国有企业海外市场进入模式［J］. 系统工程理论与实践，2020，40（10）：2581-2601.

［180］吴先明，张玉梅. 国有企业的海外并购是否创造了价值：基于 PSM 和 DID 方法的实证检验［J］. 世界经济研究，2019（5）：80-91+106+135-136.

［181］吴小节，马美婷. 制度距离对海外并购绩效的影响机制——并购经验与政治关联的调节作用［J］. 国际商务研究，2022，43（2）：13-24.

［182］武天兰. 中国上市企业跨境并购绩效研究［D］. 北京：对外经济贸易大学，2020.

［183］席酉民. 企业外部环境分析［M］. 北京：高等教育出版社，2001.

［184］冼国明，明秀南. 海外并购与企业创新［J］. 金融研究，2018

（8）：155-171.

[185] 向显湖，胡少华.组织资本与企业的性质 [J].当代财经，2009（6）：66-70.

[186] 向显湖，李永焱.试论企业组织资本与财务管理创新 [J].金融研究，2009（2）：199-206.

[187] 小岛清.对外贸易论 [M].周宝廉，译.天津：南开大学出版社，1987.

[188] 肖慧敏，周红霞.二元研发、关系嵌入与海外并购绩效 [J].经济体制改革，2018（6）：103-108.

[189] 谢德仁.企业的性质：要素使用权交易合约之履行过程 [J].经济研究，2002（4）：84-91+96.

[190] 谢皓.跨国并购与中国企业的战略选择 [M].北京：人民出版社，2009.

[191] 熊雪梅.海外并购审计师选择的影响因素及其经济后果研究 [D].武汉：中南财经政法大学，2021.

[192] 胥朝阳.并购工程概论 [M].北京：科学出版社，2009.

[193] 徐琴.中国企业海外并购绩效评价实证研究 [J].贵州财经大学学报，2018（5）：55-63.

[194] 薛求知，任胜钢.跨国公司理论新进展：基于区位与集群的视角 [J].复旦学报（社会科学版），2005（1）：63-71.

[195] 严焰，池仁勇.技术相似性与并购后创新绩效关系的再探讨——基于企业技术吸收能力的调节作用 [J].科研管理，2020，41（9）：33-41.

[196] 阎大颖.国际经验、文化距离与中国企业海外并购的经营绩效 [J].经济评论，2009（1）：83-92.

[197] 阎海峰，王启虎.什么影响了跨国并购后的创新绩效？——基于战略三脚架的组态分析 [J].管理学季刊，2020（4）：86-114+143-144.

[198] 杨波，万筱雯.市场势力视角下企业海外并购股票市场收益研究 [J].系统工程理论与实践，2021，41（6）：1383-1396.

[199] 杨波，万筱雯，胡梦媛.中国资源类企业海外并购区位选择研究：基于东道国制度质量视角 [J].资源科学，2020，42（9）：1788-1800.

［200］杨洁，刘家顺.企业并购后整合系统探析［J］.商业研究，2006（6）：57-59.

［201］杨娜，陈烨，李昂.高管海外经历、管理自主权与企业后续海外并购等待时间［J］.国际贸易问题，2019（9）：161-174.

［202］杨忠直，陈炳富.商业生态学与商业工程探讨［J］.自然辩证法通讯，2003（4）：55-61+111.

［203］叶建木.跨国并购：驱动、风险与规制［M］.北京：经济管理出版社，2008.

［204］殷楠.我国企业海外并购融资路径的法律分析［J］.江苏社会科学，2018（2）：264-272.

［205］尹亚红.海外并购对技术创新有促进作用吗［J］.金融经济学研究，2019，34（3）：137-149.

［206］余官胜，王灿玺.海外并购能提升企业高管薪酬吗——基于上市公司数据的实证研究［J］.经济研究参考，2020（11）：92-105.

［207］余光，杨荣.企业购并股价效应的理论分析和实证分析［J］.当代财经，2000（7）：70-74.

［208］余娟娟，魏霄鹏.中国企业海外并购看重东道国的营商环境吗——基于环境不确定性及交易成本减低的视角［J］.国际商务（对外经济贸易大学学报），2022（1）：51-68.

［209］余祖德.企业内部隐性知识转化的障碍及其转化的机制［J］.科技管理研究，2011（4）：133-136.

［210］俞立平.无形资源对中国经济增长的实证研究［J］.情报科学，2006，24（3）：365-367+381.

［211］俞立平.无形资源投入差距与经济发展水平差距关系的研究——基于江苏省的实证［J］.数学的实践与认识，2009，39（19）：20-29.

［212］郁晓耕，魏浩.发展中国家对外直接投资理论综述［J］.经济经纬，2006（5）：47-50.

［213］臧成伟，蒋殿春."主场优势"与国有企业海外并购倾向［J］.世界经济，2020（6）：52-76.

［214］张广婷，杜铭钰，张劲松.海外并购如何推动中国企业技术创新

[J]. 复旦学报（社会科学版），2020，41（9）：35-54.

[215] 张晗，张华荣.中国企业海外并购与产业结构升级研究［J］. 亚太经济，2019（1）：110-119+156.

[216] 张慧.我国对外直接投资的区位分布与地理集聚效应研究［M］.厦门：厦门大学出版社，2015.

[217] 张晶晶.政治关联对中国企业海外并购绩效的影响［D］. 杭州：浙江大学，2015.

[218] 张庆龙，孟慧.对企业无形资源管理的几点思考［J］. 会计之友，2005（6）：21-22.

[219] 张天顶，陈钰莹.全球价值链视角下融资约束对中国企业海外并购影响研究［J］. 亚太经济，2021（6）：88-96.

[220] 张文璋，顾慧慧.我国上市公司并购绩效的实证研究［J］. 证券市场导报，2002（9）：21-26.

[221] 张新.并购重组是否创造价值？——中国证券市场的理论与实证研究［J］. 经济研究，2003（6）：20-29+93.

[222] 张雨.海外并购对企业 R&D 与创新绩效影响研究［D］. 武汉：武汉大学，2019.

[223] 张玉柯，邓沛然.中国企业跨国并购中的文化冲突与整合研究［J］. 北京工商大学学报（社会科学版），2009，24（6）：79-82.

[224] 赵昌文，毛道维.跨国工业公司对外扩张战略与中国大型工业企业的国际化经营［J］. 管理世界，2000（2）：74-81.

[225] 赵红."轻触"还是"重触"：跨国并购技术整合模式对创新绩效的影响研究［D］. 北京：对外经济贸易大学，2019.

[226] 赵君丽，童非.并购经验、企业性质与海外并购的外来者劣势［J］. 世界经济研究，2020（2）：71-82+136.

[227] 赵晴，袁天荣，许汝俊.我国企业海外并购融资方式创新——以艾派克并购利盟国际为例［J］. 财会月刊，2018（19）：92-98.

[228] 赵顺龙，陈同扬.企业组织资本略论［J］.学海，2003（3）：81-84.

[229] 赵锡斌.企业环境研究的几个基本理论问题［J］. 武汉大学学报

（哲学社会科学版），2004（1）：12-17.

[230] 赵毅，乔朋华.企业海外收购动因会影响股权选择吗？——兼谈企业盈利能力的调节效应 [J]. 外国经济与管理，2018，40（2）：51-67+137.

[231] 赵云龙.中国企业国际化成长中的跨文化管理 [J]. 河南社会科学，2011，19（1）：136-138.

[232] 郑海航.我国企业兼并存在的问题和建议 [J].中国工业经济，1999（5）：68-72.

[233] 郑建祥.论跨国公司的跨文化管理 [J].企业经济，2004（7）：36-37.

[234] 钟安石，里昂惕夫·利迪雅·谢尔盖耶夫娜.无形资源分类问题探析 [J].齐鲁师范学院学报，2015，30（1）：109-112.

[235] 钟宁桦，温日光，刘学悦."五年规划"与中国企业跨境并购 [J]. 经济研究，2019，54（4）：149-164.

[236] 周大鹏.新发展格局下制造业服务化对中国企业海外并购的影响研究 [J]. 世界经济研究，2021（8）：107-119.

[237] 周丽萍，张毓卿.东道国交通设施如何影响中国企业海外并购——基于"一带一路"倡议真实效应的研究 [J]. 当代财经，2019（11）：14-24.

[238] 周明剑，王震.中国大收购——中国企业崛起的海外艰难征战 [M]. 北京：石油工业出版社，2009.

[239] 周萍，王宇露，黄明.母国金融市场化和地方政府干预对企业海外并购行为影响的实证分析 [J]. 统计与决策，2018（13）：168-172.

[240] 周雪峰，王卫.海外并购视角下制造企业自主创新能力演化路径研究——以金风科技为例 [J]. 科技进步与对策，2021，38（17）：106-115.

[241] 周智颖.基于无形资源的企业竞争优势理论与实证研究 [D].重庆：重庆大学，2010.

[242] 周中胜，贺超，韩燕兰.高管海外经历与企业并购绩效：基于"海归"高管跨文化整合优势的视角 [J]. 会计研究，2020（8）：64-76.

[243] 朱莎莎.海尔收购新西兰斐雪派克的策略研究 [D].辽宁：辽宁大学，2015.

[244] 朱亚宗.哲学思维：无形而巨大的科技创新资源 [J]. 哲学研究，

2010 (9)：119-123.

［245］左志刚，杨帆. 东道国文化特质与跨国并购失败风险——基于中国企业海外并购样本的实证研究 ［J］. 外国经济与管理，2021，43 （1）：58-72.

［246］Almeida H，Campello M，Hackbarth D. Liquidity Mergers ［J］. Journal of Financial Economics，2011，102 （3）：526-558.

［247］Ambrosini V，Bowman C. Tacit Knowledge：Some Suggestions for Operationalization ［J］. Journal of Management Studies，2001，38：811-827.

［248］Andrade G，Mitchell M，Stafford E. New Evidence and Perspectives on Mergers ［J］. Journal of Economic Perspectives，2001，15：103-120.

［249］Angwin D，Savill B. Strategic Perspectives on European Cross-Border Acquisitions：A View from Top European Executives ［J］. European Management Journal，1997，15 （4）：423-435.

［250］Argote L，Ingram P. Knowledge Transfer：A Basis for Competitive Advantage in Firms ［J］. Organizational Behavior and Human Decision Processes，2000，82 （1）：150-169.

［251］Belcher T，Nail L. Integration Problems and Tum around Strategies in a Cross-Border Merger ［J］. International Review of Financial Analysis，2000 （2）：219-234.

［252］Buckley P，Casson M. The Economic Theory of the Multinational Enterprise：Selected Papers ［M］. London：Macmillan，1981.

［253］Cadotte E R，Woodruff R B，Jenkins R L. Expectations and Norms in Models of Consumer Satisfaction ［J］. Journal of Marketing Research，1987，24 （3）：305-314.

［254］Cai Y，Sevilir M. Board Connections and M&A Transactions ［J］. Journal of Financial Economics，2012，103 （2）：327-349.

［255］Cantwell J，Tolentino P E. Technological Accumulation and Third World Multinationals ［C］. Discussion Paper in International Investment and Business Studies，1990.

［256］Cassiman B，Colombo M，Garrone P，et al. The Impact of M&A on the R&D Process: An Empirical Analysis of the Role of Technological and Market-Relatedness [J]. Research Policy, 2005, 34 (2): 195-220.

[257] Caves R E. Switching Channels: Organization and Change in TV Broadcasting [M]. Cambridge: Harvard University Press, 2005.

[258] Cheung K Y, Lin P. Spillover Effects of FDI on Innovation in China: Evidence from the Provincial Data [J]. China Economic Review, 2004, 15 (1): 25-44.

[259] Cowan R, David P A, Foray D. The Explicit Economics of Knowledge Codification and Tacitness [J]. Industrial and Corporate Change, 2000, 9 (2): 211-253.

[260] Cuervocazurra A, Ramamurti R. The Escape Motivation of Emerging Market Multinational Enterprises [R]. Columbia Center on Sustainable International Investment, 2015.

[261] Cui L, Jiang F. State Ownership Effect on Finns FDI Ownership Decisions under Institutional Pressure: A Study of Chinese Outward Investing Firms [J]. Journal of International Business Studies, 2012, 43 (3): 264-284.

[262] Diefenbach T. Intangible Resources: A Categorial System of Knowledge and Other Intangible Assets [J]. Journal of Intellectual Capital, 2006, 7 (3): 406-420.

[263] Dodd M D. Intangible Resource Management: Social Capital Theory Development for Public Relations [J]. Journal of Communication Management, 2016, 20 (4): 289-311.

[264] Drucker P F. Post Capitalist Society [M]. Oxford: Butterworth Heinemann, 1993.

[265] Drucker P F. The Five Rules of Successful Acquisitions [J]. The Wall Street Journal, 1981 (10): 5-9.

[266] Dunning J H. The Theory of Transnational Corporations [M]. London: Routledge, 1993.

[267] Froese F J, Pak Y S, Chong L C. Managing the Human Side of Cross-Border Acquisitions in South Korea [J]. Journal of World Business, 2008, 43

（1）：97－108.

［268］Gaffney N，Karst R，Clampit J. Emerging Market MNE Cross－Border Acquisition Equity Participation：The Role of Eco nomic and Knowledge Distance ［J］. International Business Review，2016，25（1）：267－275.

［269］Galbreath J. Twenty－First Century Management Rules：The Management of Relationships as Intangible Assets ［J］. Management Decision，2002，40（2）：116－126.

［270］Gerschenkron A. Economic Backwardness in Historical Respective ［M］. New York：Harvard University Press，1962.

［271］Giovannetti G，Lanati M. Do High－Skill Immigrants Trigger High－Quality Trade? ［J］. The World Economy，2017，40（7）：1345－1380.

［272］Goudfrooij P，Alonso M V，Maraston C，et al. The Star Cluster System of the 3－Gyr－Old Merger Remnant NGC 1316：Clues from Optical and Near－Infrared Photometry ［J］. Monthly Notices of the Royal Astronomical Society，2001，328（1）：237－256.

［273］Graebner M E. Momentum and Serendipity：How Acquired Leaders Create Value in the Integration of Technology Firms ［J］. Strategic Management Journal，2004，25（8－9）：751－777.

［274］Granovetter M. The Nature of Economic Relationships ［M］//Swedberg R. Explorations in Economic Sociology. New York：Russell Sage Foundation，1993.

［275］Haspeslagh P C，Jemison D B. Managing Acquisitions：Creating Value through Corporate Renewal ［M］. New York：The Free Press，1991.

［276］Hofstede G，Hofstede G J. Cultures and Organizations：Software of the Mind ［M］. New York：McGraw-Hill，2004.

［277］Hofstede G. Culture's Conquences：International Differences in Work－Related Values ［M］. New York：Sage，1980.

［278］Hofstede G. Cultures and Organizations ［M］. London：McGraw－Hill，1991.

［279］Holmlund M，Strandvik T. Perception Configurations in Business Relationships ［R］. Working Papers，1997.

[280] Holmlund M. The D&D Model, Dimensions and Domains of Relationship Quality Perceptions [J]. Service Industries Journal, 2001, 21 (3): 13-36.

[281] Hunsaker P L, Coobms M W. Mergers and Acquisitions: Managing the Emotional Issues [M]. Milan: Personal March, 1995.

[282] Hymer S H. The International Operations of National Firms: A Study of Direct Investment [M]. London: The MIT Press, 1976.

[283] Kim C S, Inkpen A C, Cross-Border R&D Alliances, Absorptive Capacity and Technology Learning [J]. Journal of International Management, 2005, 11 (3): 313-329.

[284] Kindleberger C P. American Business Abroad [M]. New Haven: Yale University Press, 1969.

[285] Knickerbocker F T. Oligopolistic Reaction and the Multinational Enterprise [M]. Cambride: Harvard University Press, 1973.

[286] Kogut B, Nath R. The Effects of National Culture on the Choice of Entry Mode [J]. Journal of International Business Studies, 1988, 19 (3): 411-432.

[287] Kor Y Y, Mesko A. Dynamic Managerial Capabilities: Configuration and Orchestration of Top Executives' Capabilities and the Firm's Dominant Logic [J]. Strategic Management Journal, 2013, 34 (2): 233-244.

[288] Kotler P, Gertner D. Country as Brand, Product, and Beyond: A Place Marketing and Brand Management Perspective [J]. Journal of Brand Management, 2002, 9: 249-261.

[289] Lai W H, Chang P L. Corporate Motivation and Performance in R&D Alliances [J]. Journal of Business Research, 2010, 63 (5): 490-496.

[290] Leonard-Bartond D. Core Capability and Core Rigidities: A Paradox in Managing New Product Development [J]. Strategic Management Journal, 1992, 13 (S1): 111-125.

[291] Leonard D, Sensiper S. The Role of Tacit Knowledge in Group Innovation [J]. California Management Review, 1998, 40 (3): 112-132.

[292] Levitt M. Protein Folding by Restrained Energy Minimization and Molecular Dynamics [J]. Journal of Molecular Biology, 1983, 170 (3): 723-764.

[293] Levitt T. After the Sale is Over [J]. Harvard Business Review, 2001, 61 (5): 87-93.

[294] Liljander V, Strandvik T. The Nature of Relationships in Services [M] // Advances in Services Marketing and Management. New York: JAI Press, 1995.

[295] Lin B W, Wu C H. How Does Knowledge Depth Moderate the Performance of Internal and External Knowledge Sourcing Strategies? [J]. Technovation, 2010, 30 (11-12): 582-589.

[296] Lin P, Liu Z M, Zhang Y F. Do Chinese Domestic Firms Benefit from FDI in Flow? Evidence of Horizontal and Vertical Spillovers [J]. China Economic Review, 2009, 20: 677-691.

[297] Luo L, Qi Z, Hubbard P. Not Looking for Trouble: Understanding Large-Scale Chinese Overseas Investment by Sector and Ownership [J]. China economic review, 2017, 46 (12): 142-164.

[298] Madhok A. Cost, Value and Foreign Market Entry Mode: The Transaction and the Firm [J]. Strategic Management Journal, 1997 (18): 39-61.

[299] Malekzadeh A R, Nahavandi A. Making Mergers Work by Managing Cultures [J]. Journal of business Strategy, 1990, 11 (3): 55-57.

[300] Malmendier U, Tate G. CEO Overconfidence and Corporate Investment [J]. The Journal of Finance, 2005, 60 (6): 2661-2700.

[301] Monti J, Yip G. Taking the High Road When Going International [J]. Business Horizons, 2000, 43 (4): 65-72.

[302] Narasimhan R, Swink M, Viswanathan S. On Decisions for Integration Implementation: An Examination of Complementarities between Product - Process Technology Integration and Supply Chain Integration [J]. Decision Sciences, 2010, 41 (2): 355-372.

[303] Nonaka I, Toyama R, Konno N. SECI, Ba and Leadership: A Unified Model of Dynamic Knowledge Creation [J]. Long Range Planning, 2000, 33 (1): 5-34.

[304] Nonaka I. The Knowledge-Creating Company [J]. Harvard Business Review, 1991, 69 (6): 96-104.

[305] North D. A Transaction Cost Theory of Politics [J]. Journal of Theoretical Politics, 1990, 2 (4): 355-367.

[306] Ornaghi C. Mergers and Innovation in Big Pharma [J]. International Journal of Industrial Organization, 2009 (1): 70-79.

[307] Ozawa T. Foreign Direct Investment and Economic Development [R/OL]. 1992 [2025 - 01 - 08]. https: //www. researchgate. net/publication/2672 23820_Foreign_Direct_Investment_and_Economic_Development.

[308] Parasuraman A, Zeithaml V A, Berry L L, Servqual. A Multiple-Item Scale for Measuring Consumer Perceptions of Service Quality [J]. Journal of Retailing, 1988, 64 (1): 12-40.

[309] Polanyi M, Prusak L. The Tacit Dimension: Knowledge in Organization [M]. Londonl: Butterworth-Heinemann, 1998.

[310] Prahalad C K, Hamel G. The Core Competence of the Corporation [J]. Harvard Business Review, 1990, 68 (5/6): 79-93.

[311] Puranam P, Singh H, Chaudhuri S. Integrating Acquired Capabilities: When Structural Integration is (un) necessary [J]. Organization Science, 2009, 20 (2): 313-328.

[312] Qian X W, Sandoval-Hernandez J. Corruption Distance and Foreign Direct Investment [J]. Emerging Markets Finance and Trade, 2016, 52 (2): 400-419.

[313] Reuer J J, Shenkar O, Ragozzino R. Mitigating Risk in International Mergers and Acquisitions: The Role of Contingent Payouts [J]. Journal of International Business Studies, 2004, 35 (1): 19-32.

[314] Richardson G B. The Organization of Industry [J]. Economic Journal, 1972, 82: 883-896.

[315] Roll R. The Hubris Hypothesis of Corporate Takeovers [J]. Journal of Business. 1986, 59 (2): 197-216.

[316] Rosenberg N. Inside the Black Box: Technology and Economics [M]. Cambridge: Cambridge University Press, 1982.

[317] Rouzies A, Colman H L, Angwin D. Recasting the Dynamics of Post-

Acquisition Integration: An Embeddedness Perspective [J]. Long Range Planning, 2019, 52 (2): 271-282.

[318] Shimizu K, Hitt M A, Vaidyanath D, et al. Theoretical Foundations of Cross-Border Mergers and Acquisitions: A Review of Current Research and Recommendations for the Future [J]. Journal of International Management, 2004, 10: 307-353.

[319] Smith A J. Corporate Ownership Structure and Performance: The Case of Management Buyouts [J]. Journal of Financial Economics, 1990, 27 (1): 143-164.

[320] Stock G N, Greis N P, Fischer W A. Absorptive Capacity and New Product Development [J]. Journal of High Technology Management Research, 2001, 12 (1): 77-91.

[321] Sudarsanam P S. The Essence of Mergers and Acquisitions [M]. London: Prentice Hall Europe, 1995.

[322] Sveiby K-E. A Knowledge-Based Theory of the Firm to Guide in Strategy Formulation [J]. Journal of Intellectual Capital, 2001, 2 (4): 344-358.

[323] Sveiby K-E. Measuring Intangibles and Intellectual Capital [M]. Cambridge: MIT Press, 2000.

[324] Szücs F. M&A and R&D: Asymmetric Effects on Acquirers and Targets? [J]. Research Policy, 2014, 43 (7): 1264-1273.

[325] Tetenbaum T J. Beating the Odds of Merger & Acquisition Failure: Seven Key Practices That Improve the Change for Expected Integration and Synergies [J]. Organizational Dynamics, 1999, 28 (2): 22-36.

[326] Thornhill A, Saunders M N K, Stead J. Downsizing, Delayering-But Where's the Commitment? The Development of a Diagnostic Tool to Help Manage Survivors [J]. Personnel Review, 1997, 26 (1/2): 81-98.

[327] Tolentino P E. Technological Innovation and Third World Multinationals [M]. London: Poutledge, 1993.

[328] Tou Y J, Moriya K, Chihiro et al. Soft Innovation Resources: Enabler for Reversal in GDP Growth in the Digital Economy [J]. International Journal of

Managing Information Technology, 2018, 10 (3): 9-27.

[329] UNCTAD. Cross - Border Mergers and Acquisitions and Development, United Nations, New York and Geneva [R]. The World Investment Report, 2000.

[330] Uysal V B. Deviation from the Target Capital Structure and Acquisition Choices [J]. Journal of Financial Economics, 2011, 102 (3): 602-620.

[331] Vermeulen K. Barkema H. G. Learning through Acquisitions [J]. Academy of Management Journal, 2001, 44 (3): 457-476.

[332] Vernon R. International Investment and International Trade in Product Cycle [J]. Quarterly Journal of Economics, 1966, 80: 190-207.

[333] Xu X P, Sheng Y. Productivity Spillovers from Foreign Direct Investment: Firm - Level Evidence from China [J]. World Development, 2012, 40 (1): 62-74.

[334] Zaheer A, Castaner X, Souder D. Synergy Sources, Target Autonomy, and Integration in Acquisitions [J]. Journal of Management, 2013, 39 (3): 604-632.